КАК ИХ РАСПОЗНАТЬ И КОНТРОЛИРОВАТЬ
SEE & CONTROL

DEMONS
ДЕМОНЫ

&

НЕДУГИ

PAINS

From My Eyes, Senses and Theories
МОИ НАБЛЮДЕНИЯ, ОЩУЩЕНИЯ И ПРЕДПОЛОЖЕНИЯ

RIZWAN QURESHI

РИЖВАН КУРЕШИ

100% true information and incidents about
Demons & Pains
Абсолютная правда о демонах и реальные события с ними

A TEXTBOOK ON DEMONS
ПОСОБИЕ ПО ИЗУЧЕНИЮ ДЕМОНОВ

English	Русский
Description of Invisible World	Описание скрытого мира
In the same way the visible world is comprised of human beings, animals, reptiles, insects, etc., the invisible world is comprised of different kinds of creatures.	Скрытый мир, подобно привычной реальности, где нам встречаются животные, рептилии, насекомые и, конечно, люди, содержит целое многообразие видов иных существ.
1) Parallel to human beings are demons. 2) Parallel to wild animals, reptiles, and poisonous insects are different kinds of diseases, sicknesses, infections, pains, etc.	1) Демоны схожи во многом с человеком. 2) Разного рода недуги, хвори, заражения и болезни соответствуют миру диких животных, рептилий и ядовитых насекомых в реальности.
So, the invisible world is not composed of only *demons*.	Итак, мир, скрытый от наших глаз, таит в себе не только *демонов*.
The Difference between Demons and Pain/Diseases	Понимание разницы между Демонами и Болезнями/Недугами.
Demons are more sensible, like humans. It's easy to communicate with them. And they listen most of the time.	Демонам, как и людям, присущ разум. С ними проще взаимодействовать, к тому же, они большей частью готовы прислушиваться к нашему мнению.
You can stop a man by just asking if he is doing anything bad. For example, if a man is killing a deer illegally, you can ask him to not kill the deer. If that man does not listen to you, you can threaten him with a call to the police, and that may stop him from illegally killing any animal. So, demons are close to humans but are not exactly like humans. Just imagine making a boy or girl invisible and giving him or her the powers of *demons*, and then imagine how many problems this "person" could create for someone.	Человека Вы можете остановить от свершения злого поступка простой просьбой. Например, Вы можете просьбой предотвратить незаконную добычу оленя. Однако, если человек отказывается Вас слушать, Вы угрожаете ему вызовом соответствующей службы, что определенно прозвучит более убедительно. Так, демонов можно сравнить, но не сровнять с людьми. Представьте, что Вы можете наделить мальчишку или девчонку способностями и невидимостью *демонов*. Сколько же проблем придется отхватить от такого персонажа.
Pains, sicknesses, and diseases are close to wild animals, wild reptiles, or poisonous insects. For example, If a lion is ready to pounce and hunt a deer, it will never listen to you if you request that it not hunt the deer.	Хвори, недуги и болезни сравнимы с дикими животными, рептилиями и ядовитыми насекомыми. К примеру, вряд

You cannot threaten a lion with the police to prevent his hunting of the deer.

The only way you have to stop wild animals or poisonous insects is killing them or shooting them. But all kinds of pains, diseases, and sicknesses are invisible to us, and they cannot be killed by a regular kind of weapon or gun.

Demons/pains/diseases: What do they look like?

All these things in the invisible world, including demons, pains, and sicknesses/diseases, are flying objects. When they are flying in air, they are small objects that look like black smoke. Most of them look like small smoke bubbles or small pieces of thread. Some are similar to small flying spiders. They do not look the way we see them in movies or pictures/photographs—big, dangerous teeth; long legs and hands; black skin; twenty feet tall; and red eyes. They are nothing like that.

There are few diseases and pains that you can immediately feel when you receive them from another body. But there are a few diseases that you manifest pains after a certain time. Why after a certain time? Because those diseases take a few days to damage the organs or make a wound anywhere in body. Once they inflict damage on or wound the body, the body gets sore, and people start feeling pain. Those invisible insects (diseases) do not care how much we get hurt. They just act like leeches and keep eating the organ or part of the body affected until they damage that part completely. For example, if you leave uncovered food in an open atmosphere, what will happen? Flies and other small insects will come and will start eating that uncovered food. If initially four insects are there and eating that uncovered food, if you kill those

ли Вам удастся уговорить льва не нападать на оленя, когда тот уже готов к атаке. Вы же не станете угрожать ему полицией.

Чтобы остановить насекомое, его нужно раздавить, чтобы не позволить животному напасть на вас, его придется убить. Однако благодаря своей невидимости, недуги, болезни и хвори непросто подстрелить из ружья или пистолета.

Как выглядят демоны, недуги и хвори?

В невидимом мире все существа: и демоны, и недуги, и хвори, - способны летать. В воздухе они представляют собой черную дымку из множества мелких существ. Большинство при этом похожи на маленькие дымчатые пузырьки или нити. Некоторые чем-то напоминают летающих паучков. И вовсе они не похожи на огромные темные чудовища с опасным оскалом, длинными конечностями и горящими глазами, какими мы видим их в фильмах или на картинах.

Такими представляются хвори и недуги, которые легко передаются нам от иных существ. Существуют же некоторые недуги, о присутствии которых Вы узнаете по прошествии некоторого времени, после того, как они поселятся в организме. Таким существам нужно время, чтобы поразить и ранить органы. Как только они начинают поглощать организм, появляется очаг воспаления и человек ощущает боль. Невидимые недуги особенно не заботятся о том, что причиняют страдания, поэтому подобно пиявкам, въедаются в орган и принимаются поглощать его до полного уничтожения. Что, например, произойдет, если оставить в открытом виде продукты? Мушки и другие мелкие насекомые мигом

four insects, four more new insects will come and will start eating that uncovered food. Regardless of how many insects you kill, new insects will keep coming until you cover that food. In the same way, I can remove any sickness, disease, or pain from anyone, but if they do not fix their symptoms, new diseases will come to them and keep hurting them.

Even if someone keeps taking medication, that doesn't mean he or she is cured. The reason is that there are so many diseases to hurt or damage that organ or part of the body. But what can I do? I can remove those insects from their bodies by using my powers. And that sickness or pain will not come back easily, if someone is taking care of symptom or damages created by invisible insects/disease. Once invisible disease or insect attack to any part or organ of the body, they do not leave that organ ever. Regardless, someone keep taking medication to heal that internal damage or wound, but, still that disease/insect will not give up eating or damaging more and more that organ. So, at that point when, usually at initial level, when damages/ wound is not bad and someone is taking proper medication, at that point, I can request/insist that disease/insect to leave that organ. So, no further damage and healing medication can heal quickly.

Whenever I go inside anyone's body, means, when I communicate telepathically with that demons/pain and request or insist them to quit and leave. I have no clue what I will find out inside his or her body. For example, if someone calls or comes to me with a migraine or backbone pain or sore tooth, I don't have any clue at that moment if that person has any kind of cancer or a virus or liver damage or high blood pressure or any other kind of dangerous disease. Once I start treating people, i have to deal with all the problems they have with their body. Cures depend on how much of the body and its organs are

примутся за трапезу. Забавно, но избавившись от первых вредителей, напавших на Вашу еду, Вы не устраните проблему, потому что их место быстро займет другая группа вредителей. И сколько бы попыток защитить свою еду Вы не предпримите, этот процесс будет повторяться снова и снова, пока Вы не спрячете, наконец, злополучные продукты. Подобным образом, я смогу освободить Ваш организм от болезней и недугов лишь на время, если Вы не избавитесь от признаков, привлекающих болезни вернуться обратно.

Даже прием лекарств не гарантирует излечение. В мире существует невообразимое количество недугов, способных нанести вред организму. Я же, используя свои внутренние силы, могу избавить от этих вредителей. В таком случае, позаботившись о признаках болезни и повреждениях, нанесенных невидимыми существами, Вы сможете уберечь себя от новых наступлений со стороны опасных болезней и недугов. Когда невидимый вредитель начинает поражать организм или какую-то его часть, без своевременного лечения и воздействия на очаг поражения избавиться от болезни и предотвратить ее распространение будет непросто. В этой связи, в момент, когда болезнь находится на начальной стадии и не прогрессирует, я могу воздействовать на невидимого вредителя так, чтобы он покинул этот организм и оставил его в покое. Таким образом, можно предотвратить последующее заражение, а дальнейшее лечение перевести в облегченный режим.

Чтобы заставить демонов и недуги успокоить свою активность и покинуть организм я телепатически связываюсь с ними, проникая в организм человека. При этом я никогда не знаю, с чем мне придется столкнуться. Например, пытаясь помочь человеку, обратившемуся ко мне с

already damaged. *Most of the time*, all new pains and diseases come straight into my body from that sick body. If that sickness is meeting with me for the second or third time, it does not come to me. Sometimes sicknesses leave that sick body really fast, and sometimes they leave that body even before I start my treatment.

Anyone can get sick. It is just bad luck, regardless of whether a creature is human or animal. But modern science and medication are very effective. To treat people, I usually add my magic to certain medications. I only perform this magic when I cannot fix any sickness or pain without medication. Most of the time, there is no need for any medication during treatment, but I always suggest people use medication to fix the symptoms.

Once I treat someone, I am usually able to move/remove all sickness, regardless of whether it is just a head pain or cancer or HIV or anything. After I cure him or her, it depends how someone takes care of fixing the sources and symptoms of his or her diseases.

Twin, Angel, or Hamzad

Twin angel, or hamzad, is not part of our bodies or spirits. It is a demon who has been around us since we were born. Usually, one demon really controls us completely—our emotions, dreams, thoughts, and other matters in our life. Usually, that demon stays around us to keep our bodies possessed all our life until a stronger demon decides to possess our bodies. Most of us are unaware of the control these demons have over us. Usually, the twin angel demon, or hamzad demon, thinks he/she is the owners of us. This is only one- way traffic. These demons know everything about us. They operate us however they want. On other hand, most of us are totally unaware of them, their actions, and

болью в спине или воспаленным зубом, я не могу изначально определить пришел ли он с каким-либо вирусом, разновидностью рака, поврежденной печенью или высоким кровеносным давлением. Приступив к лечению, я имею дело со всеми болезнями вместе. Поэтому успешность исцеления изначально зависит от того, насколько серьезны повреждения организма. Часто недуги и болезни, с которыми я имею дело впервые, в ходе лечения попадают из поврежденного организма в мое тело. Если же я ранее имел дело с такой болезнью, мне удастся избежать этой участи. Иногда болезни покидают тело мгновенно, зачастую еще до того, как я начал процесс исцеления.

Подхватить болезнь может каждый. Эта неудача может постигнуть любого: и зверя, и человека. Современная медицина и наука эффективно справляются с лечением многих болезней, поэтому моя помощь обычно является лишь дополнением к классической медицине, и иногда в своем лечении я не могу обойтись без использования лекарств и прочих методов лечения. Случается, что можно обойтись и без медицинского вмешательства, хотя я настоятельно рекомендую обращаться к врачебной помощи для устранения признаков болезни.

Когда я берусь за лечение той или иной болезни, я обычно справляюсь со всем недугом, будь то головная боль, или рак, или ВИЧ. Итог моего лечения зависит от самого человека и от того как он или она будет следить за источниками и признаками болезни.

Дух-близнец, Ангел или Хамзад

Ангел-близнец, или как его называют в Коране, Хамзад, - это не часть нашего

their control on us. But a few people have faith and believe that hamzad is a shadow of their bodies or spirits. Some of them hold to some practices to control the hamzad. Most of the time, demons are more interested in controlling us instead of us controlling them. If a human is more powerful, he or she can control these demons after some practice, but if he or she fails, that hamzad will kill the person—or at least screw up his or her mind, which means those demons will have complete control of that person's mind. Usually, those kinds of people are considered mentally ill or sick. Nobody can control his or her demons or another's demons until someone is strong enough mentally and can control his or her mind. Otherwise, demons are pretty much invincible lions, and they do not give their control to someone else easily. This is part of their negative nature. You need to be somebody extremely strong mentally to play or mess with them.

Evil Eye: Causes, Reasons, and Effects

Around us, inside our house, around our house or work place, and everywhere, we have millions of different kind of demons around us. Demons exhibit pretty much the same kinds of qualities, habits, and temperaments that humans do—for example, good, bad, very bad, naughty, evil, extremist, harmless, harmful, jealous, angry, obedient, disobedient, etc. Usually noticeable effects of "Evil Eyes" are the following: loss of health, loss of beauty, sickness, loss of business, bad luck, a lot of obstacles in the way of success, bad relationships with spouses, etc.

There are two ways of getting affected by "Evil Eyes":

1. Automatically Evil Eye
2. Guided Evil Eye

организма или души, а демон, который сопровождает нас с момента рождения. Зачастую такой демон сопровождает нас на протяжении всей нашей жизни, контролируя ход наших мыслей, наши эмоции и сны. Покидает он нас лишь тогда, когда появляется более могущественный демон, жаждущий получить контроль над нами, в то время как мы остаемся в неведении. А между тем, ангел близнец, хамзад, имея власть над нами и зная всю нашу историю, распоряжается человеческим организмом как ему заблагорассудится. Немногие верят в существование хамзада, полагая, что он является тенью их тела и души. Некоторые даже пытаются его контролировать с помощью специальных техник. Однако демоны все же стремятся сохранять контроль в своей власти, а не вверять его человеку. Более сильные натуры могут пытаться сохранить контроль за собой, но в случае неудачи, хамзад попытается уничтожить такого человека или как минимум затуманить его разум, полностью завладев его сознанием. Часто таких жертв посчитают сумасшедшими. Чтобы укротить своего демона нужно иметь достаточную силу, чтобы, в первую очередь, укротить свой разум. А демоны, имея весьма негативную природу, подобно непобедимым львам, так просто не сдадутся в руки укротителя. Поэтому, прежде чем связываться с ними, следует научиться полноценно владеть силой своего разума.

Злой глаз: основания, причины и следствия

Миллионы многообразных демонов окружают нас в домах и за их пределами, на рабочих местах, везде, где мы бываем. Черты характера демона во многом схожи с особенностями человеческой натуры: они, например, могут быть как добрыми, так и злыми и даже очень злыми, непослушными и послушными, резкими,

1. Automatically Evil Eye

As I described several times, demons—or a group or tribe of demons—operate together and use their extraordinary language power of hypnotism, or they possess a body and invite different kinds of invisible insects to create different kinds of pains or to damage different body organs. It doesn't matter if someone is very healthy or beautiful, is a successful business owner, or is very wealthy; this demon—or group or tribe of demons—can choose any person very easily.

Very quickly, those demons can make that healthy person extremely sick; they can destroy someone's beauty in few days. These groups of demons can make a very wealthy person extremely poor by creating all kinds of problems in someone's business. These demons, by using hypnotism, can bring hate between a loving husband and wife, or any couple.

Why do demons do these kinds of things? The answer is this: by nature, they like negative activities, or sometimes we make them unhappy due to our actions or acts. I am 100 percent sure that most of the time they go against us and try to destroy our life or health or family or business because, maybe most of the time unintentionally, we make them unhappy or angry. Sometimes, if we feel too much pride or are proud about our health/beauty/wealth/business, these demons just go against us without any reason. Maybe they just do not like our arrogance. Demons are just like air. And who can fight completely with air everywhere? It is more difficult to fight with them because most of us are not even aware of their presence and activities.

вредными и нет, завистливыми и не очень и т.д. "Злой глаз" проявляется в таких изменениях как: проблемы со здоровьем, изменения во внешности, болезненный вид, неудачи в работе и наличие множества препятствий на пути к успеху, изменение взаимоотношений с супругами и др.

"Злойглаз" имеет две ипостаси:

1. Естественный "сглаз"
2. Направленный "сглаз"

1 Естественный сглаз

В моих описаниях я уже отмечал не раз, что демоны или группа (клан) демонов, действующих сообща, используют сверхъестественную силу гипноза, или же овладевают организмом, навлекая на него многообразных вредителей, вызывающих недуги и заражения органов. При этом ни богатство, ни крепкое здоровье, ни внешняя красота не смогут остановить демонов, которые выбрали себе жертву.

Демоны с легкостью навлекают на человека страшные болезни и разрушают его разум за считанные дни. Демоны превратят в бедняка даже самого состоятельного человека, создав препятствия на пути его развития. Посредством гипноза такой клан может разрушить и семейную идиллию, внеся разлад в любые взаимоотношения.

Почему демоны совершают такие поступки? Ответ прост: их природа негативна и такого рода действия приносят им удовольствие, а иногда и мы расстраиваем их своими поступками. Я же на 100 процентов уверен, что зачастую ненамеренно они пытаются разрушить покой течения наших жизней, добробыт и процветание потому, что мы их печалим.

2. Guided Evil Eye

Guided Evil Eyes can be divided in two parts: a.) Controlled GuidedEvil Eye and b.) Uncontrolled Guided Evil Eye.

a.) The Controlled Guided Evil Eye comes from any demon's doctor or any person who knows how to use or misuse demons under his control. That demon's doctor very easily can assign an assignment for a demon or for a group of demons to destroy the health or beauty or wealth of any person. This thing works for sure; sometimes it takes days or months or years, but it works.

b.) The second kind, the Uncontrolled Guided Evil Eye, comes from people around us—people who are jealous of us or are angry with us for any reason. Any demon or group of demons around them can just decide to destroy the health/beauty or wealth of one person because another person is feeling very jealous or is very unhappy with that person for some reason. That jealous or angry person is even unaware about the activities of those demons and definitely has no control over those demons. This is nothing, just bad luck.

How demons or invisible insects transfer from one body to another electronically:

1. Cell phones or regular land phones provide a very easy path or medium for demons/pains to travel from one body to another. Chances are reduced if people, instead of holding the phone up to their ear, use the speaker of the phone and keep the phone away from their ear.
2. Live TV, live shows, live talk shows, live video conferencing, or live Internet conversation can very easily transfer demons/ pains electromagnetically from one body to another.
3. Usually demons/pains use rules of heat

Нередко мы бываем излишне горделивы и хвастливы по поводу успехов в семье или работе, что и настраивает наших демонов против нас. Возможно, им претит наше высокомерие. Демонов можно сравнить с воздухом. Вы не будете пытаться с ним сразиться, потому что он заполняет все пространство вокруг. К тому же, многие даже и не подозревают о существовании демонов.

2 Направленный сглаз

Направленный сглаз можно разделить на два вида: а) контролируемый и б) неконтролируемый сглаз.

а) Контролируемый направленный сглаз исходит от лекаря или ему подобного. Такой лекарь легко направляет демона или целый клан демонов на совершение действий, призванных нарушить здоровье или благополучие человека. Признаться, это весьма удачный способ уничтожить человека. Однако, его использование нередко занимает дни, месяцы или даже годы.

б) Неконтролируемый сглаз направляют на нас завистники и злоумышленники. Так, ощущая зависть или злобу, исходящую от человека, безо всякой причины его демон или клан демонов решать изнищать здоровье или красоту того, на кого направлен поток негативной энергии. При этом сам завистник может и не знать и уж точно не способен контролировать активность своих демонов. Со стороны это выглядит как обычная неудача.

Демоны и иные вредители путешествуют от организма к организму посредством электрического заряда:

1. Мобильные и домашние телефоны создают идеальную среду для

travel from one point to the other point—like travel from hot to cold. In the same way, demons/pains travel from a sick body to a healthy body, or travel from a more sick body to a less sick body, electromagnetically.

4. Demons/pains very easily travel from an insecure or scared body to a very secure and bold/brave body. But it does not mean they will never go back to the old body. They may, or they may not.

5. I am not sure if demons like it or if it is their traveling path, but when you stay in front of a weather heater too much, they will be inside your body, especially above the chest. I have not had any experiences of getting demons in my body when staying in front of an air conditioner.

6. We can very easily absorb demons or pains from very short- tempered or extreme behavior people, sick people, scared or drunk or angry people, or animals or trees. But this absorption is usually not permanent. The demons may or may not go back to those bodies.

Almost everybody is possessed by demons. When do they come out from a body?

Demons are not walking creatures like us. They are not that big in shape or size. They do not look like what we see in movies or pictures with dark black color, big bodies, red eyes, long and sharp teeth, hairy skin, and big ears. No, they do not look like that. They are small, flying creatures with extraordinary, penetrating, expending, and hypnotizing powers. I can see millions of demons flying in the air everywhere. Demons live on trees. They live inside our bodies. They live inside the bodies they possess.

1) If someone dies, the demon will come out of that body. Only invisible insects or diseases will stay inside that body to eat it, that organ or body completely. This means, demons do

перемещения демонов и недугов от человека к человеку. Однако вероятность распространения можно сократить путем использования телефона на разумном расстоянии от уха, например, используя наушник.

2. Демоны и недуги, используя силу электромагнетизма, с легкостью путешествуют от организма к организму посредством прямых эфиров телевизионных ток-шоу и программ, а также видеоконференций и Интернет общения.

3. Как правило, демоны и недуги используют простой закон перехода тепла, и, подобно тому, как горячее переходит в холодное, демоны и недуги могут покидать здоровое тело в поисках более уязвимой жертвы.

4. Без особого труда демоны и недуги переселяются из ослабленного организма в защищенное сильное тело. Однако это не значит, что они не решат в один момент вернуться к своей старой жертве. Право выбора они оставляют за собой.

5. По моим личным наблюдениям, если долго стоять возле обогревателя, можно подхватить демона, который засядет где-то чуть выше груди. Не буду утверждать, можно ли такую особенность считать каким-то предпочтением демонов. Однако в противовес отмечу, что пребывание под потоком холодного воздуха еще никого не наделило парой демонов.

6. Зонами риска подцепить какой-нибудь недуг или познакомиться с демоном, можно считать ситуации контакта с нервными, слегка истеричными натурами. Опасны также напуганные, разозленные или нетрезвые собеседники, и как ни странно, животные или деревья. Такие контакты, тем не менее, могут быть и неопасны, потому что непрошеные гости останутся ненадолго и, скорее всего, вернутся домой.

Практически каждый из нас подвержен

not like to live in dead bodies

2) If they don't feel secure that the body in which they are residing is going to be get hurt or damaged or die for example. Demons are different than insects. Demons do not stay inside or around an insecure body. Once they figure out someone is ready to hurt or kill that body, in which demons are living, demons will come out from that body real quickly, even before, that person, animal, will get hurt or killed. You can say, demons are coward or extra careful. No doubt, demons get upset and take revenge when someone especially killed that body, whatever they possessed or living.

Whenever a *rat* passes by me or gets scared and runs away from me, demons immediately come out from that rat and jump into my body. It is so bad when you can sense very clearly a demon penetrating your body. I never feel like this. Several years ago, I may have felt this way when I was a normal person. But now I cannot relax until I convince/ insist demons leave my body. Usually, demons that come out of rats have some kind of bad smell. Even if I just say *hish* to cats, I can see a bunch of demons leave the cat's body and jump inside my body within seconds. During any of these penetrations by demons, I never felt hurt and never felt any kind of pain. Usually, they listen to me and find someone else within a few minutes. After I learned all this about myself, I decided not to kill things with demons anymore, not even a cockroach or any other insect sitting or walking in front of me, because I do not want an extra problem for no reason. I always suggest my sincere friends use someone else to kill insects inside the house. And I suggest that they stay away from home during that process.

Demons that come out from human bodies are more powerful and more aggressive. They are more controlling and have different kinds of problems. For example, once they are

влиянию демонов. По каким же признакам их можно обнаружить?

Демоны вовсе не похожи на тех огромных волосатых черных чудовищ с большими зубами и длинными ушами, которых мы видим на экранах в кино или на картинках. Не похожи они на страшных зверей. В реальности это всего лишь маленькие летающие существа, которые, однако, обладают неистовой всепоглощающей силой, способные ввести свою жертву в гипнотическое состояние. Я наблюдаю за миллионами демонов, летающих повсюду. Они в воздухе, на деревьях, и конечно, в организмах, которыми они завладели.

1) Если жертва демона умирает, он тотчас же покидает организм, оставив в нем невидимых вредителей и недуги, которые продолжают поглощать тело и его пораженные части до конца. Очевидно, что мертвецы демонам не по душе.

2) Если демон начинает подозревать свою жертву в ненадежности или слабости, он также перестает чувствовать себя в безопасности. В отличие от вредителей, демоны не задержатся в незащищенном организме, и, почувствовав опасность по отношению к своей жертве, демоны еще до того, как что-то произойдет, покинут ее, не задумываясь. Со стороны может показаться, что демоны трусливы и сверх бдительны. Несомненно, за демоном не убудет и рано или поздно месть свою он свершит над каждым, кто посягнет на его убежище, чем или кем бы оно ни являлось.

Каждая крыса, в страхе удирающая от меня, оставляет мне демона, который спрыгивает с нее прямо на меня. Ранее я этого не ощущал, а сейчас с уверенностью могу сказать, что это довольно мерзкое ощущение, когда ты понимаешь, что демон вторгается в твое пространство.

inside my body/mind, I can't sleep, or my legs and body have a mysterious kind of pain. My ears turn red, and my eyes burn. My neck will hurt and burn, and I can develop either low or high blood pressure. It is not always very easy to convince demons to come out from my body. In the end, I have to go through a procedure, and in few seconds, they leave my body!

Are demons scared of something?

I can describe a few more incidents: One time, I ordered some fake animals and birds, but they looked so real. They included a cat, dog, horse, hen, eagle, rabbit, owl, and pigeon, among others. At that time, I had one real demon friend. He was living in my house. That night, when I came back home, I started opening those fake animal bones. It was a big order. Animals and birds were everywhere in the living room. Several times, I felt that demon continuously on my back. I asked several times that it come out of me, but it was not listening to me. Finally, I figured out that it had some problem with those animals and birds. I cleaned one side of the room and asked it to come out of me. It listened to me at that time. When I opened more boxes, I put those animals and birds again on the other side of the room. As soon as I put them on that side of room, the demon jumped on me again. I tried to convince it that these were not real animals, but it was not listening to me. Finally, I asked my wife if she could take all those boxes to our store. She flatly refused to do so. She just refused, and that demon immediately jumped on her. And she started yelling because of an extremely bad headache she had developed. I asked that demon to leave her alone immediately. It listened to me and came back to my body. After that, my wife was ready to take all the boxes to the store immediately. That happened at 2:00 a.m. in the morning. But the whole time, she was

Еще несколько лет назад, я вел обычную жизнь. Теперь же я не чувствую себя спокойно пока не выгоню всех демонов из организма. Крысиные демоны, например, истощают неприятный запах. А если я шикну на кошку, я отчетливо вижу, как целая свора демонов ринется от испуганной кошки в мою сторону. При этом такие вторжения не приносят мне ни чувство боли, ни дискомфорт. В конце концов, демоны быстро находят себе другую жертву вместо меня. Познав некоторые из таких особенностей, я решил для себя отказаться от уничтожения существ, на которых могут скапливаться демоны. Пусть это даже будет таракан, шагающий по моему дому. Я рекомендую использовать специализированные методы по истреблению насекомых в доме, и в этот момент желательно находится подальше от места исполнения данной процессии.

Бо́льшая степень агрессии и властолюбия присущи демонам, сопровождающим людей. Они способны контролировать нас, что проявляется, в моем случае, в загадочных болях в ногах и всем теле во время беспокойного сна. Мои шея, уши и глаза горят, будто бы наливаясь кровью, я чувствую скачки давления. Иногда попытка избавиться от демонов становится задачей не из легких. В такие моменты я прибегаю к некоторым техникам и все же добиваюсь своего за секунды.

Есть ли что-то такое, чего демоны боятся?

На этот счет у меня есть подходящий пример. Однажды я заказал чучела некоторых животных и птиц: кошку, собаку, лошадь, курицу, орла, сову, кролика, голубя и других, - которые, стоит признать, выглядели весьма правдоподобно. В то время в моем доме проживал один дружелюбный демон. В тот вечер, добравшись домой, я стал

fussing about that demon. That was first time I learned that the demon had some problem with those animals.

Another time, I was watching a horror movie. At that time, I had a few demons around me, as usual. That time, I couldn't even count the demons, because I was dealing with so many. That demon was far away from me, and that was why I was not sensing it. But every time that horror movie had any scary scene or loud noise, that demon jumped on me. When this happened several times, I asked it, "What is your problem?"

It seemed to say, "I am getting scared from the ghost in the movie. That's why I am jumping."

I asked it, "Why are you scared of that ghost in the movie?"

It just happened today when I was coming back to home from work. I saw that someone had left the fence door open. I walked that way and tried to close that door, but one green lizard jumped from wall toward that gate. Because of the reptile, I jumped backward. But within a second, the demon from that lizard came out and jump inside my body. It might have been okay if I didn't feel anything, but I feel or sense them so clearly—like someone is hugging me. I hope you can imagine my situation. Something came out from that lizard, and now that demon penetrated my body. I cannot explain my feelings, but I started arguing with the demon to come out from my body and go back to that lizard. I think it took me minutes, and he left my body and went back to that lizard. So, I learned that they leave any body immediately when they figure out someone can hit or kill the insect or animal they're possessing.

Do demons move from body to body or place

распаковывать коробки с животными, которых оказалось так много, что они занимали почти всю комнату. Не раз в этот момент я чувствовал, что демон прячется у меня за спиной, а просьбы оставить меня в покое даже слушать не хочет. Наконец, я догадался, что причиной всему такое количество животных вокруг. Тогда я расчистил половину комнаты от чучел и вновь попросил демона покинуть меня. В этот раз он сдался. Однако когда я продолжил распаковывать посылку и снова заполонил комнату животными, демон вновь атаковал. Мои уговоры и объяснения по поводу того, что животные эти не настоящие, не подействовали, поэтому мне пришлось попросить жену отнести коробки в наш магазин. Она наотрез отказалась это делать, и в этот момент демон перескочил на нее, от чего у нее немедленно разболелась голова. Жена разревелась, и мне пришлось уговорить демона вернуться обратно ко мне. После такого жена, ворча без умолку, отнесла все коробки подальше, хоть было и 2 часа ночи. Так я понял, что у демонов не ладятся взаимоотношения с чучелами животных.

Случилось мне как-то в привычной компании из нескольких демонов смотреть фильм ужасов. На тот момент мне сложно было их сосчитать, но точно могу утверждать, что было их достаточно. Мой дружелюбный демон в тот момент был на расстоянии от меня, однако, когда он слышал громкий звук или видел страшную сцену из фильма, он мигом набрасывался на меня. Я поинтересовался, что его так беспокоит, и мне кажется, на что он как будто бы ответил, что его пугает приведение из фильма. Я спросил: "Почему?" - но ответа не дождался.

Сегодня же, когда я возвращался домой с работы, я обратил внимание на незакрытые ворота во двор. Когда я подошел, чтобы исправить эту

No, demons do not move easily. Some of them just live in our houses or business places or trees. Some of them permanently live inside our bodies. They live more comfortably in those areas like the house or workplace, areas that are not in use or mostly dark. I sometimes see them flying in one room in my house. I see them stuck on ceilings or walls. I rarely use that room. I go there twice a day only to put my shoes on. I saw a lot of them in the big restroom, too. Usually, I don't go there. I don't see any demons in the restroom I use or any of the other rooms in the house. It is funny, but several times, I saw a bunch flying around me, and when I walked, they moved as well. But they maintain a certain distance from me. I am always thankful for their care and sincerity. Sometimes they show me by doing stuff like that.

Anyway, demons do not move from that house they are living in, regardless of who lives in that house. They don't allow other demons to come to their place. If demons are living inside the body of a person—I am not talking about diseases but about demons—then they move and go everywhere with that body. Those demons are parts of our personalities. Basically, demons, regardless of how many there are, are at least sincere with us. Basically, they are negative energy. They like negative stuff. When you are doing something bad and you are conflicted, your mind or your spirit or your positive energy will try to stop you, but these demons insist that we do something negative all the time. Usually, what actually happens depends on who has more control. If the demons have more control over us, we listen to them and follow them. But if we are in control of our mind and spirit, we do not do bad or wrong stuff easily. Demons get nothing from this. This is just their hobby.

оплошность, меня напугала зеленая ящерица, спрыгнувшая со стены в сторону забора. От страха я отскочил, однако демон с этой ящерицы все же достал меня. И все бы было прекрасно, если бы я не чувствовал их так явственно. Представьте, ощущение такое, как будто Вас кто-то заключает в объятия. Не могу точно описать мои чувства. Потребовалась несколько минут, чтобы уговорить демона вернуться к рептилии и оставить меня в покое. Этот случай объясняет, как мне кажется, что демоны стремятся покинуть свою жертву в тот самый момент, когда ощущают внешнюю угрозу по отношению к этому организму.

Часто ли демоны меняют своих жертв?

Демоны, в действительности, с трудом покидают насиженные места. Некоторые постоянно живут в наших домах, в местах, где мы работаем или даже в наших организмах. Однако наибольшую зону комфорта для них представляют темные необжитые уголки. Я нередко наблюдаю за демонами, которые летают или ползают по стенам и потолку комнаты, которую я посещаю всего несколько раз в день, когда мне нужно обуться. Достаточно часто я вижу демонов и в большой уборной, которая также редко используется. Забавно, но иногда рой демонов преследует меня, удерживаясь на умеренном расстоянии, яко бы выражая свое почтение. За такое уважение я не могу не быть им благодарен.

Итак, демоны с неохотой покидают дома, в которых они живут, кто бы ни жил с ними по соседству. Непрошеных гостей в образе других демонов они также к себе не подпускают. В случае если демон живет в человеческом теле, отмечу именно демон, а не недуг или иная зараза, то он с этим

Usually, demons inside our bodies will stay forever unless someone like me removes them from someone else's body, and in that case, the person's body will be neutral for a while. Then another demon will come and start living in that body. They may start helping the person sometimes, but most of the time, they will create problems. I can tell you about myself. I had few habits, I just wanted some things. I'll leave everything. I won't finish that work. But because I have control over myself, I am a different person. I'm not too active. I'm very slow, and I think a lot before I do something. I'm not dying to do crazy stuff. I'm a little bit more mature and more sensible nowadays. I have a group of people (friends and family). I clean their bodies every day, and their temperaments change as well. None of them act extremist anymore. But normal people are under the influence of the same negative energies and demons from their childhood, so their habits and temperaments are the same.

Shortcut demons like to live in the same place or same body. They do not move easily. If they are too much negative and human is mentally weak then you can see a lot of example of those people talk to themselves all the time and we consider those kinds of people crazy or mentally sick. Demons always try to control human mind
100 percent if someone has a positive personality, I am sure, that person will reject, most of the time, whatever wishes or ideas he will get from demons around him. But a negative minded person will love to adopt negative ideas and wishes/desires from demons. Same way, a weak minded person will give total control of his mind in the hand of a demon. Unconsciously, normal people argue with demons during the thinking. But a weak mind person will start talking to invisible demon, as we talk to other people. So, when that person will start talking to himself, we for sure consider that person, a mentally sick person. And we call those

телом неразлучен. Они составляют часть нашей личности, и надо признаться, в независимости от их количества, составляют именно негативную часть. Они поклонники негативной энергии, поэтому каждый раз, когда Вы нацелены осуществить что-то гадкое и Ваше естество состоит в конфликте между позитивной и негативной энергиями, Ваш демон всегда настоятельно поддержит именно негативную сторону. Во многом все зависит от того, кто же руководит ситуацией. Если Ваш демон достаточно могущественен, он будет руководить Вашими действиями и принимать решения. Но если же Вы состоите в гармонии со своим духом и разумом, Вы сами решаете, когда отказаться от соблазнов, подкидываемых демонами. Сами же демоны вполне бескорыстны, пакости – это их забава.

Как правило, демоны, с которыми мы живем, остаются с нами на всю жизнь, если же, конечно, не найдется такой человек, как я, который поможет от них освободиться. После этой процедуры, человек находится в нейтральном состоянии некоторое время, пока не находится новый демон, жаждущий занять свято место. Иногда демон может стать нашим помощником, однако, в большинстве случаев, от них одни неприятности. Надо признаться, я сам страдаю некоторыми привычками, могу решить резко бросить начатую работу, опустить руки. И все же, благодаря самоконтролю я вовремя останавливаюсь. Не могу сказать, что я особенно активен. Мне нужно достаточно много времени на обдумывание моих решений, я стал мудрее и теперь не стремлюсь к каким-либо безумствам. Каждодневно я очищаю моих близких от демонов, что, несомненно, влияет на развитие их характеров. Редко теперь мне приходится наблюдать за ними совершение необдуманных поступков.

people crazy or mentally ill. I can move those demons from the head of those people, but those people are so weak mentally, so after few days, they will be influenced by other demons and keep bad habits.

I can change your temperament.

If you are a very short-tempered person, if you have anxiety attacks all the time, if you suffer from depression all the time, if you are thinking of committing suicide all the time, if you want to kill anyone, if you are unhappy all the time, if you feel jealous of anyone, or if you have any other negative habits, I can remove those demons from you, but it will not help until you decide to help yourself. How you can change your temperament? Whenever you become angry, depressed, or unhappy, try to convince yourself that your feelings are due to demons around you. Why are these demons doing this? This is their hobby—that's why. They have nothing else to do. You are their toy. So, when you get angry about small things, do not let the demons boost or amplify your anger. Start thinking, *This is not a big deal.* You need to defeat that demon. If you get more and more angry, you give your control to that demon. But even if I don't help you, you can help yourself by keeping in mind that the demon is playing with your mind and boosting or amplifying your anger more and more. If you decide that you will not let the demon influence your temperament, you will see that the demon will be very disappointed with you, because it will not be able to play with you. If you keep doing this practice for a few days, that demon will give up on you and will find someone else to play.

The same goes for unhappy feelings and depression. I can move those demons from your body very easily, but before that, you

Однако большинство людей находится под властью негативной энергии, исходящей от их демонов, сопровождающих их еще с раннего детства и тормозящих их развитие.

Мелкие демоны консервативны по поводу смены места обитания. В случае если их жертва обладает недостаточным контролем над собой, а собственная энергия демонов весьма негативна, человек может превратиться в того, кого принято считать сумасшедшим или эмоционально нездоровым. Такие люди часто говорят сами с собой. Так, любой демон приложит максимум усилий для того, чтобы завладеть разумом даже самого выдержанного человека на 100 процентов. В случае с сильной личностью, обладатель будет откровенно отрицать контроль, какую бы идею не подкинул демон. Что же касается сторонников негативной энергии, представители этого направления будут с радостью воспринимать любые прихоти демонов. В какой-то момент такой человек может полностью поручить контроль над своим разумом демону. Бессознательно, мы постоянно ведем беззвучную полемику с нашими демонами внутри себя, а некоторые, кто послабее, могут вынести такой гласный спор и на всеобщее обозрение. Таких людей мы часто считаем нездоровыми, полагая, что они не в своем уме. Я могу избавить безвластного человека от его демонов, однако, в отсутствие внутренней силы, избавленный человек будет уязвим к нашествию новых демонов, поддерживающих его привычный образ жизни.

Я могу помочь Вам изменить свой характер.

need to practice a little bit to gain more control of your mind. That means you need to convince yourself that these unhappy, negative feelings are coming from that demon around you. You need to practice continuously to beat that depression and the unhappy feelings and consequently defeat that demon. This is not that easy because those demons hypnotize and control our minds, but if you have any intention of kicking that problem, I can take out that demon's force from your body; however, after that, it's your job if you want to keep the control over your life. Demons are pretty much like kids. They do not want to leave their toys.

Can anyone control demons?
Can demons become friends?

For both questions, the answer is yes and no. Anyone can control demons, but no human can control demons. If any human has control of demons, it is not because humans have powers. The only reason demons become friends with any human is just because of a relationship of friendship and sincerity. No human can put pressure on demons. Demons only stay around a human because of some extraordinary qualities or powers in that human being. Demons are as old as six hundred to a thousand years. Demons live in a group or tribe. Usually, one tribe or group has one leader demon, and all the demons follow instructions of that leader. Just like human beings, some demons are good, and some are bad. Some are religious and follow only the right path, and some are extremely evil and follow the path of the devil. Similarly, there are several ways to communicate with demons. But demons use only hypnotism to communicate with humans and other animals or insects. Usually, very good and extremely religious humans or extremely evil and dirty humans can communicate with demons by just talking or

Если Вы не обладаете особенной выдержкой, страдаете от постоянных приступов паники, постоянно находитесь в состоянии депрессии и даже подумываете о том, чтобы убить себя, или даже не себя, если Вам привычны зависть и ощущение несчастья, - любую из приведенных негативных привычек я смогу помочь преодолеть с помощью изгнания демона. Однако в одиночку, без Вашего участия, у меня ничего не выйдет. Как понять, что поможет Вам избавиться от этих привычек? Во-первых, каждый раз, когда Вы ощущаете несчастье, злость или депрессию, Вы должны понимать, что всему виной демоны вокруг Вас. Причина, по которой они так поступают, проста и очевидна. Вы их игрушка и им больше особенно и заняться нечем. Поэтому когда Вы вдруг начинаете злиться из-за мелочей, не позволяйте демонам усиливать и развивать это чувство. Чтобы победить демона Вам придется осознать, что, проблема и выеденного яйца не стоит. Если же Вы позволите злобе расти, Вы сами передадите бразды правления Вашим разумом демону. Помочь себе Вы сможете не хуже меня благодаря осознанию того, что именно демон, играючи, взращивает ощущение злобы внутри Вас. Когда же он обнаружит, что играть с Вами не интересно, потому что Вы не поддаетесь на его махинации, он будет весьма разочарован. В конце концов, осознав, что играть с Вами стало просто бессмысленно, он оставит Вас и уйдет на поиски новой жертвы.

В ситуации с депрессией и ощущением тоски, я могу помочь Вам избавиться от демонов, которые контролируют эти чувства, однако мне понадобится Ваша помощь в борьбе за контроль Вашего разума. Означает это лишь то, что перед Вами стоит задача распознать природу и источник несчастья, представленный в форме демона, в объятиях которого Вы

hypnotism.

A tribe of demons, or group of demons, does not have a mixed category. They are either a tribe of good and religious demons or a tribe of evil and dirty demons. As you know, evil and dirty powers are more powerful and dangerous. This is not like this that one person just do some work and have a group of demons under control or I will say achieve their sincerity and demons start following their commands. This is not easy for a common person to just practice few things and achieve incredible powers to have control on demons. People, they spend their whole lives in practicing and learning these kind of super natural powers. Sometimes, they achieve power, sometimes they lost the control of their mind. But, usually friendship or control on demons comes from struggle and effects of generations. These kinds of powers are transferable from one to another person. Demons usually listen to their master. And when old master died, as per instruction of old master, they start obeying new master. Usually, if someone has control of a group of demons, it is like a chain. For example, a thousand years ago, someone started communication with the leader of the demons, regardless of them being good or evil. When that person was dying, he transferred his relationship with demons to one of his students. This communication or sincerity comes from thousands of years, and humans keep dying and keep transferring the command of the leader of the demons to the next generation. Usually, leader demons handle and receive commands with humans.

Regular demons that have at least some wisdom are almost equal to a ten-years-old human boy. Now there are people who have good relationships with groups of demons, but there is no one who can say that he or she has control of any demon in any part of the world.

находитесь. Для этого придется постоянного вести работу над избавлением от необоснованной тоски и депрессии, побеждая тем самым и самого демона. Задача, честно говоря, не простая, потому что демон стремится загипнотизировать Вас и запрограммировать Ваш разум. Я могу помочь преодолеть силу, исходящую от демона, однако избавив Вас от него, руководство по сохранению Вашей целостности перейдет целиком и полностью в Ваши руки. Помните, демоны чем-то похожи на детей: они с неохотой отдают свои игрушки.

Можно ли контролировать демонов или даже подружиться с ними?

И да, и нет. Любой может руководить собой в присутствии демона, однако ни один человек не властен над демоном. Единственной причиной, по которой демон может стать Вашим другом, является всеобъемлющее чувство искренности и дружелюбия, которое возникнет в ваших с ним взаимоотношениях. Вы также не можете и повлиять на демона. Он выбирает себе только такого человеческого спутника, в котором он обнаружит какие-нибудь сверхъестественные качества или особые силы, интересующие его. Сами демоны живут до тысячи лет, объединяясь в группы или племена под властью одного лидера, которого не смеют ослушаться. Как и мы, образ жизни себе демоны выбирают сами: некоторые особенно религиозные натуры следуют праведному пути, иные же под властью дьявола идут по тропе зла. Одновременно с этим, мы можем наладить контакт с ними, используя разные способы коммуникации, при том, что сами демоны предпочитают гипноз для общения с людьми, животными и насекомыми. Так, на

Given my research, I cannot find anyone who is really able to see demons or able to describe how demons look. I have never found anyone who could sense or feel demons. But I can. As much as I read, saw, and heard, most of those humans, regardless good or evil, are using their demon groups to help people achieve success in business or love, or if they are evil powers, then they may be hurting someone in some negative way. Usually, good and religious people bind good demons with holy books. Whenever humans want to use those demons, those humans pray those holy words, and good demons follow their commands. In the same way, evil humans do some evil work, and those evil demons follow those evil commands.

As I said, good and religious demons follow holy books. In the same way, evil demons follow evil tricks; for example, an evil human may make fine knots in a rope, bury that rope in a cemetery, and command five evil demons to do something evil. And then those five evil demons and their coming generations will keep following those evil commands. Evil commands can compel them to destroy someone's business or family or health. It could be anything bad.

Remember, out of 100 percent, 90 percent of people are fake. They have no command or control. They have no power, but they just make people fools. But 1 percent of people are good or bad with a proficient control of demons. I spoke to a few people in this field, but they have powers because their teachers transferred those powers to them, and their teachers taught them how to use the good and evil powers of demons. I have never found any people who could really say that they could feel or sense the touch of demons or they could really see demons. Even they have thousands or millions of demons around

обычной основе, многие люди, тесно связанные с религией или, напротив, ведущие крайне противоположный образ жизни, общаются с демонами посредством простой бытовой беседы или более сложным образом – гипнозом.

Как правило, внутри племени демоны мало чем отличаются друг от друга. Здесь или все представители группы ведут праведный образ бытия, или же каждый член группы нацелен на зло и бесчестие. Как известно, негативная энергия весьма могущественна и сильна. Поэтому неразумно было бы утверждать, что используя парочку практических занятий, каждый может перенаправить целую группу демонов на путь истинный и привнести в их коллектив искренность и дружелюбие. Вовсе это не простая задача, и многим требуются годы, а иногда, и целые жизни для изучения и познания методов укрощения демонов. Такие знания, впоследствии, накапливаются и передаются из поколения в поколение. Демоны, нашедшие своего спутника человека, будут внимательны и к следующему поколению этого рода. Так формируется в некотором смысле цепочка взаимоотношений. Предположим, что каких-то тысячу лет назад человеку удалось наладить контакт и даже добрые взаимоотношения с вожаком клана демонов. Будучи при смерти, этот человек передал своему продолжателю этот опыт, а вместе с ним и нити, связывающие его с этим кланом. Так по истечении тысячи лет от учителя к ученику передавались секреты взаимоотношений с кланом и его главным демоном. Вожаки же, в свою очередь, оставляют за собой добрые взаимоотношения со всем поколением людей, если их удалось установить.

Демон, который с течением жизни приобрел свою мудрость, в среднем, напоминает десятилетнего человеческого малыша. Сегодня по всему миру можно

them, but they still do not have those senses or eyes that can sense or see demons.

I talked to several people who claimed that demons visit them and communicate with them in the shape of humans. I just asked them if this was really true and if the demons could reverse the process and change themselves from human to demon again. But nothing happened like that. Until today, when I am able to sense, feel, and see demons, I never saw any demon come to me in the shape of a human or communicate like a human. I deal with so many demons every day, some extremely nice, others extremely dangerous, but they are always in their real shape, namely small flying objects similar to flying insects. I communicate with demons twenty-four hours all seven days a week. I demand that anyone show me if these demons can change themselves in the shapes of any human or animal, but it never happens. As a result, I strongly feel that all those stories about demons wandering in the shape of humans are just stories. If there is any change in my knowledge or experience, I will notify you in my next book.

Demons are by nature very naughty and negative. Even if they are very sincere with any human being, they will still show nightmares to that human frequently. Regardless of how much they are sincere with a particular human, that human is still just a toy for them. Demons are not less dangerous than lions, and they have way more power than lions. They can penetrate the bodies, and they have hypnotizing powers that they can use to control minds, temperaments, and feelings.

In my case, I was able to make demons my friend because whenever I was sensing or feeling them, I surprised them by communicating with them and informing their actions. After the initial steps, demons test me again and again by coming from

встретить людей, которым удалось установить дружелюбные взаимоотношения с демонами, однако, едва ли кто-то из этих людей признает, что ему или ей удалось заполучить контроль над своими демоническими друзьями.

В моем поиске мне еще не попадался человек, которому бы удалось увидеть или почувствовать демона. Я же наделен этими способностями. По моим наблюдениям, некоторым людям, в независимости от их жизненной позиции, удается использовать демонов для того, чтобы помогать желающим наладить их личную жизнь, построить карьеру, или же, в случае с приоритетным негативным направлением, привнести в чью-то жизнь боль и печаль. По обыкновению, такие люди-медиумы, будь то праведники или приверженцы зла, используют разного рода литературу и писания, обращаясь к которым посредством молитв, связываются с нужными демонами для исполнения их просьб и желаний.

Как я уже отметил, святые писания – это прерогатива праведных демонов. Что же касается злостных созданий, то такие демоны используют часто разного рода техники для исполнения своих замыслов. Так, существует практика пяти узлов, по которой человек завязывает на веревке соответствующее число узелков и закапывает ее на кладбище, наказывая при этом пяти демонам свершать какие-либо недобрые поступки. Такой наказ демоны передадут впоследствии и своим следующим поколениям. Отмечу, что это может быть что угодно: и разрушение благополучия семьи, и разгром чьего либо предприятия, и даже подрыв здоровья.

Всегда помните, что 90 процентов окружающих в действительности безвольны. Их неспособность контролировать себя и свои поступки

different direction toward my body, and every time, I inform them about their actions. When I was able to see them, I started pointing my fingers to them. Initially, they flew away from me, but slow and steady, they came in front of me and stayed for a while.

Third and last and a very important thing is that I do not ask demons to help me when I have to fix any sickness or pain in any human being. God gifted me with some powers, and they come from my mind. Most of the time, I communicate straight to pain and sickness in the body of a human being, regardless of where that human being is in the world. I prefer at least telephone communication to get an update on the reduction of pain or sickness.

If anyone says anything about demons that are magic and can fulfill three wishes or can make us rich, my friends, they are just telling you stories. Real demons are very powerful but mostly use their negative powers. If I ever find a demon with qualities of the magical demon in stories, I will share my knowledge and experience with everyone. I wish they existed so that I could say, "Yes, try to make demons your friend." The best thing is to stay away from them. It is not easy but not impossible. Fighting with demons means fighting with air.

Can demons hear us?

Yes, all demons can hear us, and they take full interest in our lives and discuss us with other demons. They know our family histories because of their age.

How do diseases travel?

лишает их силы и позволяет внешнему воздействию без труда водить таких людей за нос. Однако есть один процент людей, которые способны свершать весьма искусный контроль над демонами. Из разговора с такими редкими персонами я выяснил, что эти способности они унаследовали от своих старших покровителей, которые научили их использовать положительные и отрицательные стороны силы демонов. И всё же мне ни разу не встречался тот, кто мог бы утверждать, что видел или чувствовал демона, ощущал его присутствие, несмотря на то, что такие люди постоянно окружены миллионами существ.

Некоторые утверждают, что демоны являются им в человеческом обличии. Я пытался разгадать, правда ли это и могут ли демоны обращаться в людей и возвращаться в свою форму, однако утвердительного ответа я так и не сыскал. На сегодняшний день, имея способности ощущать присутствие и видеть демонов, мне не удавалось засвидетельствовать ни одного из них в человеческом образе. Каждый день мне приходится иметь дело с множеством разных существ: некоторые из них весьма приятны, некоторые, напротив, вселяют ужас, - однако все они остаются в форме небольших летающих объектов, напоминающих чем-то насекомых. Я нахожусь в постоянном контакте с демонами, и чтобы доказать мне правдивость таких трансформаций, я хотел бы лично засвидетельствовать демона, похожего на человека или животное. А поныне я почти полностью уверен, что все рассказы о демонах, разгуливающих в человеческих телах, всего лишь выдумка. В случае, если я изменю свою точку зрения, я напишу об этом в своей следующей книге.

Надо отметить, что по природе своей

Anyone can contract diseases, even through a telephone line connected to a sick person. We can even receive sicknesses if we are watching live TV. We can easily get any sickness from any sick animal or human being. The nature of these diseases is electromagnetic. They can travel with the speed to light from one body to another. The same thing is true for demons.

There is a judgment day for all living creature or not? So, demons/pain, does God has a judgment day for them?

This is very a complicated problem. Every day, I think about it, and every day, new sickness and disease appear all around the world. I believe that sickness and disease are all physical but invisible insects with extraordinary, damaging powers. Sometimes, I think about how God manages these diseases and sickness. They are rapidly increasing, and their population is spreading more and more disease inside humans all around the world. Sometimes, I think about what the logic of Almighty God is in case of disease and sickness.

Given my conception of diseases, God has given us some directions and instructions. He has told us clearly what is good and what is bad. God has given us the concept of heaven and hell. As humans, we are pretty free to choose right and wrong paths. If we choose right path, we will make God happy, and we will get reward from God. And if we choose the wrong and bad path, then God will be unhappy, and we will be punished for that. This ethical paradigm is for human beings. So, I always think, *what is God's management for these diseases and sicknesses? Is there any punishment for these diseases and sicknesses?* After all, they are just free to damage anyone,

демоны весьма непослушны и негативны. Даже находясь в дружелюбных взаимоотношениях с человеком, они не упустят возможности показать ему парочку снов-кошмаров. Все же человек остается для демона игрушкой, несмотря на внешне добрые взаимоотношения с ним. Опасность, исходящую со стороны демона можно сравнить с опасностью встречи со львом, в то время как силы его значительно превышают львиные. С целью внедриться в организм демоны способны использовать гипноз, который позволит им одержать победу над человеческим разумом, настроением и эмоциональным состоянием.

В моем случае, демоны проявляли ко мне милость от удивления, потому что я мог свободно с ними общаться и комментировать любые действия, которые они совершали. Шаг за шагом демоны испытывали меня, подходя ко мне с разных сторон. И каждый раз я мог отчетливо указать на каждого из них и описать характер их действий. Сначала они меня покидали, чтобы позже медленно, но уверенно вернуться и зависнуть прямо перед моим лицом.

Еще одной, возможно, самой главной особенностью наших взаимоотношений стало то, что я никогда не просил демонов помощи в избавлении от недугов и болезней при лечении. Чаще всего я помогаю людям, связываясь непосредственно и источниками их боли и недуга в не зависимости от того, на каком физическом расстоянии человек находится от меня. Для наилучшего результата нужно использовать хотя бы телефонную линию, чтобы эффективно бороться с болезнью и поддерживать состояние человека в норме.

Если Вам придется столкнуться с рассказами о том, что демоны могут Вас обогатить, исполнить три Ваших желания,

regardless of human or animal, and they will have no judgment day? Has God also given them two paths? Will these demons get punished if they choose the bad path?

I am surprised these physical diseases, pains, and sicknesses do so much damage and give so much pain to humans or animals or trees. What will be their fate? I don't know what you think, but because I communicate with them and because they listen to me most of the time, I can manage them and insist that they leave a body. That means they have sense and wisdom. It means they know good and bad. With that said, what is God's management for them?

Can anyone kill demons, and how?

I don't know if killing is right term to use in regards to management. A few people are capable of doing this, but not me. The people who are capable of killing demons suffer from the revenge of demons, and the next generation inherits this feud as well. These people have control of several extremely powerful demons. First, those demons make a circle around a certain area. For a few hours or days, any demon can come inside that circle, but no demon can go outside that circle. Then these people use their demons to compel regular demons to go inside bottles. Because of these powerful demons, regular demons go inside those bottles of water, and those regular demons are confined in those bottles of water for several hours. During that time, those people throw the bottles of water filled up with regular demons in any river or ocean. Once these bottles of water are filled up with hundreds of demons and are thrown the river or ocean, those demons are confined there until someone takes those bottles out of water and opens them. This is the only way to

используя магию, не принимайте эти мысли всерьез. Демоны в первую очередь используют свою негативную силу. Когда же мне встретится демон, занимающийся магией, я обязательно об этом поведаю и поделюсь с Вами своим опытом. Мне, конечно бы хотелось, чтобы такой демон встретился мне на пути. Тогда желание подружиться с демоном было бы вполне реально. Но пока, лучший способ наладить с ними взаимоотношения – держаться от них подальше. А вот борьба с ними сродни борьбе с крыльями мельницы.

Могут ли они нас слышать?

Определенно демоны нас слушают и даже обсуждают наши внутренние проблемы между собой. Они также отлично знают истории наших фамильных древ благодаря своему долголетию.

Как передаются болезни?

Болезнь можно подхватить как угодно: и через телефонную линию, болтая с ее переносчиком, и при контакте с заразным животным или насекомым, даже при просмотре прямых эфиров телевидения. Природа любой болезни, также как и демона, электромагнитна, поэтому для передачи им требуется не что иное, как скорость света.

Для каждого живого существа уготован судный день? Приберег ли Всевышний что-то похожее для демонов и недугов?

Не было ни дня, чтобы я не размышлял над этим непростым вопросом. Однако каждый новый день появляются и новые недуги и болезни. Я предпочитаю думать о том, что все эти недуги представлены физическими организмами, чем-то напоминающими насекомых, обладающих

confine or kill demons. But be careful, because this is a very dangerous way of management. And demons always take their revenge on these kinds of people and their future generations.

Can demons make us suspicious?

In a house or tree or workplace, there are uncountable demons. When they are flying in the air like regular insects, their actual size is very small. As I have said, they have extraordinary powers to expand themselves according to the available room in any human or animal body. I see them flying everywhere all the time. They cannot hypnotize us when they are outside of our bodies. To show us dreams or feed something into our minds, they have to go inside our bodies, and then they can feed our minds anything.

Everyday examples include the following: forgetting about something like wearing a watch or putting purses in our pockets or calling someone and much more. And then when we are not thinking about the lost items, suddenly they come to our mind. This is done by the demon that is around or inside us. That demon will hypnotize us and will feed this kind of information into our mind all the time. Again, demons are different from diseases and sicknesses the same way humans are different from lions or snakes.

Demons feed different thoughts into our minds all the time by hypnotizing us and making us aware of something and then making us suspicious so that we do not trust anyone. Consider the times when someone is trying to tell us something but our minds are not ready to accept what is being said and we show mistrust in some form as a result. Behind all those activities are demons.

Three wishes Demon/Jin or lamp Demon

сверхъестественными силами, направленными на разрушение. Иногда я задаюсь вопросом, как же Всемогущий управляется со всем этим многообразием тварей, распространяющихся с невероятной скоростью, и какие у него, в принципе, на них планы.

Что касается болезней, то тут Всевышний определил направление вполне конкретно, обозначив, что есть хорошо, и что, соответственно, есть плохо. Концепция противоположных сторон очень понятно проявляется в существовании ада и рая, наличия праведного и неправедного пути. Каждый волен выбирать свое направление, а Всевышний уже сам определит, кого хвалить, а кого наказывать. Однако такая парадигма, выраженная в этическом концепте, определена только для человеческих существ. Отсюда у меня логически назревает вопрос: "Что же Господин тогда уготовил для болезней и недугов? Существует ли для них какое-либо наказание за содеянное? В конце концов, раз они вольны приносить вред любому, и животному и человеку, уготован ли для них судный день? Есть ли у них праведный путь и что их ждет, если они его не выберут?

Меня интересует их дальнейшая судьба, ведь они на удивление легко наносят вред и людям, и животным, и даже растениям. У меня нет ответа на этот вопрос, однако благодаря моим способностям к общению с ними, я стремлюсь направить их на освобождение организма, которым они питаются. И, как ни странно, они прислушиваются ко мне, что наводит на мысль об их способности размышлять и разграничивать добро от зла. В таком случае, какая же судьба им уготована?

Можно ли убить демона, и если да, то как?

There is no demon who can do a magic to fulfill even on wish through a magic. These are just stories. There is nothing like a Lamp demon

In the past several years, I have never seen any demons changing themselves to other shapes. The only quality they have is that they are able to expand themselves whenever they penetrate anyone's body. Whenever they penetrate the body, I can feel my whole body fill up with them within seconds. Demons are different than diseases. Their effect usually is not a sickness or pain. Whenever I would kill any insect or meet with someone possessed by demons or say *hish* to a cat or dog, demons from their bodies would immediately penetrate my body. I never felt any sickness or pain whenever demons from the air or another body decided to possess my body. I always felt their effects in my mind. They are extremely powerful when it comes to controlling any mind. I sometimes feel slow or sleepy when they try to control my mind. A few times, I had to deal with some extremely powerful demons, but whenever I started communicating with them and told them about their actions or point toward other flying demons, they change their behavior immediately. In the beginning, it was difficult. Usually, it would take two to three days to convince a demon to leave my body, but nowadays, I can make any demon my friend very easily and very quickly. Once they figure out that I sense them or see them no one, they start to behave. Simple Demons can do whatever they can do by using their powers of hypnotism or by using their powers of possessing any body. But by using magic powers, they cannot bring bunch of money for us or they cannot build palace or a home for us. Or they cannot do any of magical tricks, whatever we see in movies or read in story books associated to demons.

A year ago, I selected eight demons. I asked

Я бы не использовал этот слово, потому что, мне кажется, оно не подходит в данном контексте. Если некоторые, которые знают, как навсегда избавиться от демона. Мне же это не под силу. Однако человек, уничтоживший демона, навсегда будет преследоваться со стороны других демонов с жаждой отмщения, и более того, следующие поколения унаследуют этот рок. Чтобы избавиться от простого демона, человек обращается к силе могущественных демонов, которые формируют круг, из которого демон не смог бы выбраться. Далее заключенного демона загоняют в бутылку с водой, где его держат несколько часов. Когда бутылка будет наполнена достаточным количеством демонов, человек, затеявший все это, выбрасывает ее в открытый океан или реку, где демоны будут томиться, пока их кто-то не освободит. Полагаю, это единственный способ заключить демона и избавиться от него, однако способ этот не безопасный. Решившийся на этот шаг обрекает себя и своих последователей на вечное преследование и жажду отмщения.

Вызывают ли демоны у нас подозрения?

В наших домах и на рабочих местах, на деревьях и везде вокруг обитает бессчетное количество демонов. Их обычные размеры не превышают размеры мелких насекомых, однако, как я отмечал ранее, они могут расти, расположившись внутри живого организма в зависимости от того, сколько свободного пространства они для себя обнаружат. Я вижу их постоянно и могу с точностью заявить, что силой гипноза обладают они только в случае, если им удастся проникнуть в наши организмы. Только так они могут показывать нам сны и влиять на наш разум, закладывая в него посторонние мысли.

Примеры их деятельности встречаются на

them to wake me up at a certain time in the morning. And at exactly the same time, they would come and wake me up. Most of the time, I was not willing to wake up immediately, so I usually told them that I needed to sleep for thirty more minutes, and they would come back after thirty minutes and wake me up again. Usually, I told them which part of the body they needed to touch to wake me up. I could easily feel their touch when they tried to wake me up.

Once they become aware of me or once they become my friends, they do not come inside my body. Everyone has some special signals to inform me that they are around or want to communicate with me. Only new demons penetrate my body, but once I ask them to come out, they do not stay inside me for more than a few minutes. When I am friendly with all kinds of demons from different parts of the world, I always ask them a few questions. I ask if they can convert themselves into human shape or any animal shape or if they can change themselves into bigger demons when they are in the air or if they can move anything physically. I never find out anything about this from them.

In my opinion, given the data I have collected, the lamp demon that supposedly grants three wishes is just a story, nothing real. Demons cannot change themselves to look more evil like the ones we see in pictures and movies. They do not look like big or ugly ghosts. They don't have big teeth or red eyes or big nails or long arms, and they are not twenty or thirty feet tall. They are just small, flying object with extraordinary powers.

Can I take any demon out of someone's body?

Yes, very easily, even if they are not around

каждом шагу: когда Вы забыли кому-либо позвонить, положить кошелек в сумку, надеть очки или многое другое. Именно демоны заполняют наш разум такими мелочами, потому что находятся вокруг нас постоянно. Демон, не покидающий наш организм, хранит эту информацию и вовремя подкладывает ее в наше сознание. Как я уже отмечал ранее, демоны – не то же самое, что болезни или недуги, равно как мы свами – не то же самое, что львы и рептилии.

Демоны не только постоянно напоминают нам о вещах, которые мы в бытовом масштабе упускаем из виду, но и делают нас подозрительными по отношению к окружающим. Вспомните, не раз Вы сталкивались с ситуацией, когда с Вами делятся информацией, которую Вы не готовы принять и поэтому относитесь к ней с некоторым подозрением. Здесь явно чувствуется рука демона.

Демон, который исполнит три Ваших желания, Джин или Волшебник из лампы. Все истории, касающиеся магических способностей и исполнений желаний – чистейшие выдумки. Не существует демона из лампы.

За практику последних лет мне ни разу не встречался демон, который мог бы менять свою форму. Исключение составляют те демоны, которые могут распространяться, находясь в теле своей жертвы. Как только я лично чувствую присутствие демона в моем теле, я тотчас же ощущаю, как он разрастается внутри. Демон это вовсе не то же самое, что недуг. Раздавив насекомое или напугав кошку, я навлекаю на себя их демонов, которые моментально направляются в мою сторону, чтобы захватить мой организм. При этом я никогда не чувствовал ни боли, ни дурмана, а сосредотачивал это ощущение у себя в сознании. Демоны весьма властны и

me or in front of me. Regardless of which part of the world people are in, I can move demons if I have seen them or have at least seen their picture. Otherwise, if I have never seen them, then I can do it over the telephone very easily. But I prefer at least to see a photo of people before I help them. The rest is very easy. The same process can be applied to different kind of pains. I can take out any pain from anybody very easily. Though I can help through the telephone, seeing them in person or at least seeing their photos will help a lot. I will fix their pains, but these pains, sicknesses, and diseases always leave some damages or symptoms inside the body. Consequently, those people need to take some medication to fix symptoms if they do not want to suffer from that pain again and again.

When you are talking to yourself? How we talk to demons around/inside us?

Some people move their lips and actually talk aloud to themselves. Most people just talk to themselves without moving their lips. This is normal when we are arguing or fighting or trying to discuss something with ourselves. In all those cases, we are actually communicating with our demons. Demons feed a number of ideas and impressions into our minds, but most of the time, we do not agree with these. For example, consider the times when you are angry while driving. How many times do you think about running your car into a wall or pole or another car but suddenly control yourself and your mind? These kinds of feelings come out from demons through hypnotism. Weak-minded people give more control of their minds to demons, so they have no control of their lips during communication with demons.

Wild wishes, bad wishes in our mind. Demons generate/feed wild and crazy desires/wishes in our mind all the time.

сильны, поэтому под их воздействием я иногда чувствую сонливость и усталость. Несколько раз мне приходилось сталкиваться с весьма могущественными демонами, которые мгновенно меняли манеру поведения лишь, только я пытался установить с ними контакт, описывая их деятельность или указывая н других демонов. Сначала мне было непросто, приходилось тратить не менее двух-трех дней, чтобы изгнать демона. Сейчас же, когда я научился распознавать их так быстро, мне не составляет особого труда наладить с ними отношения, и они начинают прислушиваться к моим просьбам. Простые демоны могут использовать гипноз для покорения нашего разума, однако они не могут нас обогатить, построить для нас дом или возвести замки с помощью магии. И конечно им не подвластны те фокусы, которые описаны в книгах про демонов или показаны в фильмах.

Несколько лет назад я избрал для себя восемь демонов. Один из них, например, будит меня в заданное время каждое утро. Я объяснил ему, что могу вставать с неохотой, поэтому меня нужно будить еще через полчаса, что он и делает. Я также объяснил, каким прикосновением меня нужно разбудить, потому что движения демона я чувствую вполне отчетливо.

Как только мне удалось наладить с ними контакт, они прекратили внедряться в мое личное пространство. Теперь в случае, если нам необходимо взамодействовие, они используют определенную систему знаков, по которым я их узнаю и распознаю их нужды. Только лишь незнакомые демоны пытаются проникнуть в мой организм, однако засиживаться я им долго не позволяю. Изначально, я настроен доброжелательно по отношению ко всем демонам и, установив контакт, я задаю каждому ряд одинаковых вопросов. Мне интересно

Demons are free creatures with a lot of time on their hands. They have nothing to do if they are not fighting with each other. If they are around us all the time, they will feed wild and bad wishes into our minds by hypnotizing us. They will keep insisting that someone commit suicide, or they will create sexual desires or jealousy or hatred or other kinds of negative and bad wishes. These always come from demons around us. Sometimes they insist you slap someone or punch someone for no reason. They can easily amplify or boost our anger. They can easily make us sadder. They can keep us depressed for no reason. If you feel more negative qualities in yourself, then you need to start rejecting all those negative thoughts and wishes to reduce their control of your mind. If we follow them, they will enjoy more and will keep us in trouble all the time. Demons are responsible of feeding us all the crazy thoughts and wishes within our mind.

Fortune or Past or Present tellers
Past tellers usually has at least one demon for their purpose

How come few people are able to tell us about our past, present, or future affairs? Usually, those fortune-tellers have a few or one very sincere demon around them, and they can easily communicate with their demons. As I have said several times, there are always a few demons in every house or office and/or around any human or animal. Those demons are around us for generations. They know everything about us and our family affairs and our family problems. When someone goes to fortune-tellers of any kind, those fortune-tellers ask their demons to communicate with other demons that are around us or around those people. A fortune-teller's demons find information from our demons and transfer it to the fortune- teller. After that, the fortune-

могут ли они принимать форму человека или расти до размеров бóльшего демона, а также способны ли они передвигать физические предметы. К слову, ответ ни на один из этих вопросов я так и не получил.

Из моего опыта я могу сделать вывод о том, что все рассказы о демонах из лампы, выполняющих чужие желания, - это чистейшая фантазия. Демоны не превращаются в злобных созданий, которых мы привыкли видеть на экранах телевизора. Это вовсе не злобные трехметровые чудовища с горящими глазами, длинными конечностями и острыми зубами, устрашающие всех вокруг. Демоны – это всего лишь мелкие создания, наделенные не мелкими силами.

Могу ли я избавить человека от демона, поселившегося внутри него?

Я с легкостью справлюсь с задачей даже в ситуации, когда нуждающийся находится в другой точке планеты. Для этого мне необходимо хотя бы раз увидеть человека или его фотографию. Признаться, даже с помощью телефонного звонка мне не составит труда освободить человека от демона. Такими же методами я могу избавить человека и от недугов, однако, используя телефонную линию, я все же предпочел бы увидеть человека хотя бы на фотографии. Я могу заставить недуг, хворь или боль уйти, однако следует помнить, что каждый из вредителей оставляет в организме человека последствия и признаки болезни, работа над которыми предполагает использование медицинских средств, направленных на предотвращение повторного заражения.

Что происходит, когда мы разговариваем сами с собой? Как мы контактируем с окружающими нас демонами?

Некоторые слегка шевелят губами, иные

teller tells us about our past and current problems, affairs, and habits. And we are surprised when that fortune-teller knows everything about us. In this way, fortune-tellers make money from us their demons, and communicate information about any person through hypnotism in their mind. These people collect information about people by the use of their demon. So simple, fortune teller's demon, communicate with our demon to collect information about us. And by hypnotism feed that information in the mind of that fortune teller. And fortune teller, use those information to impress us.

Can demons make anyone an extremist?

Normal people are always nonextremist. Demons are helpful and sincere with many people; however, they are basically naughty, and their base is negativism. Demons do not spread positive energy. Demons are negative energy, so they will always amplify negative activity or negative energy. Demons are behind extremeness, regardless of the field or scope. Few people have extreme behavior about religion, and few are extremists in politics. Few are extremists because of race or language. Some have extreme behavior toward their spouse or beloved. Extreme behavior is a negative quality. And demons are behind this bad habit. Demons never give up. They boost and amplify extreme behavior by hypnotizing us. Usually, these kinds of people are under the influence of more than one demon. Even if we understand this point, even if we figure out that our extreme behavior is the result of a few powerful demons and those demons are controlling our mind by hypnotizing us, we still cannot do anything, because people who display extreme behaviors have weak minds. The only way to fix their problems is by resisting extreme behaviors. They need to practice a lot to control their emotions, intentions, and

разговаривают сами с собой вслух, и многие предпочитают вести внутренние беседы без каких либо внешних признаков. В сущности, ничего особенного в том, что мы ведем беседы сами с собой, нет, хотя на самом деле, дискуссируем мы с нашими демонами. Демоны периодически подкидывают нам кое-какие идеи, с которыми мы зачастую не согласны. Вспомните, например, как часто Вы раздражаетесь за рулем и даже в порыве гнева готовы направить автомобиль в другую машину, столб или стену. Конечно, Вы вовремя приходите в себя. Такого рода идеи приходят к Вам в голову посредством гипноза, который демоны используют в своих целях. Люди с менее устойчивой силой воли с трудом контролируют движение своих губ, поэтому в таких ситуациях их несогласие отчетливо заметно.

Демоны питают нас сумасбродными и негативными желаниями и идеями постоянно.

Демоны ведут праздный образ жизни. Так как они не обременены особой ответственностью, у них достаточно времени, чтобы в перерыве между своими внутренними разбирательствами, питать и взращивать в нас посредством гипноза различные безумные желания. Они ответственны за зависть, безудержную страсть, готовность совершить самоубийство или взрастить ненависть. Именно от демонов исходят необъяснимые желания ударить кого-либо без причины. Они не только формируют, но и усиливают такие чувства, как: печаль или тоска, злость или агрессия. Если Вы ощущаете, как Вас переполняют негативные эмоции, срочно начните избавляться от этого состояния, стирайте из сознания негативные мысли, потому что в ином случае, демоны будут наращивать власть над Вашим разумом, получая безудержное удовольствие от

thoughts. And when they feel that they only have limited control of that extreme behavior, they need to contact someone like me who can help them exorcize those demons. Everything is possible. They just need a little bit more power to help.

The soul/spirit is a positive energy.
Demons are negative energy.

The soul or spirit is a permanent positive energy of a living body. Souls/spirits reside inside the body until the body is alive. Soul/spirit is completely positive energy. Soul/spirit has limited power to operate bodily functions. The soul/spirit keeps us alive. Soul/ spirit is a combination of thousands of smaller positive energies. The combination of all positive energies is a soul/spirit within the body. In a living body, thousands of positive energies are individually responsible for performing different bodily functions. Keep in mind that the combination of all these positive energies is the soul/spirit.

All these positive energies in the living body are responsible for doing individual functions or operations. If we have five hundred kinds of different hormones in our bodies, then a positive energy is individually responsible for the function and operation of that hormone. The same applies to each bone, each joint, each muscle, each organ, and even our blood. All parts of the body have a positive energy. That positive energy is responsible for bodily functions. Positive energy is confined inside our body and has limited powers. We can increase the powers of positive energy by using or by adopting healthy rules of life. We can eat healthy, keep our body strong and healthy, and avoid bad and unhealthy habits. Keep a positive approach and avoid negative thinking. This is the only thing we can control to make our all positive energies stronger. As

Ваших нескончаемых невзгод. И помните, что вся ответственность за безумства, рождающиеся в наших умах, лежит именно на демонах.

Предсказатели и прорицатели, а также методы использования демонов в своих целях.

Как получается, что некоторые способны с легкостью рассказать нам о нашем прошлом? Ответ достаточно прост и заключается в том, что прорицатели обычно держат при себе демона, которого используют для связи с Вашими демонами и выведывают таким образом Ваши секреты. Как упоминалось ранее, вокруг нас, в наших домах и на рабочих местах постоянного находятся демоны, сопровождающие целые поколения людей. Они знают о нас и наших семьях даже больше, чем мы сами. Поэтому, когда у прорицателя возникает необходимость разведать что-либо о нас, он использует своего демона, который раскрывает ему все наши тайны. Так, благодаря демону и его навыкам гипноза, прорицатель удивляет нас своими поразительными способностями и зарабатывает тем самым немалые деньги. Простая схема состоит из двух демонов, которые передают информацию друг другу, и двух человек, один их которых получает информацию напрямую от своего загадочного друга, а второй остается в неведении и платит за все это.

Могут ли демоны направлять нас на крайние необдуманные поступки?

Обычно люди не способны на крайности. Демоны же, будучи зачастую безобидны и даже искренни, все же имеют дикую природу и руководствуются в своем поведении негативной силой. Исходя из этого обстоятельства, очевидно, что поощрять они будут именно негативные действия и необдуманные поступки.

28

I said, the positive energy or energies of a normal person have limited powers, and they can function only within our living body. And as I explained earlier, each positive energy has a separate responsibility. For example, if a positive energy is responsible for producing insulin in our bodies, then this is its job, and that's all it can do. This energy will not go to our knee joints and help operate the knee. In the same way, a positive energy is responsible for controlling the function of knee joints and their operations, and that energy will do only that. That positive energy will not go to the pancreas and control the production of insulin. Positive energies are only our internal energies. They keep us alive, and they have limited strength just to do the work/functions assigned to them. As compared to positive energies, all negative energies all external energies. External energies are not part of the soul or spirit. Negative energies are not helpful to run any of our body's functions or operations. These negative energies mainly consist of diseases, sicknesses. Positive medications like vitamins, pills, and syrups are not positive energies. These positive medications are only a help to strengthen our internal positive energies so that they can do a better job and fight against external negative energies. In the same way, good food, workouts, and healthy habits increase the strength of internal positive energies. Any negative external energy (like disease or sickness or pain or demons) cannot damage any organ, cannot make us sick, cannot control our mind, cannot make us extra angry, cannot make us depressed/sad, cannot give us pain, cannot stop production of insulin hormone cannot damage knee joints or any other joint, cannot damage function of thyroid glands, cannot create health problems, and cannot damage livers or kidneys unless the external negative energy is more powerful than internal/positive energies.

Internal positive energies are strong enough to do the regular operations of organs, and

Независимо от того, в каких масштабах и в каких поступках проявляется склонность к безумству, можно с уверенностью утверждать, что за всем этим стоят демоны. Немногие люди выбирают экстремистское направление исходя из политических или религиозных взглядов, расовой или национальной принадлежности. Любая форма такого поведения, например, к нашим близким или супругам, определяется негативной энергией, исходящей от демонов, которые с неохотой оставляют эту забаву. Люди, подверженные влиянию такого демона, а зачастую и группы демонов, могут отчетливо осознавать беспочвенность их бесконтрольного поведения, однако по причине недостаточности их силы воли, борьба за свой разум для них становится слишком тяжелой. В такой ситуации единственным действенным способом избавиться от этой проблемы является сопротивление этому беспределу.

Контроль над своими эмоциями, мыслями и намерениями.

В случае же если человек чувствует в себе достаточной силы для сопротивления этой одержимости, я могу ему помочь оградить себя от этих демонов. Нет ничего невозможно, нужно просто немного содействия.

Дух представляет поток позитивной энергии, а демон — поток негативной энергии.

Дух или личность представляют собой непрекращающийся поток положительной энергии, заключенной в человеческом организме пока он сохраняет свой жизненный потенциал. Именно дух или сила личности поддерживает нашу жизнедеятельность и насыщает нас необходимой энергией. Дух этот представляет собой целый комплекс потоков положительной энергии, каждый

they are powerful enough to save us from the attack of external energies. But internal positive energies have limited powers and are only responsible for performing particular functions. However, negative external energies have unlimited powers. We only feel pain or experience sickness—including production of insulin hormone or any other hormone, heartburn or stomach ulcers, mental sickness, arthritis or any joint pain, liver damage or kidney function failure, infections etc., as well as shortness of temper, insomnia, extremism—when external negative energies beat our internal positive energies. Internal/positive energy never gives up as long as we are alive. Positive energy or in scientific language i.e. body immunity. If internal positive energy i.e. immunity is strong enough to protect our body from the attack of external disease/pain, we will stay healthy. If positive energy or immunity power will decrease / reduce then all kind of external negative energy i.e. sickness/pain, will come to our body and will keep us sick and damaged. So, when we take painkillers or other medications, they increase the strength of our internal positive energies so that we can fight against external negative energies. But external negative energies have more strength and can work against our body for a long time and damage them completely. If the organs or parts of the body are completely damaged, then the only thing that will help internal positive energy is replacing those damaged organs or parts. And we must keep taking the related medications to increase the powers of internal positive energies.

Every disease, sickness, and pain is fixable. But can anyone be sure about how long we can fix them? Internal positive energy has limited powers. If someone is using the right medication, then a person like me can help him or her by using powers to remove those external negative energies (demons) from his or her mind or body. I can only help to reduce the pressure of external negative energy, and

из которых функционирует для поддержания той или иной системы внутри нашего организма. Не забывайте, именно позитивная энергия в комплексе формирует нашу внутреннюю духовную организацию.

Как я уже отметил, каждый индивидуальный поток энергии несет ответственность за выполнение той или иной функции организма, поддерживающей его жизнедеятельность. В связи с этим, например, при наличии пяти сотен различных гормонов, вырабатываемых нашим организмом, за каждый из них отвечает той или иной поток энергии. Это соответствие справедливо и для каждой кости, сустава, мышцы, органа и даже всей нашей кровеносной системы. Так, положительная энергия заключена в каждой частичке нашего организма, поэтому можно утвердить, что мы имеем запас энергетического ресурса, хоть и ограниченный. Очевидно, что мы способны аккумулировать и усиливать положительную энергию своего организма посредством нехитрых техник, таких как, например, поддержание здорового образа жизни и избавление от вредных привычек. В первую очередь, это касается стремления избежать негативного потока мысли и принять для себя позитивную направленность. Выше упоминалось, что запас ресурса положительной энергии ограничен, поэтому так важно использовать эти принципы для поддержания стабильности силы этих потоков, функционирующих исключительно внутри нашего организма. Учитывая, что распределение каждого потока строго ограничено функционированием той или иной части тела, перенаправить энергию, отвечающую, например, за выработку инсулина, в коленный сустав было бы невозможно. Соответственно положительная энергия сустава не

I can easily remove that external negative energy; however, it is your responsibility to fix your organs and take proper medications to increase the strength of your positive internal energies so that they can function better.

My powers can control external negative energies within and around your bodies, and I can help until you have enough time to fix your internal injuries by using proper medication. I can clear your body of external negative energy, but the rest is your responsibility. God has not given me powers to regenerate any organ or body part or heal their damage—not yet at least. By now, you should understand that your positive internal energy is inside you and that all you can control are your workouts, your healthy eating habits, and your medication; however, you cannot control external negative energy. I can help with that.

Do demons, disease, or pains have any restrictions?

This is a question that even I am confused about. Do these negative external energies have any restrictions or a particular schedule or list from God of the people whom they need to make sick? Or are they free to choose anyone anytime? God knows better.

Who is the boss of our minds?

We are the bosses of our minds. The only problem is that if we don't have strong minds, demons can easily hypnotize and use us however they like. Still, we are bosses of our minds, but demons amplify everything negative. If we are a little bit angry, they will

перебросит свои силы на поддержание работы поджелудочной железы. Положительная энергия функционирует исключительно внутри нашего организма и нацелена на поддержание его нормальной работы, однако ресурс этот, к сожалению, ограничен. В противовес положительной энергии, потоки негативной энергии не обитают внутри наших организмов, не способны поддерживать их жизнедеятельность и, определенно, не принимают участие в формирование нашей духовности. Напротив, это внешняя энергия, представленная такими существами, как: болезни, недуги и демоны.

Известные средства: витамины, таблетки и микстуры, - вовсе не стоит относить к явлениям положительной энергии. Их функция состоит в том, чтобы укреплять и сохранять внутренние положительно заряженные потоки, призванные защитить нас от внешнего негативного воздействия. Так, правильное питание, здоровый образ жизни и постоянная работа над собой – позволяют нам усилить действия положительной энергии таким образом, чтобы ни одна из представленных негативных субстанций, будь то демон или болезнь, не смогли завладеть нашим разумом или подорвать наше здоровье, не имели доступа к активизации таких эмоций как: злоба, отчаяние, печаль или боль. И пока потоки недоброжелательной энергии уступают нашей внутренней энергии по силе и мощи, наше физиологическое и эмоциональное здоровье остается под защитой, суставы гнуться, почки и печень работают в нормальном режиме, щитовидная и поджелудочная железы вырабатывают нужное количество гормонов, а о депрессии не может быть и речи.

Силы нашей внутренней энергии достаточно, чтобы защитить наш

make us angrier. If we are a little bit sad, they will make us more depressed and insist that we commit suicide, kill someone, or hurt someone. If we do not like someone, demons will increase that hate. Because of their nature of negativism, demons are compelled to take us on a negative path. Even though we are the bosses of our minds, we still follow their instructions unconsciously. Once we are aware that all extreme conditions are not coming from our minds but a demon playing with us, then we need to start practicing controlling our extreme behaviors. It is not easy for anyone to get rid of a demon from a body or mind, but once you figure out how to resist all extreme actions and temperaments, then you can at least attempt to fight these negative influences. If you try but still cannot control your mind and behavior, this is the time when you need someone like me who can move that demon away from you. Usually, demons have been around or inside you since your childhood, and these are tougher and resist a lot before they leave someone, because they think you are their property, toy, or residence. Once someone takes that demon away from you, you will have an empty place or a vacancy available for a new demon.

But no one will have strong control on you if you keep practicing to control and reduce negative behaviors, lessen anger, and keep a cool temperament. I or someone like me can remove those demons from you to give you enough time to maintain control of your mind. Once you quit listening and quit following demons, they will not waste their time with you. They will find someone else more interesting for them. Finally, you can become the boss of your mind again!

How can you stop them so they do not enter your body?

This is impossible to stop them from entering

организм от внешнего воздействия и при этом контролировать его работу в нормальном режиме. И, тем не менее, в отличие от безграничной отрицательной энергии, положительная энергия ограничена функционированием исключительно внутри организма. Исходя из этого, можно определить, что все болезненные опыты, включая: дисфункцию выработки гормонов, язвы и приступы, артриты и циррозы, инфекции, а также эмоциональные расстройства и нервные стрессы – являются результатом воздействия негативной энергии на нашу хрупкую внутреннюю организацию. Такой внутренний заряд в науке и медицине определяют термином иммунитет, который остается с нами на протяжении всей жизни. Поэтому сохранение нашего здоровья и результат сопротивления атаке демонов и недугов напрямую зависят от силы нашего иммунитета. Таким образом, когда наш иммунитет ослаблен и внутренний заряд недостаточен, внешние неблагоприятные желательные факторы с легкостью прорывают защиту и наносят сокрушительный удар по нашему организму. В таких случаях мы поддерживает целостность внутренней энергии с помощью медикаментов или обезболивающих средств. Однако, учитывая изрядную настойчивость негативной энергии в стремлении уничтожить наш организм, в столь напряженной борьбе нередко наши внутренние ресурсы иссякают, что приводит к необратимым процессам внутри организма, требующим решительных мер. Поэтому так важно принимать соответствующие вспомогательные средства, действие которых направлено на поддержание нашего иммунитета.

Излечить можно любую болезнь и любой недуг. Вопрос только в том, сколько на это понадобится времени. Используя

a body. Even though I have good control, if a new demon comes around me, it still goes inside my body immediately. Usually, it is not hurtful or painful like diseases or sickness when a demon penetrates our bodies. Still, few people may experience a condition like low or high blood pressure, depending upon the power, size, and aggression of the demons. My senses developed differently than the normal person's. I can feel a demon's presence like you can touch or hug of another person. The way you don't feel comfortable if someone keeps holding your body, I can tolerate any demon inside or around me. It makes me really uncomfortable. There are several ways you can try to keep them away from you. But they penetrate inside the body so quietly even you will feel nothing. Slowly and steadily, you will experience some aggression and extremism.

Normal people cannot sense demons. Once you will be able to sense/feel them, you will not be able to tolerate them. You will be uncomfortable and disturbed until they leave your body. So, thank God that normal people have no clue or feelings when demons start residing inside their bodies. Trust me—it is not easy to get rid of any demon from your body. I went through so many problems. Finally, I gained a little bit of control over them, and they now listen to me most of the time. Otherwise, I am able to insist that they listen to me. Usually, they create some problems for me; however, once we have been introduced, they trust me, and they become better friends than human. They behave better than humans. They are less harmful than humans and animals. This is only true in my case. This is not true for everyone. So, remember that no one can stop demons from coming into our homes or our bodies, but by controlling our behaviors and minds, we can reduce their influence in our bodies and lives.

The simple rule is the following: We need to make ourselves less interesting for them.

правильный медицинские препараты, с помощью человека, который может, как и я, избавлять разум и тело от демонов и недугов, даже при ограниченных внутренних ресурсах организма его можно излечить. Однако, следует понимать, что я могу оградить лишь от действия внешних отрицательных потоков, а также избавить от негативной энергии, уже поселившейся в живом организме. Что же касается лечения поврежденных органов и дальнейшей защите иммунитета, то здесь инициатива остается в руках самого человека.

В моей власти лишь активное наблюдение за потоками отрицательной энергии, находящейся в непосредственном контакте с Вашим организмом, от которых, тем не менее, я могу Вас оградить. Однако наладить прежнюю нормальную работу организма и сохранять этот баланс впоследствии Вы должны будите сами. По крайней мере, пока я не наделен силами, способными восстанавливать органы или поврежденные участки тела. На данный момент, необходимо осознавать, что посредством правильного питания, здорового образа жизни и самонаблюдения Вы способны регулировать работу внутренних энергетических ресурсов организма самостоятельно. С внешними же неблагоприятными факторами я могу помочь.

Есть ли какие-либо ограничения для демонов и недугов?

Я затрудняюсь ответить на этот вопрос. Одному Всевышнему известно, есть ли какая-то система или схема, по которой определяется, кого минует болезнь, а кому уготована встреча с демоном. Или же сами демоны вольны выбирать себе жертв? Кто руководит нашим разумом?

They like extremism, anger, depression, negativism, and bad habits like drinking and drugs. Quit the bad stuff and curb your bad temperament and they will be less interested in us and will look for someone more interesting for them.

Are animals a big cause of diseases?

The animals around us are an especially big cause of the spread of diseases. Given my knowledge and experience, I believe that demons do not favor any particular body to live in or damage. For them, all humans, insects, and reptiles are the same. They definitely don't want to struggle too much. That's why most of them prefer already damaged or sick bodies or organs, regardless if they belong to humans or other animals.

These days, we are finding and learning more and more about new diseases, pains, and sicknesses. The reason for this is because the population of everything is increasing. Most people are moving and traveling from one part of the world to another. And animal health is not as important in most areas of the world. One animal may get sick and die. After a few days, diseases come out from them. Demons in their bodies come out from them, and they do not go too far. Wherever they find damaged organs, they penetrate that body and start damaging them even more. If they do not find a damaged or sick body, they just go inside a healthy body and start damaging it.

I used to kill insects and reptiles frequently, but since I started sensing these demons, I have developed a lot of problem killing them, because I do not want their demons or diseases to visit my body. In my case, I argue with them or insist that they go back to original body, or if that body is dead, I ask them to find something similar but not me. I am able to do it, but in normal people's cases, the best thing is to keep houses and

Власть над нашим разумом в наших собственных руках. Однако, в случае если человек не способен контролировать себя в достаточной степени, демоны с помощью гипноза вмешиваются в этот процесс. При этом, фактически мы владеем собой. И тем не менее, чувство злости благодаря демонам, становится яростью, грусть переходит в депрессию или даже желание совершить самоубийство или навредить кому-либо. Демоны заставляют нас ненавидеть то, что могло бы быть нам просто неприятно. Таким образом, они выводят нас на тропу негативного восприятия, в связи с чем, продолжая контролировать себя, мы бессознательно направляем свои действия, руководствуясь их инструкциями. С того момента, как мы начинаем распознавать, какие же проявления в нашем нестандартном поведении явились результатом воздействия сил извне, мы начинаем, в некотором смысле, приобретать навыки контроля нашего поведения. Надо отметить, что практика эта весьма непроста, нам нелегко избавиться от руководства извне, однако, обнаружив закономерности, по которым оно строится, мы, наконец, способны хотя бы постараться ему противостоять. Если же все попытки оказались тщетны, едва ли не единственным способом избавиться от негативной осады остается использование сил таких людей, как я. К несчастью, демоны зачастую сопровождают нас с раннего детства, и настолько привязываются к нам, считая нас своими игрушками или даже собственностью, что избавление от них становится настоящим вызовом. Забавно, но после освобождения от внешнего влияния, Вы остаетесь уязвимы, благодаря образовавшейся пустоте, столь заманчивой для других демонов. Никто, тем не менее, не сможет посягнуть на эту чистоту, если Вы будете упражняться в контроле над своим разумом, ограничите себя от чувства злости и примите самообладание как

workplaces insect-free and stay away from animals, especially sick animals. Or if you still want to keep animals, then take care of their health. I do not know if this is easy or possible for everyone. These insects, reptiles, rats, and other animals go everywhere and bring all kind of dirty and dangerous diseases to our homes and our bodies. This is a cycle, and someone needs to think about how to fix it. But sick animals of all kinds can easily spread diseases and sicknesses everywhere. I do not have any knowledge about the reproduction system of disease or demons; however, it is my assumption that they grow really fast, and as the growth increases, they need more bodies, which means more people will get sick. I am sure you understand that demons and diseases are all invisible things in the physical world and that they do not die easily. They are hundreds of years old. They are on a mission. After they kill one person, they choose someone else. And when they are in a body, they are damaging that body and its organs, and during that time, they are reproducing and increasing their numbers.

How do diseases and demons operate?

Disease and demons are different from each other in the way human and wild animals or poisonous reptiles are different from each other. When a lion kills a deer, that lion eats first. Once that lion is finished eating the deer, the second strongest animal will come and start eating the leftover meat of deer from lion. After that, the third strongest animal will eat the leftover meat. In this way, all these animals will eat. And lastly, all the small animals or insects will attack the leftover meat of the hunted deer. In the same way, once a disease attacks us, it comes with a group and keeps attacking our bodies until it has damaged us completely. In regards to damaged organs, we have to deal with a line of diseases, sicknesses, and pains. No one can

основную линию поведения. С помощью моих усилий или навыков другого чело века, который поможет Вам освободиться от влияния внешних негативных факторов, Вы обретете достаточно возможностей, чтобы научиться контролировать себя сами, и тогда демонам Вы будете просто не интересны. Они перенаправят свою энергию на более заманчивый объект, а Вы, наконец, обретете власть над собой.

Каким образом оградить себя от посягательств со стороны иных демонов?

Невозможно окончательно закрыться от вмешательства демонов. Даже мне это не под силу и время от времени я чувствую, что демон вторгается в мое пространство. В целом, нельзя называть этот процесс болезненным, однако, некоторые утверждают, что, в зависимости от силы и общей агрессивности демона, они ощущают в этот момент повышение давления. Мои ощущения отличны, сравнимы с прикосновением или объятием. Представьте, как неприятно, когда кто-то удерживает Вас в объятии насильно. Такую же неприязнь я чувствую, будучи охваченным демоном. Зачастую, можно не заметить его присутствия, потому что проникает внутрь демон практически мгновенно. Однако первичные импульсы агрессии и признаки проявления резкости в поведении не заставят себя ждать.

В основном, люди не ощущают присутствия демонов. В случае же, если Вы начинаете осознавать их присутствие, Вы мгновенно приобретаете чувство дискомфорта и безудержное желание от них избавиться. К счастью, немногие способны ощутить присутствие демонов. Поверьте, избавление от демонов – вовсе не простая задача, на пути к решению которой мне многое пришлось преодолеть. В результате, благодаря

kill them. Only with luck, if we fix the symptoms and stay away from the source of the disease, we will be able to become 100 percent normal. Otherwise, once they make room in our bodies again, they can reinfect us. This is a lifetime problem like ulcers, migraines, liver damage, diabetes, kidney failure, hemorrhoid infections, other infections, and different kinds of cancers. Our sick bodies and damaged organs are their food. They eat our bodies and organs and damage them more and more every day. In modern science, we have very good healing medication to heal the damages caused by these diseases. But it is very difficult for that healing medication to move these diseases away from the wounded or damaged parts of the body. They do not leave. We take painkillers, antibiotic, and healing medication, but the demons damage us again. At this point, if someone is using very good healing medication, I can or a person like me can help them to remove those diseases from the damage body. After that, someone needs to use the right kind of healing medication to fix the damages.

Even if a demon or disease is a friend, why does it still hurt?

I had this crazy and unbelievable experience several times. Pains and a myriad of sicknesses have become my friends. But problem is that they are just like a fire, and fire burns. Diseases, pains, and sickness can stay out of the body. So, even they are acting or behaving like a friend. So, they can reduce the effects but still, their effect is pain, once they will go to a body, or part of that body, that part will feel the pain. This is all crazy, but I deal with this world all the time. And only those people who experience my power firsthand actually believe me. It is not difficult for me to prove anything. Almost every day, I find several people with different problems and help them by taking their pains away

своему опыту я приобрел способность контролировать их поведение практически в любой ситуации, используя как мягкие, так и более строгие методы. Они могут зачастую привнести кое-какое беспокойство в мою жизнь, однако, узнав меня лучше и установив доверительные отношения, мы можем здорово подружиться. Демоны для некоторых могут стать более близкими друзьями, нежели люди. Это, конечно, справедливо в моем случае, но с демонами проще, чем со многими людьми и даже животными. Итак, стоит запомнить, что избавиться от присутствия демонов в нашей жизни и даже в наших телах практически невозможно, но вот избавиться от их влияния на наше поведение вполне осуществимо.

Часто ли животные становятся причиной наших заболеваний?

В действительности, животные, особенно крупные, могут стать причиной распространения некоторых болезней. Исходя из моего опыта, я могу утверждать, что демоны не очень разборчивы в объектах, на которых воздействуют. Это означает, что независимо от того, животное это или человек или даже насекомое, демон предпочтет атаковать организм уже ослабленный или поврежденный.

В связи с тем, что популяция многих существ растет с каждым днем, а передвижения по всему миру стали доступны, мы все больше и больше узнаем о новых болезнях, недугах и вирусах. В то же время, совсем не много внимания уделяется вопросу здоровья окружающих нас животных. Так, смерть животного в короткий срок может стать причиной распространения болезни или переселения демона от мертвого организма к живому, причем не всегда легкоуязвимому.

from them.

Where do demons live?

Surely, they do not live in water, because their basic configuration is *fire*. That's why they do not like water. We are only talking about demons right now. They are everywhere, and they have extraordinary powers. Because I sense them and feel them, I know they live in the air. Sometimes they are very close to walls and ceiling if they are not flying in air. I also know that they live inside or on trees. Those kinds of demons are like vegetarians. I know that they can live inside any living body, regardless human, animal, insect, bird, or reptile. All these bodies are the same for them. They can choose any body and can switch whenever they want. But remember that though they live in the air, trees, and bodies, their qualities are still the same. If they are flying in air, they can easily go into any animal's body or start living inside it. This is true for all of them.

Can anyone communicate with demons?

Only demons need a language to communicate with us or other animals. And for all of them, they just have one language, and that language is hypnotism. On other hand, we do not need any special language to communicate with them. They listen to us all the time. They are very nosy. They keep information about us. If they are new to us, they can dig inside our memory and easily find out a lot of information about us. So, they listen to us, and they understand our language, regardless of whether we speak English or another language; however, that

До того, как в моей жизни появилось знание о демонах, я без угрызений совести мог позволить себе раздавить насекомое или убить ящерицу. Сейчас же, не желая знакомиться с их демонами, я не рискну на такие шаги. В моем случае, можно избежать этой участи, уговорив их вернуться к своей старой жертве или найти себе новую. Однако большинство людей, неспособных налаживать контакт с демонами, находятся в зоне риска. Чтобы уберечь себя я советую держаться подальше от крупных животных, особенно страдающих какой-либо болезнью, а дома очистить от нежелательных жильцов в виде насекомых. В случае если Вы решили держать питомца – следите за его здоровьем. Насекомые, ящерицы и крысы непременно принесут в дом многочисленные болезни и исправить результат их воздействия будет непросто. Особую опасность, как я уже отметил, несут больные животные, способные переносить заразу. К сожалению, я не могу определить, каким образом множатся демоны и недуги, однако, по моим наблюдениям, растут они с необычайной скоростью, что требует, соответственно, использование новых организмов. Очевидно, что в реальном мире демонов обнаружить очень трудно, а уж избавиться от них куда сложнее. Их охота продолжается сотни лет, жертва за жертвой они наносят ущерб организмам, множась при этом и расползаясь по свету.

Как недуги и демоны функционируют?

Также как животные отличаются от рептилий, а рептилии отличаются от человека, демоны различны между собой. В природе, лев охотиться на оленя, полакомившись, он уступает жертву следующему в цепи хищнику. Тот, в свою очередь, оставляет часть жертвы другому виду, после которого совсем мелкие

does not mean they will obey us when they can hear us. Most of the time, they do not obey us. But if they become sincere with us, they will do much for us. And once they decide to go against us, then they will bring many obstacle.

How do demons create obstacles for us?
How do demons resolve our problems?

Demons do not have as many liabilities as we do. I am talking about money, jobs, houses, insurance, among others. As far as problems and fights, demons have more fights and wars between themselves. The demon's language is hypnotism. If you understand hypnotism a little bit, then you know it is a trick. If someone uses it on you, then you do not necessarily know that someone is communicating with you or trying to influence you. If someone hypnotizes you, you will see whatever they want you to see. You will think only whatever they feed your mind. And if demons are hypnotizing you, you will not be able to beat them. We think only whatever they want us to think. We see whatever they want us to see.

If demons are all around us and they are our enemies, then what they can do? They can keep us misguided all the time by hypnotizing us. These demons can reach wherever we go before us and misguide other people by hypnotizing them. Wherever you go, whatever you do, you will face problems everywhere. If demons are friends of someone, then they clean up their paths everywhere. Those people have good luck everywhere. These groups of demons reach wherever they're going before them and hypnotize everyone and keep the person's path clear of all problems.

животные и насекомые окончательно разложат остатки жертвы на составные части. Аналогично, демон приходит не один, принося с собой множество недугов, атакующих наши организмы, что проявляется в появлении разного рода заражений и болезней. Истребить их непросто, и только при наличии удачи можно избавиться от признаков болезни и держаться подальше от их источника, тем самым нормализовать ход событий Вашей жизни. Иначе, обнаружив лазейку в Вашем организме, они не оставят Вас в покое. Так появляются недуги, сопровождающие организмы на длительные сроки, такие как: мигрени и поражение печени, диабет и почечная недостаточность, геморрой и, в конце концов, опухоли. Используя наши тела в качестве питания, они продолжают разрушать целостность наших организмов. Современная медицина выработала колоссальный опыт в лечении признаков и последствий болезней и недугов, однако, полное восстановление поврежденных органов или искоренение болезней до сих пор остается непростой задачей даже для врачей. И, несмотря на то, что мы неустанно принимаем антибиотики, восстанавливающие и болеутоляющие средства, мы все равно остаемся подвержены воздействию болезней. В ситуации, когда человек использует правильные медицинские препараты для избавления от болезни, моя помощь или помощь человека, который также занимается очищением организма, могут стать весьма полезны. Однако сопровождение этого процесса соответствующими медицинскими способами лечения обязательно.

Почему даже подружившись с демонов, его воздействие на организм столь болезненно?

Я переживал этот опыт не раз. Наладив контакт с некоторыми демонами и мириадами недугов, я все равно оставался

How do we see demons? Can dream tell us the location and/or the nature of a demon?

Almost all demons do not change their places. If they are living in a house, office, or shop, they live there for generations. They do not easily allow demons or other than their family in their particular places. A few live in our house, office, or shop, and a few travel with us. Demons are very nosy and take full interest in our affairs. I am sorry to say that we are totally under their control most of the time and that we usually do what they want us to do. Regardless of the sincerity of demons, they are basically naughty and full of negativism. Demons use the power of hypnotism. They can show us anything while we are sleeping or while we are awake. When they show us something that isn't really there, we will call that a "trick of the eyes." And they can show us anything during sleep, and we call those "dreams."

We think we see whatever we recently had on our minds in our dreams. This is totally wrong. We see only whatever demons around us show us in dreams. Sometimes it happens, and we see whatever we had on our minds, but that's because demons are so much involved in our affairs and lives. Consequently, we think that those dreams are coming from our own minds, but in actuality, the demons around us are totally responsible for that. Usually, one dream does not come from two demons. One demon shows us one dream. If we have more than one demon around us, these demons usually take turns, depending on which is more powerful.

Demons usually show us dreams about our family problems, affairs, business problems, among others. If they are watching movies with us, they can show us the whole movie again. If we are around a jungle or wild animals or if we have poisonous reptiles

в зоне достаточно болезненного воздействия их существ. По аналогии с жаром огня, демоны, хвори и недуги, даже будучи дружелюбно настроенными по отношению к нам, могут лишь снизить воздействие на наш организм, но не избавить нас полностью от боли при проникновении. Исключительные люди, с которыми мне приходилось работать, верят в мои способности, потому что доказать эффективность моей силы вовсе не просто. Тем не менее, почти каждый день я избавляю людей от различных нежелательных воздействий и боли.

Где обитают демоны?

Они определенно предпочитают избегать воды, потому что их стихия – огонь. Говоря именно о демонах, я отмечу, что встретить их можно где угодно. Обладая сверхъестественными силами, они могут находиться и в воздухе, оседать на стенах или зависать под потолками, поселяться внутри деревьев, в случае, если они предпочитают вегетарианскую диету. Будучи не особо разборчивыми, они также могут проживать в теле абсолютно любого животного, насекомого или даже человека. Однако, стоит помнить, что где бы они не находились, они с легкостью меняют места обитания и без особых трудностей могу поселиться в любом живом организме.

Можно ли наладить контакт с демоном?

Язык гипноза является для них рабочим, независимо от того, с животным или с человеком они имеют дело. При этом, они внимательны и постоянно нас слушают, сохраняя и накапливая информацию о нашей жизни. Они даже способны проникать глубоко в закоулки нашей памяти, чтобы выудить нужную информацию. Они слышат и понимают нас, на каком бы языке мы бы ни говорили, однако это вовсе не значит, что

inside or around our homes and demons come out from them and penetrate our bodies, our dreams will just be nightmares. These demons are not our regular demons that are usually involved in our lives or our affairs. These new demons usually come from other animals, and they do not have much material other than nightmares or scary dreams.

Always remember that if you want to really judge which kind of demon you have around you or from where a demon came, you need to analysis your dreams. If you have too many demons inside or around your house, then you will experience different dreams every night, especially if you have a lot of trees around your house, which could mean a significant population of demons. If you are completely possessed by a single demon, then that demon will have complete control, and it will be only one that shows you your dreams. But if you are a strong-minded person, then no single or permanent demon will be around you. You will be dealing with different demons all the time.

Anyway, if you are seeing dreams totally different than your thoughts and you are seeing dreams about lizards or cats or dog, that means the demon was likely inside those animals for long time and that's all it knows. That's why they are showing you these dreams. If your friend in a different country talks to you over the phone, that demon may choose you to visit you for some reason. This new demon will mostly show you dreams related to your friend or your friend's country, and it will show you dreams about your friend's affairs. In short, demons do not show us whatever we want to see. They always show us whatever they want to show us. This is their hobby. They do that for themselves, not for us.
You may not be able to, but I can ask demons around me to show me some particular

они будут прислушиваться к нашему мнению. Напротив, зачастую они поступают наоборот. Если удается достигнуть взаимопонимания с демоном, они многое способны сделать для нас, в противном случае, они непременно начнут создавать проблемы и препятствия на нашем пути.

Каким образом демоны создают и разрушают препятствия для нас?

Проблемы демонов значительно отличаются от наших. В то время как нас заботят деньги, работа, быт или счета-кредиты, демоны ведут настоящие войны и битвы друг с другом. Как известно, демоны общаются посредством гипноза, а если Вы знакомы с этой техникой, то понимаете, что это всего лишь уловка манипуляции сознанием, при которой жертва может даже и не подозревать о принимаемом воздействии. Гипнотическое состояние заставляет Вас делать и думать то, что потребуется демонам, при этом остановить в одиночку Вы их не сможете. Печально, но мы зачастую видим и знаем только то, что они нам преподносят.

Находясь вокруг нас и будучи нашими врагами, демоны посредством гипноза нередко вводят нас или окружающих в заблуждение. Где бы Вы ни были и как бы Вы не пытались укрыться, они настигают Вас с легкостью и создают ореол проблем. Напротив, подружившись с демоном, Вы можете рассчитывать на его всестороннюю помощь в виде сопутствующей удачи и отсутствия препятствий. Опережая на шаг своего спутника, демон расчистит его путь и активно воздействует на любые предшествующие трудности.
Как обнаружить демона? Можно ли посредством сна определить природу и

dreams. I have different demons that visit every day or sometimes every hour, and that's why my dreams are different all the time. Sometimes, I have some complicated dreams, but you would be surprised, because sometimes I do not recognize any of the people in those dreams. I just assume that because I remove demons from different people in different part of the world, those demons come around me and show me dreams about the lives or affairs of their previous hosts.

Anyone can use these practices in regards to dreams. If you are experiencing and seeing really dangerous and scary dreams and you want them to stop, I can guide you in how to stop them. These nightmares do not come from our sincere demons. They usually come from demons we get from wild animals or reptiles. Showing us scary dreams is their hobby, and they really enjoy it when they scare us and see our reactions to those scary dreams.

When you have a scary dream, just remember that these demons are playing with you. Do not act like you are scared at all. Once you wake up from the nightmare, do not yell or act scared. Just look toward your left shoulder and say to the demon, "You are wasting your time. I am not scared of that dream, so please quit wasting your time with me and find someone else." However, you cannot lie to demons, because they can read deep inside our mind. If you really do not want to keep having nightmares, you need to control your feelings and fears. Once you are more in control of your feelings, you will display more confidence about whatever you are saying to the demons around you, namely you are not scared of the dreams and that they need to quit wasting their time and find someone else. Once the demons figure out that you are not really scared of their dreams, they will leave you alone, because they will essentially lose

Демоны с большой неохотой меняют места обитания и если обосновываются в каком-либо доме, офисе или торговом объекте, то могут просуществовать там поколениями. Одновременно с этим, они редко подпускают к насиженным местам посторонних демонов. В случае если демоны выбирают себе в спутники человека, его они будут сопровождать всегда и везде. Трудно признаться, но демоны полностью погружены в нашу жизнь, создавая вокруг много шума и не упуская возможности засунуть свой нос в наши дела. При этом мы постоянно находимся под их контролем и выполняем их прихоти. Непослушание и повсеместный негативизм определены для них природой, поэтому, даже наладив с ними добрые взаимоотношения, не стоит ожидать от них отказа от вмешательства в нашу жизнь. Демоны обманывают наш глаз, пока мы находимся в сознании или когда мы спим. Зачастую, так называемый «обман зрения» или то, что мы привыкли называть «сном» – это их работа.

Поэтому мы ошибаемся, полагая, что во сне видим то, что перебирали в голове, бодрствуя. Дело в том, что демоны настолько увлечены нашими жизнями, что не могут отказать себе в удовольствии показать нам во сне все безумства нашего разума. В результате, мы полагаем, что во сне просматриваем собственную подборку ситуаций и образов, в то время как на самом деле, эти подборки являются делом рук наших спутников. Забавно, но будучи окруженными несколькими демонами, мы принимаем сны от каждого по очереди, в зависимости от того, кто сильнее.

Чаще всего демоны показывают нам сновидения про наши внутренние проблемы или даже позволят нам

interest. And if you are not getting scared anymore, they will leave you alone and find someone else.

Can demons show us any photos or movies in mirrors by hypnotizing us?

Usually, some demon's doctor uses their demons to hypnotize someone and show them any photo or movie, whatever they want to show us. Usually, people go to these kinds of people to find out if someone wants to kill them or kill their business. Those fortune-tellers usually use their demons to show us a few photos or films from our mind. This happens when we are awake. This is not a surprise, because when demons hypnotize us during sleep in order to show us our dreams, then this is not difficult for demons to show a few photos or a film in a mirror by hypnotizing us. We always want to know, if there is someone behind our bad luck or our problems. Usually people go to demon's doctor (not me) to resolve their problems and issues. Or at least they want to know, who is their enemy. Those demons' doctors take advantage of the situation. They use their demons. Their demon read the mind of those people by hypnotism. And then, those demons' doctors keep a mirror in front of that person. At that point those demons hypnotize that person again and show him the picture of few suspected enemies of that person in mirror. So, this is a very controlled hypnotism procedure by a demon doctor.

Are demons spirits or souls?

Demons are not positive energy. Demons are not responsible for keeping us alive and performing bodily functions and operations. The soul/spirit is a positive energy that is limited and confined inside our bodies with a

просмотреть сюжеты из фильмов, с которыми мы сталкивались накануне. В случае если нас окружают дикие животные, рептилии и другие животные, мы зачастую видим лишь кошмары, которые приносят с собой их демоны. Обычно такие демоны вовсе не вовлечены в нашу жизнь и малознакомы с нашим разумом, поэтому все, что им остается – показывать нам страшные сны.

Помните, если Вы решаете распознать демона, вмешивающегося в Вашу жизнь, и обнаружить, откуда он прибыл, анализируйте Ваши сны. Множественность и разнообразие сновидений свидетельствует о том, что Ваш дом кишит демонами, что, возможно, усугубляется наличием большого количества деревьев вокруг. Когда какой-либо особенно властный демон сможет заполучить полный контроль над Вами, соответственно он и будет руководить Вашими сновидениями. Однако, если вашей внутренней силы достаточно, чтобы противостоять такому властному демону, Ваш разум будут периодически посещать различные одиночные демоны.

Так или иначе, если Вы постоянно видите сны, не связанные с вашими сознательными мыслями или же перед Вами во сне постоянно появляются кошки, собаки или ящерицы, помните, что демон, показывающий Вам все это, очевидно, являлся спутником именно этих животных. Когда во сне Вы разговариваете с другом, проживающим далеко от Вас, или Вы видите события, связанные с ним, предположительно его демон выбрал Вас на какой-то момент для установления контакта. Выходит, что демоны показывают нам то, что именно они считают нужным, и это для них своего рода развлечение.

Просить демонов о каких-либо определенных сновидениях было бы

fixed strength. Demons and diseases are uninvited guests in our house (i.e., our body and environment). They are not a problem when they are outside of our house or our body, but they are a burden when they are inside our house or inside our body.

Demons and diseases are external negative energies that can go inside our bodies easily. And once they go inside our body, our soul/spirit or positive energy protects us from demon's negative actions. But positive energy is limited, and it works individually for separate parts of the body. Negative energy is external, and they can increase their power by using it or by inviting more demons or diseases into our bodies. Demons have no limits on their powers. They can increase their strength to defeat internal positive energy. Once negative energy beats the positive internal energy (i.e., our immunity system), we get sick and suffer pains like infections, heart attacks, paralysis, hemorrhages, and even organ failure. Doctors and medication are external influences that can help increase the powers of our internal positive energy to protect us from the actions of external negative energies (i.e., demons or diseases).

We are like trees. Our bodies and their damages are like nests for birds. And diseases are like birds in those nests.

Trees are alive like us. When birds use their sharp beaks to make holes in the stem of a tree or make a hole in any branch of the tree, they can set up a nest in those holes. When birds make a hole in any part of the tree, birds don't care how much their actions will hurt a tree. We are exactly like trees, and these demons are like birds. These demons damage parts of our bodies so that they can eat. They do not care how much pain we must endure because of their actions. They do not care;

затруднительно для Вас, но не для меня. Я имею дело с ними каждый день, а иногда и каждый час. Сны же мои весьма разнообразны, зачастую мне приходится видеть образы, которые мне даже неизвестны. Полагаю, что это происходит от того, что работая с различными людьми и их демонами, я сталкиваюсь с образами из их сознания посредством демонов, с которыми налаживаю контакт.

Каждый способен анализировать свои сны. В частности, если Вам приходится видеть кошмары, от которых Вы хотите избавиться, я могу поспособствовать разрешению этой проблемы. Как я уже отмечал, кошмары приходят от демонов из дикого мира. Для них это своего рода забава, позволяющая наблюдать за тем, как мы пугаемся, и изучать нашу реакцию на них.

В таком случае, правильно будет скрывать свой страх, помня, что кошмары – это всего лишь игра демонов с Вашим разумом. Проснувшись, постарайтесь бурно не реагировать на страх. Слегка поверните голову к левому плечу и скажите: «Ты тратишь время попусту, меня не напугал твой сон. Будь добр, поищи кого-нибудь послабее». И все же, не стоит лгать демону, он распознает это в миг, потому что ему доступны самые глубокие закоулка Вашего разума. Чтобы избавиться от кошмаров, научитесь контролировать свои мысли и страхи, и тогда с помощью приобретенной уверенности, Ваши слова демону будут звучать весомее, а, следовательно, и убедительнее. В таком случае, демон не задержится в Вашем организме, ему станет попросту неинтересно продолжать свои забавы. Он, очевидно, направится на поиски новой жертвы, так как Вас ему напугать больше не удастся.

they just make wounds/injuries in order to eat them or to live their lives. In the same way, if you go to that tree and clean the nest from the tree and remove the bird from the nest, what will happen after that? There will be no nest in that hole in the stem or branch of the tree. There will be no bird around that hole in the tree.

But if the hole is there in the stem or branch of the tree, another bird will find the hole, and this new bird will try to make a nest in that hole. And if new bird is bigger in size than the old bird was, then the new bird may try to make the hole even bigger, and that action will create more pain for the tree. But birds do not care about the tree. If tree is not going to fix that hole in the stem or branch, new birds will keep coming and hurting the tree. Similarly, our body will not be fixed by taking proper medication and surgery. New demons and diseases will keep coming and attacking our injured organs.

I can remove a pain, sickness, or disease from a person, but if symptoms persist and nobody takes care of those symptoms, another disease will come pretty quickly. But there is another thing, and we call that thing "bad luck." You may not have symptoms, but by bad luck—maybe you have to deal with someone or live with someone who is sick— these diseases will transfer to your body very easily. Maybe you do not feel any pain for few days, weeks, or months, but eventually, those diseases will damage part of our body by defeating your positive energies. And then a cycle of problems and sickness will start.

We do not need to be sick people or have wounds or injuries to invite demons inside or around us. Demons are always around us. Demons do not hurt like disease, but because of their negativism, everyone feels some mental sickness or extreme temperament.

Могут ли демоны отражать для нас образы в зеркалах посредством гипноза?

Зачастую люди, которые специализируются на изгнании демонов, используют власть своих спутников, чтобы проецировать для нас какие-либо образы. Такие техники применяются в ситуациях, когда человек хочет выведать, грозит ли опасность его здоровью или быту и от кого она исходит. При этом, находясь в сознании, мы видим соответствующие образы благодаря шаманам, использующим силу своих демонов. Ничего удивительного нет в том, что посредством гипноза в зеркале нам может явиться образ, который демоны легко используют в сновидениях, показываемых нам. Согласитесь, мы всегда желаем знать, кто стоит за преследующими нас неудачами. В таких ситуациях люди и обращаются к шаманам, которые, в свою очередь, используют преимущество влияния своего собственного демона. Он с легкостью проникает в разум человека и посредством зеркала проецирует образы подозреваемых из его сознания. Таким образом, можно назвать такого рода гипноз контролируемым, так как он происходит под надзором шамана.

Являются ли демоны духовной субстанцией?

Демоны не несут в себе заряда положительной энергии, поэтому они и не способны поддерживать жизнедеятельность организма и осуществлять его отдельные функции, как это делает внутренняя энергия или наша внутренняя духовная организация. Фактически, недуги и демоны являются в

When I work on someone on a regular basis, I create a vacuum in his or her body.

We are not designed to have any demon or a disease inside our bodies. In a neutral condition, when no demons or diseases are inside our bodies, we feel extremely relaxed and comfortable. If I am not working on someone for a few days, I experience that relaxed and comfortable condition. But that is not possible for me all the time, because I am always busy helping someone, regardless of whether they are aware of that help or not. "Vacuum condition" means that the person is like a vacant house. We are not designed to have a demon or disease in our body. We live better without them, but demons are designed to find a medium where they can penetrate, expand, and start living. Demon are mean, and they are physical bodies; however, they are just like air, and to secure a medium, they choose anybody, regardless if they are human or another animal. They don't care how much they hurt/damage the medium or that body. After I work on someone and clean his or her body of these demons and disease, after that, his or her body has an empty space, which means demons and diseases can easily penetrate that clean body. So be careful and stay away from sick bodies.

People with any kind of mental sickness are being controlled by demons.

God has gifted demons with lots of powers to control minds through hypnotism. In rare cases, they act differently. Otherwise, they have no sympathy for human beings. They will generate all kinds of negative qualities in us, such as jealousy, greed, anger, intolerance, impatience, suspicion, mistrust, and sickness. I have a little control over them with help from God. I use different procedures to disrupt their control. I don't think this is possible for a normal person. Someone like

нашем мире непрошеными гостями, которые особенно не беспокоят нас, оставаясь за пределами нашего личного пространства, или становятся для нас превеликой тяготой, вмешиваясь в нашу жизнь.

Сами по себе недуги и демоны являются разновидностью отрицательной энергии, которая с легкостью проникает в наши организмы, устраивая тем самым испытание на прочность нашим внутренним энергетическим ресурсам. Однако, учитывая тот факт, что запасы внутренней положительной энергии ограничены и строго распределены по функциональным участкам, она становится достаточно уязвима по отношению к атакам извне. Особенно ощутимой хрупкость нашей энергетической целостности становится в момент, когда демоны, представляющие поток негативной энергии, набирают силу благодаря объединению между собой. В этот самый момент, наш иммунитет может быть подорван и мы начинаем страдать от многочисленных заражений, болезней и недугов, включая повреждение органов, параличи, кровоизлияния и сердечные приступы. В таком случае, традиционная медицина призвана помочь нам поддержать внутренний баланс наших организмов. Чтобы защититься от негативного внешнего воздействия от известных неприятелей.

Наши тела можно сравнить с деревьями, демонов – с гнездами, а болезни – с птицами.

Деревья, как и мы, представляют собой живые организмы, в стволах которых птицы своими острыми клювами пробивают гнезда. При этом птиц особенно не заботит ущерб, нанесенный дереву. Таким же образом демоны

45

me can reduce the pressure from a demon. The rest is in your hands, namely how easily and quickly you adapt and move toward a positive approach and way of thinking. If you train yourself to behave and think positively, you will make it difficult for a demon to make you mentally sick person.

We always have positive and negative thoughts. Good thoughts come from our mind, bad thoughts are fed by demons.

If you still have a choice to differentiate between good and bad, positive and negative, true and false, right and wrong, then you still have time to defeat a demon. If you are a normal person, all positive and good thoughts are coming from your mind. All negative and bad thoughts are coming from a demon around you. So, if you still want to beat a demon and regain your control, you need to start practicing right now. Start rejecting all bad and negative thinking. Stop getting too suspicious. Reduce jealousy. Try to reduce negative competition. Always be sure about positive decisions. This is a possible way to train a demon around you to be less negative. I am sure demons will not like this behavior, but this is your decision—whether you want to give your control to a demon and act crazy or keep your control and compel that demon to help you in your positive path. You will need a lot of practice. Simple, we reject bad thoughts means, we have more control over our mind. And if we accept bad thoughts means demons have more control of our mind.

1 Demons can find extremism even in positive activities like studies/business, or they try to make us irresponsible and lazy, whatever work for demons.

Consider our responsibilities like going to job

повреждают нашу внутреннюю целостность, несмотря на всю боль, которую они этим доставляют организму. Повреждая организм, недуги и болезни начинают поглощение организма, необходимое им для поддержания своей жизнедеятельности. В случае же если Вы очистите дерево от гнезда, Вы избавитесь и от птицы, поселившейся в нем.

Однако от червоточины Вам не избавиться так просто, поэтому поврежденное дерево останется заманчивым для другой птицы. Другой вредитель может быть крупнее предыдущего, поэтому, очевидно, что и пространство для гнезда ему понадобится больше. Безо всяких сожалений птица расширит отверстие для гнезда, доставляя дереву большую боль. Не избавившись от червоточины, нельзя избавиться и от непрошеных гостей. Поэтому, не залечив поврежденной области с помощью соответствующих медицинских операций, нельзя гарантировать отсутствие атак и посягательств со стороны новых демонов.

Даже мои способности избавить человека от болезни или недуга не позволят предотвратить новых нашествий, если признаки и повреждения, нанесенные болезнью, вовремя не искоренить. Не стоит также упускать фактор риска, именуемый «неудачей». Печально, однако, даже не имея никаких признаков заболевания или недуга, Вы можете столкнуться с кем-либо, кто может передать, по несчастной случайности, болезнь в Ваш организм. Признаки болезни могут проявиться не сразу, и даже не через неделю или месяц. Однако, в случае, если Ваш иммунитет это допустит, рано или поздно течение болезни начнется и даст о себе знать.

Вовсе необязательно иметь травмы или повреждения, чтобы привлечь к себе

and making money, going to school and behaving like a responsible student, or caring and loving our families. All these responsible behaviors come from our mind. Demons are not helping us become more and more responsible. If you do not want to go to school or work, I'm lazy. I'm not doing a good job. I'm not doing homework. All these irresponsible behaviors occur when we listen to demons instead of our own minds.

When there is healthy competition, regardless of the type, these come from our minds. But when competition crosses the line, when you feel hatred for your competitors and you're ready to kill them, demons are in charge of you at that point. When demons cannot stop us from doing good, they try to bring us to extremely negative competition. We can control this by acting more positive.

We can control and reduce any extreme passion, habit, or desire just by remembering we are being pushed by demons.

Demons are not busy people. They do not have to go to work. They do not have to cook. But competition for them is pretty similar to ours. We are their main hobby. Demons are not going to just stay around us and waste their time by letting us just do good stuff and act like a positive person. Demons are very pushy. They push us all the time to do negative stuff. The only way we can try to reduce their presence is by controlling our immediate desires. Sometimes you desire to do something, and you feel you need to do it immediately. But all these desires come from demons. If we slow down and do not fuel our extreme desires, we can reduce a demon's control on us, though it can be very difficult.

A love for any profession, hobby, or habit signals an extreme condition.

демона. Они повсюду и поэтому некоторые признаки их негативного воздействия в виде неуравновешенности или несдержанности могут появляться повсеместно.

Когда мне приходится работать с кем-то постоянно, мне удается создать вакуум для его или ее организма.

Природой нам не предписано приживать у себя демонов или недуги. На обычной основе при отсутствии каких-либо демонов или недугов внутри нас мы чувствуем себя необыкновенно свободно и расслабленно. Когда мне самому не приходится какое-либо время возиться с ними, я ощущаю комфорт и спокойствие. Однако такие моменты выдаются весьма редко, потому что я практически всегда нахожусь в рабочем состоянии, при том, что человек, на которого я воздействую, об этом может даже не догадываться. Состояние вакуума для организма определяется ощущением незанятости. Повторю, наши организмы не созданы для приюта демонов и недугов. В то время как мы чувствуем себя намного легче в отсутствии демонов, им просто необходимы спутники, разум которых они могли бы использовать. Жестокость демонов проявляется в том, что они особенно не разбирают, чей организм покорять и слабо представляют, сколько вреда они при этом приносят. Чтобы предостеречь, отмечу, что после того, как я очищаю чей-либо организм от той или иной болезни или демона, я оставляю участок исцеленного тела доступным и уязвимым для новых внедрений. Поэтому так важно держаться подальше от тех, кто может нести в себе болезнь.

Правда ли, что люди с психическими особенностями находятся под воздействием демонов?

Demons want us to do whatever they want all the time, and their pressure never reduces. But in some ways, they are very helpful because they push us to some positive extreme levels. Like poets, demons push us to extreme love, grief, and sadness. These extreme conditions create great poetry and art. No one could do these dangerous activities with a mind unaffected by demons. But demons make us fearless and increase our courage by hypnotizing us. And we do incredible and extreme activities without fear of death or injury. Behind all extraordinary achievements, there is an extreme behavior and extreme effort. Demons are able to push us to that level. In a normal condition for a normal person, these behaviors and accomplishments can seem like impossible things.

Extra Passion about anything is external.

Extreme passion about anything, including politics or a love interest, is the result of demons. Passion is a craze and a push from one or more demons around us. It is a good behavior to love someone too much, but it is not when you love someone with extremely jealousy and make their life hell. That is a negative behavior. Indeed, to control this is to reduce pressure of demons around us. Extreme passion is the result of demons controlling us.

Love or hate or similar feelings of an extreme nature means demons are there.

Love is a positive behavior, but demons can turn this positive behavior to an extreme behavior when we become too much possessive about something we love. We have

Демоны были наделены силой контролировать разумы других существ. В редких случаях им приходится отклоняться от этой позиции, и происходит это не по причине особенной привязанности к человеку. В целом же демон приложит максимум усилий к тому, чтобы взрастить в нас чувства ненависти или ярости, зависти или подозрительности, нетерпимости и болезненного недоверия. Мне, в отличие от большинства окружающих, удается в некоторой степени ослабить контроль с их стороны, используя мой дар и опыт. Однако я могу лишь частично снизить уровень влияния демона, в то время как полное высвобождение зависит непосредственно от того, как стремительно Вы сможете адаптироваться к обновленному образу жизни и принять положительную с точки зрения энергетики линию поведения в качестве приоритетной. Демону вряд ли удастся превратить Вас в эмоционально нестабильную личность, если Вы приучите себя строить свою точку зрения и поступать в контексте позитивного мышления на постоянной основе.

Нас всегда сопровождают и положительные, и отрицательные мысли. Первые исходят от нашего разума, вторыми подпитывают нас демоны.

Если Вы все еще чувствуете разницу между добром и злом, понимаете, что хорошо и что плохо, правильно и неправильно, значит, у Вас еще есть шанс избавить себя от демонов. Учитывая тот факт, что все положительные намерения исходят от Вашего собственного разума, а на отрицательные поступки Вас подталкивают внешние силы, очевидно, что если Вы не упустите возможность начать упражняться в самоконтроле, у Вас

no tolerance if our mother or father loves our other brothers or sisters more. We have no tolerance if our boyfriend or girlfriend talks or mixes with someone else. We cannot tolerate it if our husband or wife is getting a little friendly with someone else. Love is a positive behavior, but very quietly, demons bring extremism to love. And after that, a lot of negative arguments, fights, and damages happen. So, be careful and keep your control by acting more tolerant and positive.

Sometimes, I feel that a demon's control on me keeps my life full of desires and that this is the attraction of life, for life without any desires doesn't seem worth living.

This may sound crazy, but sometimes I feel that these extreme desires that demons feed our minds make up the very attraction and beauty of life. I am not talking about terrorist activities. I am not talking about damaging or killing someone. I am talking a passion for things, ideas, and other people. When I was a normal person, I was running after my desires like crazy. But when no demon pushes me too much for any particular desire or person, I feel just like a dull person. With no desire, I have no ambition, and consequently, I can give up on anything.

Extra or over shy and extra or over bold is due to external demon's pressure.

Extra shy, extra bold, extra hate, extra love— all of these are extreme conditions, and we are compelled by demons through hypnotism. Feeling drunk when someone uses alcohol or drugs come from external sources. It will be very difficult for me to explain this to you, but whenever I work to remove the demons from someone's mind or body, if those people are under the influence of sleeping pills, alcohol, or other drugs at that time, regardless of

есть шанс избавиться от влияния демонов. Только избавившись от излишней подозрительности, зависти, негативных мыслей и задумок, неоправданного желания превосходства, только приобретая уверенность в правильности Ваших поступков, Вы сможете ограничить Вашего демона от движения в отрицательном направлении. Уверен, что демон будет недоволен такими метаморфозами, однако Вам решать, кто будет определять направление Ваших поступков и по какому пути поведет Вас сам демон. Такие решения предполагают кропотливую работу над собой. В двух же словах, ее можно описать просто расстановкой приоритетов в сторону положительных или же отрицательных суждений.

1 Демон способен найти крайность в любой повседневной деятельности, даже в обучающих процессах или работе. Если они пожелают, им не составит особого труда понизить нашу трудоспособность или ответственность.

Каждодневно мы несем ответственность за исполнение множества обязанностей, будь то работа или учеба, содержание семьи или простой быт. Это чувство ответственности, в первую очередь, исходит от нашего разума, развитию которого демоны вряд ли поспособствуют. Лень возникает в момент, когда мы отказываемся идти в школу или на работу, не достаточно ответственно подходим к выполнению поставленных перед нами задач. Такие манеры являются не чем иным, как результатом воздействия демонов. В ситуации, когда чувство превосходства переходит все границы, и вы уже не можете контролировать болезненную ярость, по отношению к Вашему сопернику, о справедливом соревновании не может идти и речи. Определенно, причиной таких ситуации

whether they are in front of me or in another part of the world, I always feel extremely sleepy. Most of the time, it is very difficult for me to stand up and stay awake during these cases. That's why I am always careful when I have to work with someone who may be alcoholic or addicted to drugs.

Sexual desires are similar to hunger, fever, depression, happiness, sadness, anger, among other feelings.

Eye twitching is a very naughty habit that demons use to harass us. Whenever your eye is twitching, keep your finger on that eye and say, "I know you are doing this, Mr. Demon, to harass me. Quit doing it. If you are alerting me about a danger by twitching my eye, then go and fix that problem for me. But quit harassing me." If you talk like this and your eyes stop twitching, it means that the demon is listening to you, but in regards to how long and how many times it will listen, I cannot give you any guarantee. You cannot just control demons. Demons listen to you only when you are somebody who can put pressure on them. In ordinary conditions from normal people, they hear us but do not listen to us. Even if we are busy doing something very important and have no time to think about anything else, demons will be the first ones to remind us that we are hungry and we need to eat something immediately.

Description of different inner feelings, or kaifiyat.

Kaifiyat is an Urdu word. I cannot find similar word in English, but I would say it is much like "inner feelings." Demons give us two things: extreme behaviors and different inner feelings. Different inner feelings include feelings of too much pride, self-praise, self-

являются действия демонов. Их безудержное желание привнести в нашу жизнь негативное направление только в том случае будет погашено, если мы не перестанем верить в истинность позитивной направленности нашей мысли.

Иногда, чтобы освободиться, достаточно одного осознания того, что демоны вмешиваются в течение нашей жизни и взращивают в нас болезненную страсть, привычки и желания.

Трудно назвать их особенно обремененными бытом и необходимостью решать какие-либо проблемы. И тем не менее, они достаточно амбициозны. Поэтому не стоит рассчитывать на то, что они без особого упорства позволят своей жертве тренировать в себе позитивное мышление, дабы избавиться от их влияния. Напротив, они достаточно коварны, чтобы подбрасывать нам периодические кое-какие мгновенные необдуманные задачи. Не стоит полагать, что такие скоропостижные действия будут благополучны, все они являются результатом демонических фокусов. Поэтому, не гнушайтесь паузой и взвесьте все «за» и «против» перед принятием решения.

Особенное увлечение каким-либо занятием или работой указывает на наличие крайностей в поведении.

Демоны нередко используют методы давления, заставляя нас исполнять какие-либо задачи с особенной страстью. В некоторых случаях это нам даже на руку. Демоны, словно вдохновители, толкают нас на созидание, которое нередко исходит от формирования негативных эмоций, таких как печаль или скорбь. Однако так рождаются некоторые

importance, superiority, and self-love. All of these conditions are brought from the influence of demons. I learned about these inner feelings because a demon from someone I was working on was inside me for at least twenty-four hours, during which time I was under influence of that demon. I thought that the whole world was thinking about me and watching me. After those twenty-four hours, I figured out what was going on with me. Usually these qualities/demons come out from women. Once I figured out that I was under influence of a demon, that demon left me immediately, I am sure the reason it left was because I was not a very suitable person for that demon or that kind of behavior.

Smoking, drinking, and using drugs have external sources.

Because of our limited knowledge, we often think that we are addicted to smoking, drinking, or using drugs. But from my experience, I have learned that a few demons like the smell or taste of tobacco, alcohol, and drugs. This is extremely strange theory, but I can prove it to anyone very easily. Demons can hypnotize us and show us dreams, both good and bad. Demons can bring us to any extreme condition, and in the same way, demons can insist that we use a few things they like. But why would we smoke or drink or use drugs for them? Maybe we these make us more relaxed and comfortable. So, demons are capable of giving us relaxed and comfortable feelings, but they do this only when they want something. And demons want us to smoke, drink, and use drugs for them so that they feel good. They do not care if those things are bad for our health. They give us relaxed and soothing feelings as a bribe so that we use those unhealthy and dangerous things frequently. In case someone realize that smoking tobacco or drinking alcohol or using drugs are not healthy habits and try to

шедевры искусства. Демоны с помощью гипнотизма избавляют нас от страха и в некотором смысле блокируют чувство самосохранения. В результате, мы становимся способны на очень смелые и порой экстремальные поступки, которые не совершили бы без участия демона в формировании нашей мысли. Именно демоны подталкивают нас к совершению некоторых действий, которые при обычных обстоятельствах могли бы показаться нам невыполнимыми.

Крайняя степень страсти к чему-либо всегда появляется извне.

Особенно сильное чувство по отношению к какой-либо деятельности, например, страсть к власти или сильная любовь, формируются благодаря деятельности демонов. Нет ничего отрицательного в безграничной привязанности к кому-либо, пока она не сопровождается особенной ревностью, превращающей жизнь нашего объекта обожания в ад. В целом, такого рода активность является негативной, и чтобы избежать неприятных последствий, стоит, в первую очередь, оградить себя от контроля демона, который это чувство в нас формирует.

Любовь и ненависть имеют схожую природу. Приходящие извне, они сигнализируют о наличии демона рядом.

Любовь по природе своей чувство положительное. Однако, принимая крайнюю форму выражения, любовь может перерасти в чувство принадлежности, если за дело возьмутся демоны. В такой ситуации мы теряем самообладание, когда замечаем, что наши родители с большей заботой относятся к нашим братьям или сестрам, а вторая половинка проявляет знаки внимания

quit those habits, demons punish those people by giving them "withdraw symptoms" until that person decide to start smoking/drinking or drugs again.

I can sit in front of a smoker, alcoholic, and a drug addict, and whenever those people start feeling that withdraw from their demons, I can take those pains away. And after, I am sure they will feel 100 percent normal again. If you want to quit any of these bad habits, you can use my ideas wherever you are. If someone claims that he or she can communicate with demons or control them even a little, that person can remove the demon that is compelling you to smoke, use drugs, or drink alcohol, and if you do not listen to that demon, that demon will make your life hell by giving you all kind of pains. Willpower is another solution if you cannot find a person like me.

If you are experiencing any problem with your left ear, such as heavy feelings or whistling noises or deafness, it means that demons are using this path to reach our mind.

Outside our bodies, demons are really small flying objects. They are similar to visible insects! They are not like what we have seen in horror movies or scary pictures. They are totally harmless when they are flying in air around us. Sometimes I have seen several hundred demons flying around me in a very small room. Until now, I have never seen any of demons expanding their bodies when they are flying in the air, but demons can easily compressed and expend their sizes according to the body they penetrate or possess. They can very easily damage any nerve or organ of a body. They can easily go into any vein, artery, or tube and use their compressing/expanding qualities to block it. For demons, the left ear is the path toward our brains. Demons reach into our minds to hypnotize us by using our left ear. Anybody

кому-либо еще. Любовь положительна, и все же демоны по капле добавляют в это чувство элементы отрицательной энергии, что приводит к ссорам, разногласиям и разрушению чувств. Поэтому так важно формировать в себе ореол положительного восприятия я терпимости, сопровождаемых это чувство.

Иногда мне кажется, что демоны, рождая во мне безудержное желание и стремление к новому, придают моей жизни вкус. Без этого жизнь была бы просто пресна.

Эта идея может показаться безумством, однако иногда мне кажется, что страсть и безудержные желания, которыми питают нас демоны, являются тем самым топливом, которое двигает нас вперед и заставляет нас заполнять нашу жизнь прелестными впечатлениями. Я, конечно, не имею в виду такие примеры экстремального поведения, как терроризм или убийства. Я в данном случае говорю о страсти к идеям, предметам и даже людям. До того, как я познал природу демонов, я бросался по зову своих желаний словно умалишенный. Сейчас же, не имея вокруг себя таких движущих факторов, я ощущаю потерю интереса ко многим вещам, отсутствие амбиций и даже в некотором смысле однообразие жизни.

Излишняя скромность или, наоборот, наглость появляются в нашей жизни по заказу демонов.

Крайняя степень любого чувства: любви, ненависти, настойчивости или застенчивости – имеют явную демоническую природу. Чувства опьянения от алкоголя или наркотиков также появляются благодаря активности демонов. Мне непросто объяснить, однако в моменты, когда мне приходится

who has problems with his or her left ear could be under the influence of a demon.

Demons are the ones that discourage us from visiting doctors or religious people.

Demons are main cause of mental sickness within humans. Demons and diseases cause a lot of physical and mental disorders in our brains and our bodies. The mentally sick person is pretty much under the control of one or more demons. We can see if someone is acting crazy around us. Doctors and other normal people can easily judge that a particular person is exhibiting a mental illness, but that mentally sick person never realizes that he or she is talking and acting crazy. That is because that crazy person is under the control of a demon's hypnotism. Demons continuously convince that crazy and mentally ill person that he or she is not sick, that he or she is perfectly okay. This mentally ill person may believe that everybody else around him or her is wrong, crazy, or mentally sick. If you have experience around a mentally sick person, you know how they do not want to take any medication, how they do not like doctors, and how they do not like the company of religious people. The reason is demons. Demons do not let this person take medication or go to doctors or religious people easily so that the individual stays sick for a long time.

Demons have a lot of resistance to medication and doctors, but demons cannot resist religious people and religious practices for a long time.

There is no perfect medication that can bring an abnormal or mentally sick person back to a normal mental condition. Doctors feed or inject sedatives into mentally sick people. Once the mentally ill person goes to sleep, the

избавлять о демонов людей, находящихся в состоянии опьянения или под действием каких-либо препаратов, я всегда ощущаю особенную сонливость, при том, что объект может находиться на другом конце планеты. Зачастую, мне приходится прикладывать неимоверные усилия, чтобы оставаться в трезвом уме и сознании. Поэтому, когда я берусь за работу с людьми, пристрастившимися к алкоголю или наркотикам, я всегда остаюсь начеку.

Сексуальное влечение во многом сопоставимо с чувствами крайней злости, голода, лихорадки, печали или наоборот счастья.

Демоны завлекают нас в сети посредством простой, но коварной привычки подергивания в уголках глаз. Поэтому каждый раз, когда вы ощущаете такой нервный тик, приложите к глазу палец и скажите: «Я знаю, что ты задумал, уважаемый Демон. Прекрати меня соблазнять. Если ты хочешь меня предупредить об опасности, просто предотврати ее и оставь меня в покое». Если после такого наказа Вы вдруг ощущаете, что нервный тик пропал, это означает лишь то, что демон прислушался к Вашей просьбе. Однако я не могу сказать точно, будет ли он слушать Вас дальше, потому что демоны имеют обыкновение слушать только тех, кто имеет над ними достаточно власти. В обычных же условиях, они нас слышат, но не слушают. Даже в ситуации, когда мы крайне заняты и не можем позволить себе роскоши отвлечься, именно демон настойчиво напомнит нам о чувстве голода и необходимости немедленно что-то съесть.

Что такое глубокое ощущение или Кайфят?

pressure from demons is usually reduced for a few days. This is the reason doctors regularly suggest those medications for the treatment of mentally ill people. Those medications keep mentally ill people relaxed and down most of the time. In that condition, demons cannot use that person completely. Do not think that those medications can remove that demon from the person. A slow or sleepy person is simply less useful to demons. That's why demons continuously hypnotize that person and insist that mentally ill person not take any medications. All of them resist taking medications because of the influence of demons. No medication has any effect on demons. Demons are completely resistance to medications. Medications are totally ineffective against demons. Only truly religious people can control the problems created by demons, not any medication.

Demons do not give up command of a human to another demon easily. It never happens without a fight?

We are not aware of this, but demons act like we are their property. Demons treat us as their toys. Demon use us however they want by hypnotizing us. But one demon will never let another demon take over the animal they possess unless the new demon is more powerful. Some people are under the influence of more than one demon. The person who is under the influence of more than one powerful demon will become an extremely ill person with extreme behavior problems. Demons do not like cool, sensible, and normal people. Demons usually prefer possessing the body of short-tempered, stubborn, and extreme people. It is easy for demons to exploit these kinds of people. Honesty, it is not difficult for demons to make anyone crazy, but abnormally short-tempered individuals and people prone extreme behavior are an easy task for them. Demons usually have total control and command of

Слово *кайфят* пришло к нам из языка урду. К сожалению, сложно найти соответствие его значению в каком-либо языке. Я предполагаю, что наиболее близко по семантике этому слову словосочетание «глубокое ощущение». Демон награждают нас двумя крайностями: беспредельным поведением и различными глубокими ощущениями, такими как: излишняя гордыня, самовосхваление, завышенное самомнение, чувство превосходства и самовлюбленность. Во многом, наличию таких чувств мы обязаны нашим демонам. Мне самому пришлось столкнуться с таким демоном, переданным мне на 24 часа одним из тех, кого пришлось лечить. Все то время, которое я провел в компании этого демона, я явственно ощущал, как весь мир сконцентрировал на мне свое внимание. Удивительно, но моим наблюдениям, демоны, рождающие эти чувства, в основном предпочитают женщин. И, тем не менее, только когда я осознал его присутствие, демон покинул мой организм, видимо, почувствовав, что я не совсем подходящая для него жертва.

Такие вредные привычки, как курение, злоупотребление алкоголем и принятие наркотиков приходят к нам извне.

Из-за явного недостатка знаний мы полагаем, что склонны к приобретению таких вредных привычек. Однако, по моему мнению, причиной является предрасположенность некоторых демонов к вкусу и запаху табака, алкоголя или наркотикам. Возможно, это покажется странным, но мне не составит труда доказать мою теорию. Учитывая, что демоны способны влиять на нас посредством гипноза, контролировать наш сон, они также могут подталкивать нас к употреблению продуктов, которые им нравятся. Таким образом, демоны

that person. If another demon wants to take command of that person, those demons have to fight with each other to change the command.

Demons inside and around us continuously generate desires in our minds?

Demons cannot leave us in peace. Demons keep us disturbed all the time, but not because they are our enemies. The reason is that we are their hobby. They want us to entertain them. Demons continuously create desires and wishes in our minds. After that, demons continuously push us to run after those wishes and desires. Demons keep us very unhappy and angry when we cannot get whatever we desire. They feel better when they have control over us.

Once incident with me, when I was unable to feel the touch of demon but I was only able to smell it.

This is one of the worst incidents to happen to me. The refrigerator in my house was out of order one time. We started using a second unit. Nobody bothered to clean up the broken refrigeration. We had four packets of ground chicken in that refrigerator for almost a month. After one month, a technician came to fix that refrigerator, and before he fixed it, he cleaned it first. Along with some other stuff, he left three plastic-wrapped chicken packets in the backyard. When I came back to the house, I saw three chicken packets in the backyard. For some reason, I decided to unwrap those chicken packets and feed the cats in my front yard. Once I opened those packets of ground chicken, I had to deal with an extremely bad smell. I picked up those packets and set them down in the far corner of the front yard. I washed my hand several times, but that smell moved with me. And

вынуждают нас принимать алкоголь или курить, а взамен дарят нам мнимые ощущения спокойствия и расслабления. При этом очевидно, что их не очень беспокоит тот факт, что мы причиняем вред своим организмам. Фактически, чтобы пристрастить нас к этим средствам, они предоставляют нам взамен награду в виде приятных ощущений. Если же человек осознает пагубность этих привычек и решает их оставить, демоны мстят ему с помощью так называемых «побочных эффектов», вызванных отказом от курения или наркотиков, рассчитывая, что человек вновь пристраститься к этим пагубным привычкам.

Сидя напротив зависимого человека и наблюдая за тем, как демоны испробуют на нах действие таких побочных эффектов, я способен избавить его от этих ощущений. Уверен, что после такой процедуры они больше не будут подвержены этим ощущениям. Пытаясь избавиться от пагубных привычек, попробуйте обратиться к тому, кто может избавить Вас от демонов, вынуждающих Вас курить, принимать наркотики или злоупотреблять алкоголем. В случае, когда Вы сам пытаетесь избавиться от привычки, демон попытается превратить Вашу жизнь в ад, наполняя ее болью. Однако сила воли поможет Вам, если не удастся найти посредника, способного изгнать из Вас демона.

Если у Вас возникли проблемы с левым ухом, Вы постоянно слышите свист или даже ощущаете потерю слуха, это говорит о том, что демон ищет лазейку к Вашему разуму.

В отличие от страшных чудовищ, которых рисуют на картинках или показывают в кино, настоящие демоны представляют собой небольшие летающие организмы,

within few minutes, something was inside my body. I cannot explain what happened to me in the next thirty minutes and how I handle that difficult problem. But somehow, I handled that problem. What I am trying to tell you is how that bad smell came from the ground chicken and how that demon became my friend after it tried to kill me for thirty minutes. After that day, that bad smell visited me at least seven to eight times as a friend without hurting me and without going inside my body. Usually, after two or three days, I ask everyone to leave my house. That smell was not the demon itself. After three days, that smell left my house. Since then, it had never visited me again.

Few people, their pain/sickness go away in seconds. And few very difficult? Why do people recover from pain at different rate?

The fact that people recover from sickness and pain at a different rate has always been a mystery to me. Sometimes I feel that the pain is not difficult and will leave that body easily, but during other times, I have to insist that the demons leave the body. Sometimes people have pains for several years, and it takes more time for the demon to leave that particular body. But most of the time, pain leaves the body immediately without too much struggle. God knows better about this mystery. Most of the time, I just feel, I am just a reason in many cases otherwise may be Go d already decided to take their pain away from t hose people. People suffering from arthritis pains and taking six or seven kinds of prescription pills to kill the pain for several years come around me, and then their pain leave their bodies and finds some other place to dwell. On a few times, the task is very easy, but it can consume a lot of time. I have two steps to communicate with pains. First, I convince them to leave—if they listen to me. Otherwise, I insist these pains leave the body. Ninety-nine percent of the time, I am successful in my

чем-то похожие на насекомых. Находясь в свободном пространстве, они весьма безобидны. Однажды мне даже пришлось находиться в окружении сотен таких демонов в сравнительно маленьком помещении. Находясь в воздухе, демоны не меняют свои размеры и обличие. Однако внедряясь в организм, они могут приспосабливаться к новым условиям, возрастая в размерах. Им не составит труда повредить какой-либо нерв в организме, закупорить артерию или вену, предварительно расширившись. Левое ухо, по каким-то причинам, является порталом для демонов, подпускающим их к нашему мозгу. Так они добираются до нашего разума и после испытывают на нас гипноз. Поэтому, ощутив изменения в состоянии левого уха, следует учесть, что это может быть демон.

Демоны пытаются остановить нас, когда мы решаем посетить доктора или духовного наставника.

Основными причинами возникновения психических недугов являются демоны. Многие люди, страдающие от физических или эмоциональных болезней, находятся под влиянием демонов, так как именно они, зачастую, становятся причиной нарушений нормальной работы наших организмов. Случается, что мы можем заметить в окружении человека с неуравновешенной психикой. Распознать такого человека по поведению может не только врач, в то время как сам он, возможно, находясь под гипнозом демона, не подозревает о возникновении дисбаланса в его организме. Так, демоны убеждают их в абсолютной нормальности и, напротив, заставляют таких людей верить в то, что проблемы сосредоточены снаружи. Поэтому они сопротивляются приему медицинских препаратов, визитам к доктору или общению с духовными наставниками. Именно демоны, стремясь

efforts.

Why do people recover from pain at different rates? Reasons for that maybe because

1) They have more damaged body or joint or organ so that pain is over their body.
2) Pain is more powerful demon/insect and giving a lot of resistance and not ready to leave. Like cancer, patients use more and more medications everyday but those insect never leave that part of the body and finally completely destroy the health of that person. My point I can move that insect from there but for how long, no idea.

Cold and flu are difficult viruses.

The flu and colds both are a little bit difficult and time-consuming to fix. The flu can completely come back within few minutes after I remove it from a body. Usually, I give up with flu easily. But if insist several times, it gets better, but it's not easy. Honestly, flu is not impossible for me, but it is very hard job. Colds are difficult jobs too. They come back again and again several times. But they are not impossible. I strongly feel that the flu is not a single thing. I feel that the flu is a group of diseases that operates together. These days, I suggest everyone start medication for the flu and colds immediately. During that time, I can help them reduce the pressure quickly. I've had to suffer the flu whenever I've helped someone to beat it, but not all the time.

One time, when I was already suffering from some pains and sickness take out I decided to go underneath of a big tree.

надолго сохранить такой дисбаланс внутри человека, делают все возможное, чтобы уберечь его от вмешательства религии или медицины.

Демоны способны сопротивляться эффективности медицинских мер, однако не могут долго противостоять действиям со стороны религии.

На сегодняшний день медицины не знает идеального средства для избавления от эмоционального дисбаланса и психических расстройств. Чаще всего, врачи рекомендуют нам принимать седативные средства, которые на какой-то момент приводят наше состояние к спокойствию и вызывают у нас безудержное желание спать. В такие моменты эффект от активности демонов притупляется на какое-то время. Однако, успокоительные средства не способны избавить Вас от демона, они лишь могут ослабить его силу воздействия на какое-то время. Демон просто временно теряет интерес к неактивному спутнику. Именно по этой причине демоны заставляют нас сопротивляться приему лекарств. И, тем не менее, никакое медицинское средство не может активно воздействовать на самого демона. В данном случае, действенной мерой, которую стоит принять для решения проблем, возникших из-за демонов, – обратиться к духовному наставнику.

Демоны с неохотой отдают свою власть над человеком или другим демоном. Такие ситуации часто предполагают рождение конфликта.

Сложно утверждать, правда это или нет, однако демоны зачастую относятся к нам как к своей собственности или даже

We know that big fish eats small fish in seas and oceans. This is only my experience. I never tried to experience it again, either. In the beginning when I was trying to learn more about demons and the world of diseases, I was very bold and less careful. Day by day, I learned more and more, and I became more and more careful about demons and diseases. In the beginning, I frequently went underneath big trees at night without any fear. I still don't feel any fear going under the big trees in middle of night, but lately, I have had less courage. I used to start working on any kind of pain or disease in anyone without knowing any of the details about the problem. But these days, I am less bold and more careful. One time when I had different diseases and pains in my body, I went close to one big tree. Immediately, one demon jumped on me from that tree. I sensed that demon all around and inside my body for at least two or three minutes. After a few minutes, when that demon came out of my body, I felt perfectly all right. All the pains and sick feelings I had felt before just disappeared from my body. When I left that tree, I had no pain or sick feelings at all. But still, I will not recommend this to anyone, reason: How they will get rid of demons from trees in their bodies.

If you sometimes feel your cell phone vibrating in your pocket or hear it ringing but nothing is actually happening, this is not a problem.

This happens to everyone. Few people notice it, and many just ignore it. You may have your cell phone in your pocket and suddenly feel it vibrating only to find that you have no missed calls. Similarly, you may have your cell phone and suddenly hear it ringing but then find that it was dead silent the whole time. So what is this? These are demons around us. These demons are capable of showing us anything whenever they want. By hypnotizing us, demons can make us hear any noise or feel

забаве. Демоны с неохотой будут делиться властью над Вами или другим объектом, если, конечно, на них не посягает более могущественный демон. Некоторым приходится оставаться под влиянием нескольких демонов, что часто имеет выражение в обострении проблем со здоровьем, как физиологическим, так и психическим. Демоны, как ни странно, предпочитают рассудительным, уравновешенным людям упрямцев и неврастеников. С такими жертвами им легко управляться, доводить их до состояния крайней раздражительности или направлять их к совершению беспредельных поступков. В случае же, если на такую податливую жертву посягают иные демоны, это чаще всего приведет к конфликту между ними, потому что не каждый согласиться с легкостью расстаться с таким удобным спутником.

Демоны постоянно генерируют в нас новые и новые желания.

Демоны не желают оставлять нас в покое не потому, что имеют к нам личную неприязнь. Мы для них всего-навсего забава, поэтому постоянное подбрасывание нам идей или желаний их в некотором смысле развлекает. С любопытством они наблюдают, как мы жаждем получить свое и как приходим в состояние ярости, если нам что-то не удается. Такой контроль над нами их успокаивает.

Однажды мне пришлось ощутить демона не по прикосновению, а по специфическому запаху.

По правде, этот случай я считаю одним из самых отвратительных за время моей

any sensation, even a ringing phone or a vibration. They have a lot of time to play with us all the time. This is fun for them. But we feel that we may be going crazy.

I do not find a single person without liver or stomach and intestine problems.

My senses and my body are programmed to be more sensitive to pains. That's why, even if I have any minor pains or sicknesses around or inside me, I start feeling them immediately. Usually, a normal person does not feel pain or sickness until their body has been sufficiently damaged. But I start feeling these immediately, and I must endure much more pain as compared to a normal person. Whenever I work on my family members and close friends, I usually cover each and every part of their bodies. Even if they feel nothing wrong in their livers, stomachs, or intestines, I always receive so many problems from those organs. I ask people if they are feeling much pain before I work on them, and most of the time, they say they were okay and don't feel any pain right now. Only God knows why some pains are not hurtful for them but extremely hurtful for me.

I don't need to go to someone to release them from demons.

In this world, only God knows about his system. I strongly feel that I am just a medium, but there is also the will of God. Even a photo or picture is enough for me to help a person. I am able to fix their pain over phone and sometimes without even contacting them. All I ask for is an update about their conditions. Sometimes it is so easy to fix major problems, but other times, it is very difficult to fix really minor problems. But I still try my best to help people; however, if God wants to punish someone, no one can

практики. Однажды, из-за поломки нового, нам пришлось использовать старый холодильник. При этом никому даже в голову не пришло, что сломанную конструкцию следовало бы почистить. В результате в сломанном холодильнике целый месяц хранились четыре сырые курицы. Когда, наконец, мы вызвали мастера для ремонта злосчастного холодильника, ему пришлось его предварительно вымыть, оставив при этом на заднем дворе найденную испорченную курицу. Обнаружив ее после, мне зачем-то в голову пришла безумная идея распаковать ее и покормить котов. Однако, почувствовав этот смердящий запах, я немедленно избавился от остатков испорченного продукта и ринулся отмывать руки. Как бы усердно я не пытался избавиться от запаха, он преследовал меня повсюду. Тогда я осознал: что-то засело в моем организме вместе с этим запахом. Это что-то не давало мне покоя еще полчаса. Однако, мне удалось избавить себя от демона, наладив с ним дружественный контакт. Еще не раз потом он посещал меня, однако без каких-либо последствий через три дня он окончательно исчез. И все же, до сих пор я не могу определить, был ли это на самом деле демон.

Почему некоторым удается очень быстро оправиться от болезни или избавиться от боли, а иным это дается весьма нелегко?

Для меня навсегда останется загадкой, откуда возникает такая разница во времени, необходимом для исцеления. Нередко мне приходится бороться за то, чтобы демон или боль покинули человека, хотя на первый взгляд проблема кажется вовсе не серьезной. Иногда боль может беспокоить человека на протяжении многих лет. И все же зачастую, я способен избавить от недуга мгновенно. Только

help that person. In 99.9 percent of cases, I do not need to go to anyone. I can do a lot of positive activities to help people just by sitting in my office or home, regardless of where that person is in the world.

Demons and disease are better friends than human beings, if they become your friend.

It's true. It is not easy to communicate with them. Demons and diseases have only one direction, what they want from us. They do not care what we want. Most of us don't have any clue about the invisible world or what is happening within it. Once demons or diseases become friends, nobody can be better friends than they can be to you. Their sincerity is pure, not fake like some humans'. But it is not easy to become friends with them. It may be a little less difficult to become friends with a demon, but it is almost impossible to become friends with a disease. In my case, it is not difficult to become the friend of a demon or disease. Demons definitely listen to me more. In the case of diseases, they give me a hard time when they come out of a body. Sometimes I convince them to leave, and other times, I have to insist that they leave. But after this meeting, they are very easygoing with me. They listen to me immediately after the first time. A lot of times, they just figure out my intention and come out of that person, or they do not choose anyone around me or close to me. Anyway, demons and diseases are like fire, and even when fire is your friend, you cannot keep it close to you, because it burns.

Cutting or trimming a tree is very annoying to demons. Demons really get upset.

Green trees are just a house for demons. They live on trees for years. Hundreds or more just live on one tree. As we don't like anyone to

Высшим силам известно, откуда возникает такая разница между людьми и их способностями бороться с болезнью. Возможно, избавление от недуга для них предопределено, поэтому и не составляет особого труда. Иногда мне приходится иметь дело с ситуациями, когда человек, страдающий от болезни суставов, принимающий множество болеутоляющих препаратов, обращаясь ко мне, в мгновении ока избавляется от всех недугов. Иногда выполнение этой задачи, несмотря на видимую простоту, может занять несколько лет. С недугами я расправляюсь буквально в два счета. На раз, я пытаюсь уговорить их покинуть организм добровольно. Если же они отказываются от содействия, мне приходится считать до двух и настоятельными методами от них избавляться. Всего одному проценту из ста удается сохранить свое место в организме.

Причины, по которым люди по-разному справляются с недугами, можно определить двумя составляющими:

1)Болезнь может остановиться в другой части тела или органе, тем самым оставляя за собой право присутствия в организме.
2)Недуг может быть значительным и серьезным, в связи с чем покинуть организм так просто не может. Например, в случае с раком, человеку нередко приходится постоянно увеличивать дозировку принимаемых лекарств. Однако и это не позволяет ему избавиться от болезни окончательно, что зачастую приводит к полному разрушению пораженного органа или здоровья человека в целом. Поэтому, трудно сказать, сколько времени понадобится мне для работы, и все же избавиться от вредителя я могу.

На удивление непростыми болезнями оказались простуда и грипп.

destroy our houses, they do not like if someone messes with their tree. Cutting or trimming a tree is very annoying to demons. As I said, they are like us mentally, but they have better ways to hurt us and take revenge on us. A demon's revenge is not limited to one person.

Demons take revenge from generations. This may be sound crazy to you, but it may be helpful to reduce their anger just in case you need to cut or trim a tree. Before you cut any tree, just go close talk to tree: "Whoever lives on this tree, I need their permission to cut this tree." Just tell them your excuse of cutting that tree and tell them to move to another place. Give them at least fifteen days before you cut that tree down. Usually, they do not get too upset when we ask permission from them.

Demons are a mystery to everyone. I am sure I am a mystery to them!

I believe most people in this world do not believe in the concept of demons. Most people do not believe that there is a parallel world and that the population of that invisible world is much higher than the population of the visible world. Most people have no clue that this invisible world is involved in our lives and our affairs. Maybe after they have read this book, a few people will gain a concept of this invisible world. But for most of the people, this invisible world will remain an unsolved mystery. But on other hand, I strongly feel that though all demons and diseases are a mystery to human beings, I am a mystery to demons and diseases. I surprise them by informing them when they come close to me. I surprise them when I point my finger at them as they are flying in air. And I surprise them when I keep my eyes pointed straight at them.

I can easily invite any demon into me from any person in any part of the world. But trust me, it is not a fun at least first 24 hours.

Для избавления от этих болезней понадобится не только немного больше времени, но и сил. Грипп, например, может вернуться к организму в считаные минуты. С такой болезнью работать сложно, но не невозможно. Зачастую, мне приходится выгонять недуг по несколько раз, нередко я просто его оставляю в покое. Аналогично, простуда представляется мне весьма не простой задачей. Она беспрерывно возвращается, и лечить ее сложно. Но можно. Я уверен, что такой недуг как грипп представлен не одним вредителем, а несколькими. Я настоятельно рекомендую каждому, кому пришлось испытать хотя бы первичные симптомы болезни, непременно начать принимать соответствующие лекарственные препараты. Только в том случае организм будет подготовлен к лечению болезни. Грипп может запустить болезненный процесс и в моем организме во время лечения, К счастью, это происходит не всегда.

Однажды, будучи пораженным некоторыми недугам, мне в голову пришла мысль пройтись под высоким девервом.

В мире так устроено: большая рыба поедает мелкую. Этот принцип мне пришлось испытать на себе лично. В те годы я только начинал знакомиться с демонами и смело и иногда опрометчиво испытывал все на себе. Со временем, моя неосторожность сменялась вниманием. Я познавал тайный мир глубже, начинал понимать, как нужно вести себя в этой среде. Однако, как и раньше, я не страшился прогуливаться под высокими деревьями посреди ночи. До определенного момента, конечно. Однажды, уже находясь под влиянием некоторых недугов, я подошел к высокому дереву. Вдруг, я явственно ощутил, как на

This is a very strange concept but, it is possible to ask any demon possessing any human body in any part of the world to leave. I can convince them to leave that body, but sometimes I need to insist. Insisting is a procedure, and takes some time. But during the process of taking out a demon from a person, most of them come to me first once they decide to leave that person. They are usually very unhappy and angry with me during our first meeting. After twenty- four hours or less, they forgive me and become my friend. I usually ask everyone to leave my house on the second or third day, and they listen most of the time.

It is possible to move demons from a particular house or area, but usually, I avoid it.

Instead of a person, if I chose a particular house or a particular area, I was able to move all the demons from that house or area. I ask them to go to some other place, and most of them come to me. Not knowing how many demons are in that particular area or what kind of powers they have can be a problem for me, and handling numerous demons is really difficult. They are usually surprised, and I am surprised, too. And I need at least twenty-four hours so that they understand and learn about me before they leave. I performed this experiment several times, and the only thing I learned was that it is not a good idea to get involved or mess with so many demons at one time.

I don't think that one demon is around me more than one day.

Demons are the only ones that can show us dreams. Dreams do not come from our minds. Demons can easily read our minds and even find information deep inside our brains. Demons are the one that show us dreams by

меня спустился демон и принялся мучить меня на протяжении нескольких минут. На удивление, через какое-то время он покинул меня, захватив с собой все недуги и боли, с которыми я подошел к этому дереву. Такой опыт оказался полезен мне, и все же, я бы не рекомендовал его непосвященным. Неизвестно, удастся ли им самостоятельно избавиться от такого одинокого демона с высокого дерева.

Случается, что Вы слышите звонок телефона или чувствуете его вибрацию, при том, что Ваш телефон неактивен. Ищите проблему глубже.

Такое происходит с каждым из нас. Нам кажется, что телефон вибрирует в кармане, однако, проверив, Вы обнаруживаете отсутствие каких-либо вызовов. Телефон может молчать весь день, а Вы уверены, что слышали звонок. Какова причина таких ложных вызовов? Дело в том, что наши демоны нисколько не озабочены делами, поэтому у них предостаточно времени, чтобы играть с нами, гипнотизировать и заставлять нас слышать или чувствовать то, что им заблагорассудиться. Вам кажется, что вы потихоньку сходите с ума, а оказывается, что это всего лишь Ваши демоны веселятся.

Мне еще не приходилось встречать людей, которые бы имели полностью здоровые печень, желудок и кишечник.

Так уж устроен мой организм, что подхватив даже самого незначительного вредителя или паразита, я мгновенно и при этом особенно чутко и болезненно на него реагирую. По обыкновению, люди только тогда начинают ощущать боль, когда недуг в серьезно поразит организм.

hypnotizing us. Normal people are usually under the influence of at least one demon. And that demon shows them dreams, sometimes to scare them, sometimes to harass them, and sometimes to reveal affairs around them. This is the hobby of demons, and our minds are just like toys for them. If you are not seeing a dream, no demon is around you, or they are not playing with your mind when you are sleeping. These days, I have to deal with new demons. New demons treat me as a regular and normal person at first instead of digging up information from my mind. They try to show me dreams about the person, family, or area I pulled them out of. As a result, I see strange people, strange houses, and strange problems in my dreams. This is crazy, but it happens every day. By the time that demon learns about me, they do not bother to waste time with me by showing me more dreams. By then, however, I will have someone else's demon hanging around me.

A few diseases act individually, and a few act in groups.

A few animals live, hunt, and eat by themselves, but a few animals like to stay in big groups. And wherever these animals go, they go together. It's the same way in the invisible world, and the same rule applies to diseases. A few diseases stay and act by themselves, and a few stay and act together in a group. Individuals can often suffer from a great deal of symptoms. Moreover, if one person in a family is suffering, that pain can be easily transferred to a second person; however, it still hurts one person at one time. But a few diseases stay and act in a group. Sometimes a whole family, neighborhood, or community can suffer from the same disease at same time. All of these diseases are invisible to the naked eye, and they are not regular demons.

Мне же приходится ощущать какие-либо изменения значительно раньше, и соответственно, значительно сильнее. Как правило, когда я работаю со здоровьем своих близких, я практически всегда ощущаю наличие проблем в области желудочно-кишечной системы или печени. При этом сами они могут и не ведать о наличии болезни в этих органах и вовсе не жаловаться на боли или недомогания. Одному Всевышнему известно, как получается, что я ощущаю нестерпимую боль за тех, кто о ней может даже и не подозревать.

Для излечения, мне вовсе не нужно общаться с человеком лично.

Устройство нашего мира подвластно только Всевышнему и на все есть его воля. Себя же я считаю своего рода медиумом, способным налаживать связь с Вашими недугами и демонами даже посредством телефонной линии или Вашей фотографии. Однако мне необходимо наблюдать и следить за здоровьем освобожденных, чтобы избежать прецедента. Многие трудные болезни мне удается вылечить, на удивление, быстро и безболезненно, в то время как с простыми могут возникнуть проблемы. Как я уже отметил, практически всегда у меня есть возможность лечить людей, которые находятся на расстоянии. И все же, даже я не могу помочь человеку, которому была уготована учесть быть пораженным болезнью навсегда.

Если уж Вам удалось подружиться с демоном, то эта дружба будет вернее любой дружбы с человеком.

И правда, демонов не очень-то волнуют наши желания, они ориентированы, в

Our nerves are very sensitive. Demons and diseases usually choose nerves in different areas of our body to give us pain. Usually, painkillers make those nerves relaxed or numb to reduce the pressure inflicted on us by demons. Infections are the damaged sections of the body, both internal and external. Small insects (i.e., disease) stay around that infected part of the body. Usually, antibiotics and other medications have tastes or smells that those diseases do not like. Within few days, all the diseases leave that wound. During this process, the positive energy of the body and the protective system of the body help in healing that wound.

Red meat carries more problems.

It is an experimental truth, a belief held by all spiritual people, that any kind of demon, or any kind of disease, always goes behind red meat. Usually, red meat belongs to the cow or bull. Honestly, I do not have any problem with any kind of meat or any kind of food, but I am an abnormal person. I do not have any problem with demons. They listen to me, and they usually do not hurt me. But a normal person needs to avoid inviting demons or diseases, and demons and diseases live inside red meat and follow red meat, so be careful.

A migraine is fixable.

To me, the flu is the most difficult task, because it is not one disease or invisible insect. Flu is a combination attack. To fix this, one must fix all the individual symptoms several times. On the other hand, a migraine is

первую очередь, на удовлетворение своих. С ними непросто наладить взаимоотношения, а особенно, когда Вы даже и не подозреваете об их существовании. Но все же, если Вам удастся с ними подружиться, будьте уверены, что более верного и искреннего друга Вам ни сыскать даже среди людей. Непросто подружиться с демоном, а с недугом и вовсе невозможно. Мой случай исключителен, потому что я знаю, как установить контакт и с демоном, и с недугом, однако и меня они могут сильно озадачить. Иногда, чтобы выгнать их из своего организма, мне приходится заставлять их и быть весьма настойчивым. Такая настойчивость, тем не менее, приносит свои плоды, потому что в дальнейшем они слушают меня беспрекословно. Иной раз, они даже догадываются сами, что я, например, хочу избавить кого-либо от их присутствия, и уходят. Демоны и недуги можно сравнить с огнем: даже покорив его, Вы никогда не будете держать его слишком близко к себе, потому что он обжигает.

Демоны не приветствуют наши действия, когда мы рубим деревья или режем их ветви. Их это печалит.

Годами сотни демонов используют живые деревья в качестве своих пристанищ. Также как мы, они не терпят, когда кто-то вмешивается в их добробыт, срубая или подрезая ветви на деревьях. Разница же состоит в том, что месть демона может быть значительно более хитрой и наступить лишь через много лет. Демоны мстят поколениям людей, нарушивших их покой. Каким бы безумством это не казалось, но все же, если Вам необходимо срубить или обрезать дерево, прежде, подойдите и спросите у его обитателей разрешения, отведите для них какой-то срок, за который они смогли бы

the action of one demon. The migraine is not an invisible insect or disease. The migraine is a very powerful demon. Usually, migraine demons make their homes in particular places in the brain. It is very easy to fix a migraine. But migraine demons always leave some damages behind. Whenever another migraine demon comes close to that person, it doesn't have to expend as much energy, because there is already room for the new migraine demon in that brain. The migraine is easily fixable, but after that, I need to take proper medication to heal the damages to avoid migraines in the future.

How do contagious diseases spread?

If these diseases leave one body, they immediately go to second body and then third and then fourth, which can make life hell. Contagious diseases are usually stubborn insects. These diseases do not leave particular areas or locations easily. A very simple example is the flu. The flu is not a demon. It is a combination of bunch of different invisible diseases. Flu has all kinds of sicknesses. Flu is not an action of one kind of invisible insects. It is a combination of a group of invisible insects with different effects. Plus, these insects come out from one body and go to another body immediately to make the next person sick. Why am I saying that this is the action of more than one invisible insect? Because when a sickness usually comes as the result of an action of one demon or one insect, it is easy to take it out, but when more than one or a bunch of invisible insects or diseases act together to create a sickness like the flu, it is difficult to take them out at one time. Even in this different kind of invisible insects or diseases, same kind of insects or disease also come as a group. It means: Few insects has effect of cold, few has effect of fever, some has effect of pain, etc. My point is that Flu disease has a group action of cold-fever-pain-insects

переселиться. Как правило, пятнадцати дней будет достаточно, чтобы обитатели дерева успели покинуть его и найти себе новое пристанище. Так, Вы не разозлите демонов и не навлечете на себя и последующие поколения беду.

Для нас демоны – загадка. Уверен, что для демонов загадка я!

Я полагаю, что большинство людей не верит в существование демонов, параллельного мира и прочих сверхъестественных идей. Уверен, также, что для них остается загадкой, как существа из параллельного мира, численность которых, к слову, значительно превышает нашу численность, проникают в видимый мир и активно участвуют в нашей жизни. Возможно, прочитав эту книгу, некоторые откроют для себя секреты параллельного пространства. Однако, большинство, я полагаю, останется в скептическом неведении по отношению к этой загадке. Так и мой феномен остается загадкой для мира демонов. Я удивителен благодаря своим способностям их распознавать и разоблачать.

Я способен переманить к себе любого демона от любого человека, в какой бы точке планеты тот не находился. Однако, если честно, процедура эта вовсе не приятна как минимум первые сутки.

Это, возможно, покажется странным, но я могу убедить любого демона. иногда весьма настойчиво, что он должен покинуть чей-то организм. Порой мне приходится прибегать к определенным процедурам. Такие процессы, зачастую, заставляют демонов сначала посетить мой организм, что их, несомненно, злит и даже

together. But, I feel still they come in a group of cold insects, fever insects, and pain insects also. So, at the same time they attack individually on several bodies to give them flu. This is the reason that they quickly attack more than one person. In regards to the flu, no doubt, their combined action is very powerful, but this group is still composed of physical but invisible insects. Their action is controllable as well, but it takes a longer time to control them. Other than injuries, I sometimes face difficulties in fixing the flu and bad coughs immediately. It is contagious because each group of insects attacks several persons at the same time.

The causes of fevers and flus are physical creature that are similar to demons.

Flu is a combination of bunch of diseases. This is the reason that flu is a difficult task for me. But compared to the flu, a fever is a very easy task and easily fixable. A fever is not a demon. A fever is not an invisible insect or disease. A fever is a *kaifiyat* or deep inner feeling. It is easily fixable.

Almost everyone experiences pressure on the chest during sleep and cannot yell or wake up?

Almost everyone experiences at least one of these actions by demons. You can sometimes feel a lot of pressure on your chest when you sleep, but the demon is controlling you by hypnotizing your mind. During all that drama, demons are completely controlling your body. Even if you want to move, you can't. Even if you want to yell, you have no control over yourself. With a strong willpower, most people can conquer this trap in few minutes. But sometimes a few people suffer heart attacks if they go to sleep after they have been heavily drinking alcohol. That alcohol can

печалит. Все же, по истечении суток мне удается наладить добрые взаимоотношения с новыми демонами и уже через несколько дней они по просьбе покидают мой дом.

Существуют процедуры, которые позволяют очищать от демонов дома или другие пространства. Я стараюсь избегать такой работы.

Иногда мне приходится освобождать от демонов не людей, а места. В таком случае, я вынужден просить всех обитателей это пространства покинуть его и переселиться. Зачастую, первый удар мне приходится брать на себя и в таком случае мне приходится иметь дело с целой группой демонов, что, надо признаться, чрезвычайно сложно. Не известно, со сколькими демонами я столкнусь в том или ином месте, и какой силой они будут наделены. Не раз я брался за такую сверхзадачу и не раз убеждался, что следует избегать ситуаций, в которых приходится иметь дело с таким количеством незнакомых демонов.

Не думаю, что демон останется в моей компании более дня.

Именно демоны показывают нам сны, и именно они способны проникать глубоко в темницы нашего подсознания, чтобы затем загипнотизировать нас. По обыкновению, вокруг каждого из нас вьется как минимум один демон, который периодически показывает нам сны, зачастую пытаясь напугать, соблазнить или просто возродить в нас какие-либо воспоминания. Для демона это своего рода забава, а разум человека – игра. Если вы заметили, что Вам не снятся сны, значит вокруг пока не поселился тот демон,

reduce their strength against that demon's actions, which can sometimes result in heart attacks.

Demons and diseases are physical.

Both demons and diseases are physical bodies but invisible to most of us. Both demons and diseases are similar to air. We cannot see air, but we can feel air. We cannot see demons and diseases, and most of us cannot feel them either; however, they are physical bodies like air. But almost all of us can feel their effects in shape of sickness or sick feelings or pains. Only physical bodies can create impact like this.

Genetic diseases: Why kids get the same disease as their parents

In the invisible world, we mainly have two things we have to deal with: demons and diseases. Demons are less responsible for damaging organs or blocking of hormones. Diseases are mainly responsible for all organ damage, organ failure, and hormonal problems. Diseases are totally negative and damage our body and health. As compared to us, the reproduction of these diseases is faster than humans can reproduce. During the birth of a child, or even after the birth of child, this reproduction process of diseases is responsible for genetic disease. One invisible insect or disease is responsible for stopping or blocking the production or extraction of insulin inside the body. The pancreas is situated by the liver. When there is no production of insulin, that person becomes diabetic. When this disease is creating the diabetic problem inside that person, it is also undergoing reproduction as well. I assume they leave their eggs inside that body as well.

который бы их показывал. На сегодняшний день мне приходится иметь дело с незнакомыми демонами, которые воспринимают меня как простого человека. Сюжеты снов исходят из памяти и опыта тех, кого я освободил от этих демонов, поэтому я вижу незнакомых мне людей, неведомые мне места и попадаю в странные ситуации. Это безумство происходит со мной каждый день. И в тот момент, когда демон понимает, с кем имеет дело, я ему становлюсь, как объект, неинтересен. Его место, тем не менее, занимает другой демон, и сумасшествие начинается заново.

Некоторые недуги действуют поодиночке, иные собираются вместе.

В природе бок о бок живут и охотятся как животные-одиночки, так и животные, собирающиеся в группы. По такому же принципу объединяются существа в тайном мире демонов и недугов. Некоторые недуги предпочитают действовать сообща, в то время как иные остаются одиноки. В связи с этим, нередко в семье или по соседству недуг может распространяться от человека к человеку. Случается также, что целые сообщества могут страдать от одной и той же болезни. Такого рода недуги, иногда, непросто выявить, к тому же они представляют собой необычных демонов.

Лекарственные средства зачастую способны воздействовать на зону, пораженную демоном. Существует также ряд вкусов и запахов, эффективно борющихся с болезнями и недугами.

В виду того, что наша нервная система весьма чувствительна, именно ее демоны

And when that woman becomes pregnant, those eggs with the diabetic disease transfer the disease to the body of the child. In this way, we receive diseases from our parents. Sometimes we inherit them during the pregnancy, but most of the time, we easily contract whatever diseases they are carrying inside their bodies because we are always around our parents. In this way, kids get genetic diseases from their parents. This is not fate. We can try to change it by using healthy rules and help from someone like me.

How do you know that you are under the influence a demon?

How can you know if you have any demon around you? It is very simple. If you are not dreaming during sleep, no demons are around you, but if you are dreaming during sleep, you have demon around you. If you are experiencing different kinds of dreams every night, then you are under influence of more than one demon. I strongly feel that anyone who is under the influence of more than one demon will become mentally sick sooner or later.

Demons are not like diseases. They are more interested in controlling our minds.

Diseases are mainly hungry and invisible insects. What can we expect from dangerous insects? They just eat our bodies and organs. Within a few days, they make wounds or injuries anywhere, including the stomach, liver, kidneys, intestines, or even the brain. Internal injuries and wounds do not heal easily, not even if we take medication regularly. Those invisible insects or diseases never leave us alone until they completely damage our organs and kill us.

используют для того, чтобы создавать болевые ощущения в наших организмах. Обезболивающие препараты, в свою очередь, вызывают онемение и расслабление нервов, что приводит к устранению этих ощущений. Мелкие вредители способствуют развитию инфекции органов, вокруг которых беспрерывно вьются. Такие средства как антибиотики имеют своеобразные вкус и запах, отвращающие вредителей от поврежденных участков. Уже через несколько дней непрошеные гости покидают зараженный организм, а его иммунитет и внутренний положительный заряд способствуют скорейшему исцелению раны.

Потребление красного мяса несет с собой множество проблем.

Многие духовные наставники опытно установили, что любая болезнь и любой демон всегда сопутствуют продуктам из красного мяса, а именно: говядины или телятины. У меня, лично, нет абсолютно никаких вопросов к красному мясу. Однако стоит учитывать, что ко мне демоны прислушиваются и обычно не представляют для меня особенной опасности. В отличие от меня, большинству нормальных людей стоит внимательно относиться к этому вопросу и постараться не допускать в свою жизнь таких существ. Поэтому будьте поаккуратнее с красным мясом.

Мигрень излечима.

Я полагаю, что одним из самых трудных для устранения недугов является простой грипп, который представлен целым комплексом воздействий на организм. Борьба с ним предполагает такое же

On the other hand, demons are very sensible like us, but they are totally negative. They will keep or at least try to keep control of our minds. Demons will get more and more control of our minds. We will get closer to mental sickness. Once our minds are under the control of demons, we become mentally ill.

Usually, I pull any demon or disease related to my topic of interest and keep it around for few days. After at least twenty-four hours, they helped me write this book by providing information to my mind through hypnotism.

In writing this book, I got a lot of help from different demons feeding my brain at different times.

My life is mostly neutral these days, because I am not controlled by any demon all of the time.

I used to be different. I used to exhibit many extreme behaviors. But because demons cannot stay around me for a long time, I feel neutral most of the time. Nowadays, I can easily withdraw from many things. I do not feel too much hate or love for anything or anyone. Overall, I am more responsible, but my extreme behaviors are reducing. These demons keep us going when they insist that we have hobbies, likes, dislikes, competitions, and desires all the time. On the one hand, a demon's negativism is extremely bad for us, but somehow, they keep us active and keep us running behind our wishes and desires, and I think that is the attraction of life.

Demon can make us hate or love someone.

Trust me, hypnosis is a very strong tool, and

комплексное многократное лечение каждого признака болезни в отдельности. Мигрень, в свою очередь, представляет собой не вредителя или недуг, а очень сильного демона. Такое существо готовит для себя укромное место внутри нашего мозга. Поэтому, даже после изгнания такого демона, человек остается уязвим к нападению аналогичных особей такого же вида, которым, впрочем, придется тратить значительно меньше энергии на формирование убежища в уже поврежденных тканях.

Каким образом распространяется зараза?

Вредители, несущие заразные болезни, будучи невероятно упрямыми существами, распространяют инфекцию, переселяясь от человека к человеку. При этом такие существа с неохотой будут покидать пространства, в которых им легко распространяться. Простым примером такого несносного поведения является вирус гриппа. Грипп – это вовсе не демон, а целая стая невидимых существ, действующих на организм сообща и в мгновении ока заражающих людей, находящихся в досягаемости. Эффекты от действия этих вредителей многочисленны и выражаются в разнообразных симптомах и признаках болезни. Я совершенно уверен в существовании множественности существ, несущих грипп. Избавить человека от болезни, возникшей благодаря действию одного демона или недуга достаточно просто, в то время как исцеление от эффектов, принесенных целыми мириадами существ, составляет сложную задачу. К дому же, внутри действия множества таких вредителей также строго распределены. Предполагается, что группа вредителей приносит простудные симптомы, иные объединяются для формирования лихорадочного состояния, остальные же

demons have this tool. They add different kinds of negative and positive thoughts toward people. Demons continuously convinced us about feelings for people through hypnosis. Sometimes it takes a long time, but eventually, a normal person will be convinced easily. By using hypnotism, demons can make us hate someone or love someone very easily.

Why do some people have pain in their calves once they go to bed to sleep?

Leg pain is a very common complaint from a bunch of people. In this way, demons or diseases torture people. Many people feel no pain during the whole day, but as soon as they go to bed, they start feeling pain in their calves. And that unbearable pain in their calves keeps them up the whole night. This is not the action of a regular demon. This is the action of a demon that's between the demon and disease classes. Some pains and problems are similar to this pain. These demons just do not rely on controlling us, but they want to keep us in pain either during certain parts of the day or the whole day. Examples of these torturous demons are migraines, high and low blood pressure, pains in calves, backbone and hipbone pains, sleep disorders, and even intolerance. I will keep these demons in the disease category.

Do you have a sleep disorder? Are you tired but cannot go to sleep?

This is a very common problem when someone is tired and wants to go to sleep, but these demons keep them up by hypnotizing them. As I have already described, demons like the smell or taste of certain things like cigarettes, tobacco, tea, coffee, beer, wine, alcohol, drugs, and some sleeping aids. This is a very simple practice of demons. Either they

отвечают за создание болезненных ощущений. Так, действия всех участников вируса гриппа можно обозначить как простудно-лихорадочно-болевой эффект. Действуют они слаженно, поэтому и распространяются на другие организмы успешно, поражая целые группы людей. В случае гриппа, можно определить эту болезнь как весьма сложную для исцеления, однако не невозможную. И грипп можно контролировать, просто для этого необходимо приложить больше сил и потратить больше времени. Поэтому в отличие от избавления от простых травм, с избавлением от гриппа или кашля могут возникнуть сложности, в виду его быстрого и множественного распространения.

Живые существа, наподобие демонов, являются причиной заражения вирусом гриппа или лихорадкой.

В то время как избавление от вируса гриппа представляется для меня непростой задачей, с лихорадкой я могу справиться с легкостью. Причиной тому служит природа этих недугов. Грипп распространяется с помощью активизации деятельности множества вредителей, действующих организованно. Лихорадку, в свою очередь, вызывает даже не демон, а всего лишь единичный вредитель-недуг, избавление от которого не составит особого труда. В действительности, лихорадка и есть тот самый *кайфят*, или глубокое ощущение, о котором речь велась ранее.

Всех ли мучит ощущение сдавливания в груди во время сна и невозможность вскрикнуть или проснуться?

Практически каждый из нас когда-либо ощущал что-то подобное во сне. Если Вам

keep us in pain or keep us hyper so that we use drugs, alcohol, cigarettes, or sleeping aids. Demons like these things, and they enjoy them. They keep us in pain if we try to quit any of these bad habits. All these habits are external and easily fixable.

Demons and diseases do not die. They just move from body to body.

Demons and diseases both live for several hundreds of years. Usually, they do not leave a body or person until the person struggles against them. During that struggle, they do not die. They just move to another body.

Demons do not like water.

Demons and diseases are basically fire. Their basic configuration is fire. Naturally, they do not have too much resistance to water. Usually, most demons are around or in our body. In that case, water is a trouble for them; however, if they penetrate our bodies like most diseases penetrate our bodies to damage our organs, they are out of our reach, and the use of water is less effective. Do not misunderstand me. I am not saying water can kill them. I am only saying that they do not like water. If you keep spraying water around and inside your house, it will keep them uncomfortable all the time. And they will not stay in or around those houses or people for a long time. Religious waters will definitely be more effective.

The travelling speed of demons or diseases is like the speed of light or sound.

I strongly feel that ignorance is a blessing. When I was not aware of all this crazy stuff, life was okay; however, now, even if I do not want to, I get more and more involved in the invisible world, and I'm learning more and

кажется, что грудь сжата в тиски, или Вы не можете пошевелиться или промолвить и слова, то очевидно, что Вы находитесь под сильнодействующим гипнозом демона, бороться с которым невероятно сложно. И все же, имея достаточную силу воли, многие способны противостоять этой силе. В ином случае, находясь, например, под действием сильного алкогольного опьянения, некоторым приходится переживать сердечные приступы. Алкоголь, в такой ситуации, является редуктором внутренней силы, способной сдержать демона.

Демонов и недуги можно считать живыми существами.

Эти существа имеют физическое воплощение, однако не видны глазу. Во многом демоны и недуги схожи по природе с воздухом. Мы его чувствуем, но не видим. Демонов мы тоже не видим, и чувствовать их могут не многие. И все же, эффекты и признаки, такие как: боль, муки и прочие – вполне ощутимы. А такие ощущения могут принести с собой только физические существа.

Генетическая предрасположенность. Почему болезни передаются от родителей детям?

Нам приходится взаимодействовать всего с двумя видами существ, принадлежащих неощутимому миру: с демонами и недугами. Демоны, в целом, не наносят прямого вреда органам и не нарушают нормальную работу внутренних систем организма. Зато с этими функциями отлично справляются недуги, способные нанести травму и повредить части тела, дисбалансировать выработку гормонов и, в общем, нанести значительный урон

more every day.

I can give you some examples of few things, and then you can decide about their traveling speed. Remember that some demons and diseases come out of us very easily, but some take some time. Whenever I communicate with the demons of a person on the telephone, those demons jump on me within a few seconds. What is their traveling speed? Can you guess?

Demons and disease are similar to electromagnetic fields.

Demons or diseases can easily travel through phone lines. If you want to perform an experiment, you can call someone who's sick or someone who at least has a cold or a headache problem. Make sure you are not sick at that time. Talk to any sick person, and you will likely receive the following sicknesses. Deafness, headaches, colds, heart problems, high or low blood pressure, burning eyes, or sore throats are transferred from being in contact with someone already sick. However, I feel that kidney, liver, stomach, hormone, and thyroid problems do not easily transfer from one person to another. The left ear is just like a transmitter and sucks or transfers a lot of diseases from one end to another. I cannot prove this to everyone; however, all these demons and diseases have some kind of field for traveling, and it acts similar to an electromagnetic field.

Gravity has a lot of influence on them.

Maybe demons and diseases do not follow exactly all rules of electromagnetic field, but they have something very similar to electromagnetic field. And I strongly feel that this electromagnetic field is responsible of

организму. Природа недуга определила высокий темп его размножения, что, безусловно, отразилось на человеке. Так, при рождении ребенка и в дальнейшем при росте и развитии изменения его организма зависят напрямую от репродуктивной способности болезней, заложенных в его генетический фон. Всего один вредитель способен полностью нарушить процесс выработки инсулина, что приводит, в результате, к диабету. В таких случаях, я полагаю, болезнь множиться и оставляет свой видимый след в генотипе жертвы, чтобы передать эффект последующим поколениям. Далее, носитель болезни, предположительно передает ее зачатки своему потомству и так она движется от родителей детям. В некоторых случаях, недуг передается еще во время беременности от матери. Большинство же болезней мы получаем в течение жизни, постоянно находясь в окружении своих родителей. Очевидно, что такого рода генетическая передача весьма несправедлива, и нам стоит приложить все усилия, для того, чтобы приостановить этот замкнутый круг, в том числе, используя силы, которыми наделены я и мои приспешники.

Как распознать демона и его влияние?

Каким образом каждый может распознать, подвержен ли он влиянию демона? Очевидно, что если Вы видите сны, и не однообразные, а непохожие друг на друга, то Вы находитесь под властью демона, и не одного. В этой ситуации, по моему мнению, не предпринимая должные меры, рано или поздно человек может сойти с ума. Отсутствие снов, напротив, указывает на свободу от демонического гнета.

Демоны, в отличие от недугов, особенно заинтересованы в обладании власти над

their traveling through the phone lines and transferring from one place to another in seconds, regardless of the distance.

In the beginning, I faced a lot of pain and sickness because whenever I communicated with any pain or sickness inside another person, every demon or disease coming out of those people was stored inside my body. Instead of storing all these demons and disease inside my body, I did a few experiments. And after those experiments, I learned that during the process of taking out demons or disease from someone, if I was holding any metal or if I was keeping my bare feet on a concrete floor or if I was touching a brick wall, those demons and disease were not stored in my body. They were like a current passing from my body and going inside those metals, walls, cements, or ceramic floors. After that, I learned that these demons and diseases had something very similar to gravity. If they are traveling from one body to another body through telephone lines or through electromagnetic fields and if they come from one body and enter mine, then they will be stored inside my body. But during that whole process, if I am grounded properly, demons and diseases will pass from my body. Most of them will go into the ground as a result of the principle of gravity. After that, I started suggesting that people keep their feet or hands on any brick walls, the cement of ceramic floor, or various metals. This way, any demon or disease will go to ground. Try it several times a day, and you'll find that it helps.

Usually, the same diseases attack the same organs or parts of the body when they transfer from one to another

If we like something or if we have expertise in any field, we usually do the same thing again and again. I learn that whenever I communicated with any disease inside any

нашим разумом.

Недуги необычайно голодны, словно ядовитые насекомые, способные поглощать наши органы и части наших тел. Так, за считаные дни они способны покрыть язвами все наши внутренности, включая почки, печень, желудок, кишечник и даже мозг. Такие язвы не заживают за один день, даже при приеме соответствующих медицинских препаратов. К ужасу, недуги пойдут на все, чтобы процесс уничтожения стал необратимым и не оставил организму шанса на выживание.

Что касается демонов, могу уверить, что природа этих существ крайне отрицательна. Они в меру разумны, поэтому способны воздействовать на наш разум, чтобы завладеть им полностью. В своих действиях демоны нацелены на поступательное овладение нервной системой человека, что далее приводит его к сумасшествию.

Обычно, для исследования того или иного вопроса я могу использовать информацию, полученную непосредственно от демона или недуга, которых мне приходится держать поближе к себе. Предоставив необходимые данные для моей книги, уже через сутки они покидают меня.

Так, множество разных существ посредством гипноза поделились со мной ценной информацией, которую Вы теперь можете найти в этой книге.

В последнее время я поддерживаю нейтральное состояние, при котором ни один из демонов не присутствует в моей жизни слишком долго.
Раньше все было иначе. Я часто оказывался подвержен срывам и нервным

person, that disease traveled from that person and almost always hit the same part of my body, the party from where I pulled it out from the other person. In the beginning, the pressure was great, but with time, it reduced.

If I was fixing someone's pain and they were in front of me, their pain or disease almost never hurt me. The demons still came inside my body, but their effects were very friendly. And they never stayed inside or around me for too long. But whenever I fixed someone's pain over the phone or from a distance, I almost always had to face their demons' anger. Usually, after twenty-four hours, they went away without hurting me badly. Sometimes, though, regardless of from which part of the body the demons came, if any part or organ is already damaged, they will jump into that damaged part or organ of the body instead of choosing the healthy part and damaging that.

The treatment against demons is a continuous process.

The population of demons and diseases is several hundred times greater than ours. The actual size of demons and diseases is much smaller than the size of humans. Sometimes, maybe two or three people live in a house, but in same house, you can easily find millions of demons and diseases. With so many demons and diseases around us, how come someone thinks that only one treatment will be enough? This is a continuous struggle and fight.

My body is programmed to feel more pain compared to the normal person.

To, me, it makes no difference if someone has just a headache, a fever, cancer, or HIV. All

перенапряжениям. Теперь, когда я способен отстранять от себя демонов и сам отстраняться от окружающей реальности, я ощущаю равновесие. Вместе с тем, мне стали чужды крайние проявления чувств и эмоций, я стал более ответственен, а, следовательно, и избавился от безумств и излишеств. Я полагаю, в таких изменениях просматривается противоречивость. С одной стороны, демоны забавы ради заставляют нас идти по воле желаний, увлечений и намерений, в этом проявляется их негативная природа. С другой стороны, конкуренция и крайняя эмоциональность ведут нас вперед и определяют активность нашей жизни, что, несомненно, и является тем вкусом к жизни, который мы стремимся прочувствовать.

Демоны рождают в нас чувства любви и ненависти.

Поверьте, гипноз, используемый демонами, является особенно сильным инструментом в управлении положительными и отрицательными мыслями людей. Именно посредством гипноза они убеждают нас в том, что мы чувственны по отношению к кому-то. Демоны с легкостью могут заставить нас полюбить или возненавидеть человека, даже если на это потребуется какое-то время.

Откуда появляется боль или тяжесть в ногах перед сном?

Множество людей жалуются именно на боль в ногах. Как ни странно, причиной такого недуга является демон. Зачастую, боль может не проявляться в течение дня, и только, отходя ко сну, человека

these diseases or sicknesses are same for me. Once I start working on someone, there are no restrictions or limits. I cannot limit myself to someone's headache. I will disturb all sicknesses and diseases inside the body. I will be able to move them out of that person, but after that, if that person does not want to contract new diseases, he or she needs to fix the damages by taking the proper medication or undergoing the correct surgeries. I can help keep the negative energies of demons and diseases away from that person, but the symptoms still need to be fixed as soon as possible to avoid continuous invitations to diseases, infections, and sicknesses.

Diabetes and several other internal diseases are pain-free. Usually, people do not feel any pain from those diseases until they damage the organs badly. But in my case, my body is extremely sensitive to all these diseases. Whenever diseases, sicknesses, or demons come around me, they keep me in pain and very uncomfortable until they leave or I compel them to leave my body. I can feel or sense demons as clearly as I can feel a touch from a human being. When demons come close to normal people, these individuals do not feel anything. That is why they feel no problems. But because of my extra sensitivity, I stay very uncomfortable until demons and diseases leave my body.

That noisy whistling sound in the ear is fixable?

A whistling sound or a continuous noisy sound in the ear is a very common sickness. As far as I know, no medication can fix that. From the blessing of God, it is very easy for me to fix this problem in few minutes. But this whistling sound is also a damaging disease. Usually, people get this problem during middle age. When someone is suffering from this disease for many years, it may cause

начинают мучить боль в лодыжках. Она может крутить ноги всю ночь, не позволяя человеку уснуть. В данном случае, активность проявляет не просто демон, а какое-то промежуточное существо между демоном и недугом. Недоверие в достаточности контроля над нами заставляет его доставлять нам мучения и сохранять это ощущение боли на протяжении какого-то промежутка времени. Примером такого поведения могут послужит такие состояния, как: мигрень, постоянная боль в бедрах и спине, скачки давления, бессонница и даже постоянная тревога. Я определяю таких существ в категорию недугов.

Вы страдаете от проблем со сном? Случается, что вы чрезвычайно устали, однако не можете уснуть?

Неспособность уснуть даже после тяжелого и утомительного дня представляет собой особенно распространенную проблему, причиной которой, несомненно, являются гипнотические игры демонов. Ранее я уже определил, что демоны получают удовольствие от запахов и вкусов алкоголя, табака, чая или кофе, наркотиков и некоторых лекарств, в том числе и снотворных средств. Поэтому они и поддерживают наши мучения и страдания, заставляя нас обращаться к излюбленным средствам, вроде алкоголя или снотворных. При этом если мы решим оставить какие-либо из вредных привычек, демоны непременно начнут доставлять нам страшные беспокойства, чтобы сохранить столь приятную им привычку. Все же, такая зависимость излечима.

Вместо того чтобы угасать, демоны и недуги перемещаются в другие

serious damages deep inside the ears. It is very easy for me to take this whistling sound away from any person, but that person needs to use proper medications to heal the damages caused by that disease. Otherwise, that person will get something new with the same symptoms pretty quickly. I hope you now understand that an injured body without treatment invites new sicknesses and diseases all the time.

Slow, calm, and even-tempered people are less likely to be under the influence of demons.

Negativism, violence, and extremism are the main qualities of demons. Basically, we are the bosses of our minds. Demons cannot change us easily. That's why people who already exhibit violence, short tempers, dishonesty, negativism, and extreme behavior are more popular among demons. Demons can easily use these people for negative activities. Most demons do not like even-tempered, slow, and calm people. But that still does not mean that these people are not under the influence of demons, but those demons may be less dangerous. It is a very good practice to keep calm and quiet. Stay cool and patient and nonviolent and non-aggressive to make yourself less interesting for demons.

Face redness is fixable.

Many people have extra redness in their face as compared to other parts of the body. This redness in the face is moveable. This problem is not easy to remove. With time, it can become part of the skin itself. It can do a lot of damages to face skin. It is fixable, but it can definitely be very time-consuming, and it can become a continuous struggle.

организмы.

Жизненные циклы недугов и демонов могут достигать сотен лет. Поэтому, когда человеку удается их побороть, существа не погибают, а всего лишь перемещаются в другой организм и остаются с ним.

Демоны страшатся воды.

Стихией демонов и недугов всегда остается огонь, поэтому особенной сопротивляемости к воде у них нет. Как правило, в отличие от недугов, поселяющихся глубоко в наших органах, демоны могут просто сопровождать нас, а значит, и быть подвержены действию воды. Однако вода становится бесполезной, если демон все же углубиться в сам организм. Поймите меня правильно, водой невозможно убить демона. Ее присутствие всего лишь доставляет им дискомфорт, а значит, разбрызгивая воду, например, в доме, Вы сможете убедить демонов держаться от него подальше. Особенно эффективной может стать освященная вода.

Скорость, с которой способны передвигаться демоны и недуги, близка к скорости света или звука.

Я уверен, что незнание, зачастую, становится нашим преимуществом. Так, например, пока мне были неведомы секреты всех этих безумств, моя жизнь была спокойна и сбалансирована. Сейчас, даже вопреки моему желанию, мне приходится погружаться в познание этого мира глубже и глубже.

Для того чтобы пояснить, какие скорости подвластны этим существам, я приведу несколько примеров. Как я отмечал ранее, мне достаточно иногда поговорить с

How did demon doctors treat people with demon problem?

You can find demon doctors everywhere, but most of them just take advantage of people. Most of them are fakes, but some have limited expertise. These doctors usually have a few demons that listen to them. Those demon doctors use their demons to control other demons. I have only one dispute with them. Demon doctors use demons to treat humans for diseases or sickness, but eventually, new demons will do the same thing with that human. My system is different. God gifted me to keep demons away from human as much as possible.

My point is: The nature of demon, you can change it completely. When a demon doctor treat or make his demon the body guard of a human to save that human from other evil demons, then who can give you guarantee that, for how long that body guard demon will not be acting as an evil demon? So, that is why, this way of treatment is not a solution against demons to secure a human body from demons. I do not use any demons to treat any human. That is why, I am insisting medical Science to learn my way of treating people scientifically and invent machine similar to laser machine to treat and keep all invisible insects away from human body.

My observation of demons inside the body of cat and a lizard during hunting.

I was in my backyard when a cat started hunting a lizard. The demons in the cat and the lizard both jumped on me. The demon from the lizard escaping made sense to me because the lizard was dying, but why did the demon from cat's body leave its home? I feel demons gets scared easily and sometimes feel

человеком по телефону, чтобы переманить его демона на себя в считаные мгновения. Несложно догадаться, что скорость передвижения демона тогда равна скорости звука.

Природа демонов и недугов имеет электромагнитный характер.

Существа такой природы легко путешествуют со скоростью звука, например, посредством телефонной линии. Вы можете убедиться в этом на личном опыте. Попробуйте, будучи в полном здравии, позвонить кому-либо из знакомых или друзей, пребывающих в болезни или страдающих от мигрени. Непременно, болезнь постарается передаться даже по телефонной линии, и уже через несколько дней Вы можете почувствовать неприятные симптомы. Такие распространенные недуги, как: головная боль, скачки давления, гул в ушах или першение горла – легко передаются от человека человеку. Что же касается более серьезных заболеваний внутренних органов, вроде: поражения тканей почек или печени, сердечные недостаточности или нарушение гормонального фона, - отправная точка таких заболеваний имеет иную природу. Мне непросто будет это доказать, но я полагаю, что демоны и недуги, по примеру электромагнитных полей, передвигаются в пространстве в определенном направлении и проникают в человека благодаря входу через левую ушную раковину.

Демоны подвержены действию силы гравитации.

Возможно, электромагнитная природа их передвижения имеет некоторые особенности, однако, я уверен, что именно по образу таких полей демоны способны

insecure, so whenever anything unusual happens, all demons leave those bodies. Both demons left their bodies because they felt insecure or scared, but why didn't they stay in the air for a few minutes until the hunting process was done completely? Why did those demons leave those two bodies and jump on mine? From this incident, I gathered that those kinds of demons need bodies all the time. Anyway, it kills me when a demon comes inside my body from these animals. I have always thought that ignorance is a blessing.

Vibrations or shaking fingers is a demon's action.

Vibration and the shaking of muscles or fingers are the acts of demons or diseases. Demons control a person's nerves to create this disorder inside the body. It is very easy to control, but patients may need some medication to reduce the external pressure from demons. Instead of going for surgery, I prefer to help these people, but only if they are ready to help themselves by taking medication. I learn this because, sometimes demons are so powerful and their presence in our body creates this kind of problems. I experience these kinds of problems once in a while.

Rudeness, short tempers, and greed are all extreme conditions that are controlled by demons.

Rudeness, arrogance, pride, short tempers, greed, jealousy, and competition are all extreme conditions and come from external sources. With the proper planning and the adoption of positive outlook, we can reduce these behaviors before we are controlled by them.

передвигаться в пространстве с необычайными скоростями, преодолевая значительные расстояния за мгновения.

В начале моей практики, мне приходилось испытывать множественные страдания, в силу того, что каждый изгнанный мною демон стремился проникнуть в мой организм. С опытом, я научился избегать эти непритязательные процессы благодаря использованию некоторого знания. Мне удалось установить, что в процессе коммуникации с демоном, заземлившись на бетонной поверхности или ухватившись за металлический объект, я с легкостью избегаю участи новой жертвы потревоженного демона. Так, я осознал, что, будучи подверженными силам притяжения, демоны при передвижении, не задержаться в организме, если тот правильно заземлен. Демон последует далее через материал, например бетонной стены, к которой человек прикоснулся, или цементного пола, на котором он располагается. Используя этот нехитрый метод, Вы также сможете уберечь и себя. Попробуйте проводить больше времени шагая по полу босиком, в случае опасности защищайте себя заземлением, и так, Вы отправите демонов подальше от себя.

Один и тот же недуг, по обыкновению, поражает один и тот же орган или участок тела каждой из своих жертв.

Зачастую, имея какое-либо увлечение или специализируясь на определенном объекте, мы познаем эту сферу вдоль и поперек. Также, демоны привыкли поражать один и тот же орган, даже меняя своих жертв. Мне удалось проникнуть в эту тайну опытным путем, так как каждый раз, изгоняя демона из кого-либо, я ощущал точно такое же действие его сил на себе. Вначале, эти практики приносили мне множество страданий, от которых мне

All demons are capable of penetrating, expanding, and hypnotizing, regardless of where they live.

All demons are different. Some have a few powers, and others have different powers; however, a few things are common between all demons. All of them are capable of penetrating bodies. All of them able to expand themselves as much they want. All of demons are capable of hypnotism.

What else the possible effect of a demon other than pain, sickness and controlling mind in our body.

When demons are controlling minds, they create all kind of mental illnesses and violent behaviors. Diseases create all kind of sicknesses, pains, and illnesses. There is another thing. This third thing is an *inner feeling*. I cannot find a single word to explain it. Consider a sleep disorder when you are tired but unable to fall asleep. This is not a disease but some deep problem created by a demon. Intolerance is not a disease, but demons keep us impatient and intolerant all the time. They keep us away from our studies, and they keep us lazy. All these are not diseases but, we suffer all of these because of the control demons have over us.

Life is much better when demons are not around.

We will have less wild and crazy desires in our minds when demons are not around us. No one can hypnotize us when they are gone. Plus, there is no sickness or tension if demons are not around. I strongly feel that life would be very peaceful without demons.

удалось избавиться только с опытом.

Мои наблюдения привели меня к выводу, что демоны тех, кого мне удается лечить с глазу на глаз, никогда не позволят себе негативных действий в мою сторону. В то время как, избавляя человека от боли на расстоянии, мне почти всегда приходится иметь дело с яростью их демонов. Такие недруги не задержаться в моем организме надолго, однако, они способны повредить его части, что создает опасность для последующих практик. Пораженный организм всегда будет уязвим к нападению со стороны новых демонов, которые скорее предпочтут раненый орган здоровому.

Избавление от демонов может длиться долго.

Численность таких существ превышает нашу в сотни раз, при том, что размеры их необычайно малы. В связи с эти, в доме, где проживает всего несколько человек, одновременно могут находиться миллионы различных демонов и недугов. Одновременно с этим, множественные болезни и демоны без конца вьются вокруг нас. Неужели представляется реальным такое единичное действие, способное избавить нас от всех этих существ? В действительности, этот процесс представляет собой тяжелую и продолжительную борьбу.

Мой организм намного более чувствителен к боли, нежели организм любого нормального человека.

При работе с демонами и недугами, я не ощущаю разницы между болезнями, будь то ВИЧ или головная боль, лихорадка или раковая опухоль. При работе с человеком мне не удается ограничиться лишь одним заболеванием, тревожащим его. Напротив, мне приходится иметь дело со всем

Self-praise is an inner feelings, and it is controlled through hypnotism by demons.

I learned this when I got these feelings during my procedures on the sick. I always feel when a person is in love with him or herself. When I fix other diseases and sicknesses, I pull that inner feeling of self- praising from the person as well. That day, I end up thinking that I am the most important person in the world. It usually takes a whole day for me to figure out that I am under the influence of something pushing me to think like this. Once I figure this out, the demons leave my body immediately.

Usually, I am not easily shocked.

I have always felt that I have a strong mind. I do not startle easily, not even at sudden noises. But during the process of fixing someone's pain, I can get an unusual feeling inside me. At least four days I encounter this feeling, I become jumpy and get scared by minor things. After five days with the feeling, I return to normal. *I can become impatient and intolerant.* This happens same way. When I am fixing heart problem, I can absorb that problem from someone else. I was extremely impatient for two days straight. I rudely hung up the telephone on people at least twenty times during those two days. Fortunately, those demons leave me as soon as I realize their effects.

How do kidney failure, heart attacks, and brain damage happen?

Two kinds of sicknesses or diseases can affect the kidneys. The first is a disease that eats organs. It can damage and create infections in the kidneys, and this is painful. The second

организмом в целом, а значит, и со всеми болезнями. Таким образом, я способен очистить человека полностью, однако, без последующего внимания и правильного медицинского ухода, человек останется уязвим к возврату болезни. В моих силах лишь сдержать отрицательную энергию, поражающую человека извне. Избавление от признаков болезней, а значит и последующая защита от них, в свою очередь, ложатся на плечи самого человека.

Такие болезни как диабет, по обыкновению не доставляют жертве особенных болевых ощущений до того момента, пока орган не повреждён в значительной степени. В моем случае, любая болезнь или заражение доставляют множественные болевые ощущения и дискомфорт моему чувствительному организму мгновенно. Так продолжается до того момента, пока я полностью не избавлюсь от корня болезни. Нормальные люди не способны заметить демона, поэтому и не ведают о наличии проблемы. Мне же, напротив, удается ощущать его присутствие также явственно, как и присутствие живого человека. Дискомфорт, доставляемый моему восприимчивому организму, не покидает меня до того момента, пока я не избавлюсь от нежелательного демона окончательно.

Можно ли избавиться от преследующего скрипящего звука?

Гул в ушах часто начинает преследовать человека в среднем возрасте. Медицина, к сожалению, бессильна пока в решении этой задачи. Мне же, благодаря особым навыкам и силам, не составит труда избавить человека от этого непрерывного свиста. Кроме его назойливости, такой недуг нельзя назвать безобидным. Преследуя человека на протяжении многих лет, эта болезнь влечет за собой

disease does not eat organs or damage the kidneys. This disease just blocks all the tubes from the kidneys, and after some time, it completely impacts all kidney function. The heart is a very strong muscle. It is difficult to damage heart muscles. Diseases usually attack the heart just to try to block arteries and disrupt blood circulation. These demons and diseases are very good at expanding themselves. These diseases go inside the heart tubes and valves and expand themselves to block the tubes and stop blood circulation. The same thing can happen in the brain. These diseases can easily block tubes in the brain tubes to give someone an aneurysm.

Demons hear you all the time, but making them listen to you is not easy.

Demons and diseases around us are able to hear us all the time. We cannot hear them. To convey their wishes, they hypnotize our minds. They know our problems. They know they are responsible for our pains and sicknesses, but they do not care. It is very difficult to stop their negative activities. But you are capable of compelling them to cease their influence and stop their wrongdoing. Other than that, it is really difficult to control their activities.

Can you try to reduce their control?

If you want to reduce the control they have over your mind, they only thing you can do is make yourself less interesting to them. And how you can do it? You can reduce the negativism, violence, and extremism in your personality. Avoid short temperaments and do not become impatient. Do not get angry too easily. Avoid competition as well. If you control your negative qualities, they will definitely be less interested in you. They will look for someone else.

более серьезные последствия. Именно поэтому так важно, даже избавившись от недуга такого рода, полностью искоренить признаки болезни и устранить поражения, нанесенные болезнью. Не используя соответствующие медицинские препараты, организм человека остается уязвим к нашествию новых вредителей и недоброжелательных существ, способных вызвать новые болезни.

Спокойные и уравновешенные люди в меньшей степени подвержены влиянию демонов и недугов.

Следует признать, что несмотря ни на что, мы способны руководить своим разумом. Демоны, будучи от природы существами отрицательными, весьма жестокими и даже безумными, способны воздействовать в большей степени на тех людей, которые уже ощущают ярость, беспокойство и действуют под влиянием негативной энергии. Очевидно, что демонам не составит особого труда взять под контроль разум таких людей, чтобы в будущем использовать их в своих определенно неположительных целях. Напротив, сдержанный и умиротворенный человек, даже находясь под влиянием какого-либо демона, с неохотой будет исполнять его волю, а, следовательно сможет нивелировать его негативизм и опасность. Следовательно, отсутствие агрессии, спокойствие и терпимость являются ключом к избавлению от влияния демонов.

От излишнего покраснения кожи можно избавиться.

Некоторым приходится страдать от значительных покраснений кожи лица. Такой недуг исцелить непросто, однако

Sincere demons remind us if we forget things. They feed different feelings into our mind to make us suspicious about other people.

Many times, we forget things. Then suddenly, whatever we forgot comes to our minds, but who reminds us of all this forgotten stuff? The demons that feel suspicious things in our minds can make us suspect other people.

Is there any way for a normal person to take a demon out of his or her body?

No, it is practically impossible, but if you contact your religious leaders, they should be able to guide you on how to reduce the pressure of demons. They can easily guide you in ways to prevent problems from demons. In this system created by God, everything is possible. It is not difficult for me to keep demons away from anyone.

Impatience is an inner feelings and it has an external source.

Impatience is not an internal quality. Demons make us impatient. It is almost impossible for a normal person to control this bad quality. If you have a strong willpower, then I am sure everything is possible for you. Just keep convincing yourself that if you are getting angry all the time or showing impatience, it means that you are giving your control to a demon. Maybe this kind of thinking will change your temperament, and then you regain your control from a demon.

I am not sure, but I believe the demons that bring us sexual desires come from women's bodies.

это возможно. В случае если болезнь пустить на самотек, в дальнейшем может развиться серьезная проблема с кожей лица. Достаточное терпение и выдержка помогут избавиться от этого недуга.

Каким образом лекари избавляют людей от демонов?

Лекарей, избавляющих от влияния демонов, можно встретить на каждом шагу, однако большинство из них все же шарлатаны. Встречаются среди них те, кто владеет некоторыми знаниями и может управлять несколькими демонами. Их лекари используют для взаимодействия с существами, которые Вас тревожат. Специальные демоны способны заставить вредителей покинуть человека, однако не могут его уберечь от последующей угрозы. Мои способности, напротив, направлены на создание максимальной защиты для тех, кому удалось очистить себя от демонов.

Я полагаю, что техника, используемая большинством лекарей, небезопасна. Им приходится использовать управляемых демонов для создания защиты человека, своего рода телохранителя. Однако, учитывая природу демона, никто не может гарантировать, что в какой-то момент демон-хранитель не может превратиться в демона-вредителя. Мне же не приходится прибегать к возможностям специальных демонов. Поэтому я настоятельно рекомендую современной медицине обратить внимание на техники, которые я использую. Возможно, есть основания для разработки специализированных аппаратов, сходных с современными лазерными установками, для распознавания и выявления демонов и недугов.

Мне удалось обнаружить и понаблюдать за демонами, сопровождающими кота и

Do not take this explanation very seriously, because I cannot explain this theory to anyone. I do not want to. It is a difficult topic for me, but just read it and keep an open mind. The demons that bring extreme sexual desire are not residing inside us. They are residing inside women's bodies. This is why we do not feel the same way about all women. I strongly feel the demons that bring extreme sexual desire usually come from women and convince us that we want particular women. You can reverse this theory to understand, how a woman feels about a man.

Some people have extremely strong personalities. In their cases, instead of controlling them, demons follow them.

Demons are very smart and intelligent. For most of them, their level of intelligence is equal to a twelve-years-old kids. However, they are more innocent than we are. The only problem is that they are naughty and promote negativism, violence, and extremism. Otherwise, they are better friends than humans, and they are very easygoing. But a few human are extremely intelligent with very strong minds. Their intentions and goals are strong. In the case of these people, I strongly feel that demons just follow them. When this happens, demons help those people in their endeavors. But I am sure you can count those few examples on your fingers.

The help I give to people is useless if they do not fix the symptoms or if the physical damages are not fixable.

Regardless of the sickness or disease, doctors always try to treat patients. All demons and diseases are external things. Any pains or sicknesses can be removed easily, but if an organ or part of the body is extremely damaged and medication or surgery is not an

ящерицу во время охоты.

Однажды на заднем дворе моего дома, наблюдая за тем, как кот охотиться за ящерицей, мне пришлось стать жертвой их демонов. Удивительно, но не только демон погибающего земноводного решился обратиться ко мне, но и демон охотника рискнул покинуть своего спутника. На личном опыте я убедился в том, что демоны решаются на переселение не только от природной пугливости, однако и в любой другой ситуации, обескураживающей их каким-либо образом. И все же, отчего демоны эти оказались столь нетерпеливыми и не предпочли зависнуть в воздухе на время битвы, дабы вернуться после обратно? Мне пришлось осознать, что такие демоны просто не могут существовать без сопроводительного организма. К сожалению, мне такой вывод пошел вовсе не на пользу, такие ситуации меня буквально губят. Я всегда был уверен, что незнание дорого.

Виной тому, что у Вас трясутся руки, является демон.

Нервные тики и трясущиеся руки определенно результат влияния демонов, которые способны вызывать неполадки в работе нашей нервной системы. Контролировать таких демонов вовсе не сложно, и все же без традиционной медицины от власти демона так просто не избавиться. Я полагаю, что избавление от демона неоперативным способом не менее эффективно, и бесспорно, менее болезненно. Тем не менее, без активного участия воли человека и добросовестного медицинского внимания даже с такой простой проблемой не справиться. Мне приходится в своей практике встречаться с таким случаями влияния внешних сил. Отмечу, что демон может быть весьма

option, my help will be useless, because significant symptoms or damages will only invite new diseases and pains into the body. But nobody should be hopeless. Never give up. Only God knows what he has written for us, so do not give up, keep trying.

When your eyes twitch, this is a demon's action.

When your eye twitches, a demon is likely harassing you. By hypnotizing us, demons feed into our minds portents of bad things, and that's when eyes usually start twitching. Demons harass us all the time. They do this for no apparent reason. You can harass yourself for rest of your life for nothing. Demons are naughty, and they will keep harassing you by twitching your eyes until you completely ignore it. Whenever your eye starts twitching, keep your finger on that eye and talk to the demon. Tell it to quit harassing you, or tell it to fix the coming problem it is trying to warn you about. You need to be very confident whenever you talk to a demon. Demons can read your mind. Your confidence will compel that demon to listen to you.

Demons can be like us. They can be very aggressive or less aggressive. They can be very negative or less negative. Usually, we behave like our parents or grandparents, because the same demons penetrate our bodies.

The chemistry of humans and demons are the same. Many human have different temperaments, different levels of aggression, and different levels of negativity, but you can expect at least some positive behavior from most humans. In the case of demons, it would not be easy to find a positive demon, at least not one who's positive toward everyone. Maybe many demons are positive with me,

уверен и силен в своей активности.

Отсутствие выдержки, невежество и алчность приводят в нашу жизнь именно демоны.

Такие крайности, как: зависть и ревность, высокомерие и алчность, жажда превосходства и горделивость – появляются в нашей жизни извне. Своевременный и чуткий контроль, принятие положительной направленности помогут оградить человека от глубокого проникновения этих недугов в наш разум.

Независимо от точки расположения, любой демон способен активизировать внедрение в организм и его повсеместное поражение, а также использование гипноза.

Несмотря на то, что существует многообразие видов демонов, каждый из которых имеет свои слабые и сильные места, абсолютно всех демонов объединяет одно простое качество – способность внедряться в организм. Все они знакомы с техникой гипноза , поэтому очевидно, что они с легкостью могут в большей или меньшей степенью углубляться и расширяться в вмешательстве в наши сущности.

Что, кроме болезней, боли и повсеместного контроля могут принести демоны в нашу жизнь?

Овладевая нашим разумом, демоны активизируют развитие множественных психических расстройств, а также толкают человека на разного рода безумства. Недуги способствуют развитию болезней, награждают нас болью и немощью.

but I am sure they will not be positive with everyone. Human beings usually live under a hundred years, but demons live more than several hundred years. These demons that possess us were with our grandparents, and they were with our parents. They are with us now, and these demons will be with our kids and grandkids. This is one reason people from one family usually have similar temperaments, problems, and issues.

Diseases are either painful or painless.

We can describe disease in two categories:

1) *Painful diseases*: Invisible insects that eat body parts and organs damage the body parts and organs continuously. Regardless how many painkillers and medications we take, these invisible insects can kill. They can easily be moved from one body, but they do not die. They will find another body and start damaging that body.

2) *Painless diseases*: These invisible insects also create a lot of sickness in our body, but they do not eat our body or our organs. They share our food. But they block or stop different hormones in our bodies. If they block insulin, they create diabetes. If these invisible insects block tubes in the kidneys, heart, or brain, they can cause kidney failure, heart attacks, or aneurysms.

What is telepathy and hypnotism?

Telepathy and hypnotism are not the same. Telepathy is a form of communication that allows you to privately talk with someone who is not in front of you. You can mentally communicate with anyone in any part of the world. Our soul/spirit is a positive energy

Существует также еще одна сложная субстанция, которую условно можно определить как *глубокое ощущение*. Часто это результат активности демонов. Трудно найти единственное слово, описывающее эффект от глубокого ощущения. Примером могут послужить и бессонница на закате особенно насыщенного и утомительного дня, нетерпимость и отсутствие выдержки, потеря энтузиазма в познании и всепоглощающая лень. Это не просто болезни, это глубокие ощущения, возникающие в наших организмах в виду деятельности демонов.

Жизнь преображается, когда из нее исчезают демоны.

Непреодолимые, иногда безумные желания, внешнее давление и контроль, боль и болезни уходят – из нашей жизни в тот момент, когда нам удается избавиться от демонов. Я твердо уверен, что отсутствие этих существ во многом освободило бы нашу жизнь от неприятностей.

Восхваление своей персоны является ни чем иным как глубоким внутренним ощущением, рождаемым действиями наших демонов.

Осознание этого факта пришло ко мне во время практики. К слову, мне всегда удавалось определить болезненное самолюбие у людей, с которыми мне приходилось работать. После сеанса очищения, эти особенности переходили на какое-то время ко мне. Тогда я целый день чувствовал особенную важность своей персоны, причем осознание это приходило ко мне не сразу. Целый день мог уйти на то, чтобы понять, что такая самовлюбленность взращивается извне.

that keeps us alive and operates our bodily functions. No one can communicate by using telepathy to access souls. We always communicate with the demon or demons around that person. By using telepathy techniques, we can give instructions to their demons, which can then cause their hosts to think something in particular. Demons do not use telepathy on humans or animals, but demons use telepathy to communicate with each other. Humans use telepathy to communicate with other humans. But we are not communicating with their minds directly. We are communicating with their demons and giving them instructions. After that, demons use hypnotism to control our positive energy and our minds. Hypnotism is a language that demons use to communicate with humans, animals, and insects. By using hypnotism, demons can show us whatever they want in our dreams. Demons are so good at using hypnotism that they can show us anything they want in the real world, too. This quality of controlling someone's mind and feeding him or her different thoughts, dreams, and/or emotions is hypnotism.

How do telepathy and hypnotism work? What are the easy and difficult parts?

Hypnotism is a procedure that demons use to feed something into the minds of living creatures. Think of the way we can play a DVD and then change disc and watch another movie. Hypnotism works in a similar way. The DVD could be considered our dreams, or demons can show us anything they want. The more we are under their control, the more we will observe whatever they want.

No man can perform hypnosis. Usually, hypnotism experts have very strong demons with them, and they just ask those demons to perform those operations. Telepathy is a

Как ни странно, в момент такого осознания, демон мгновенно покидает организм.

Меня трудно чем-то удивить.

Я всегда считал себя человеком с отличной выдержкой. Меня непросто напугать, от резкого звука я вряд ли подпрыгну. Однако процесс очищения может внести свои коррективы на этот счет. Не раз я замечал, как внутри меня появляется чуждое моему организму чувство тревоги по поводу мелочей. Такое состояние может сохраниться на протяжении нескольких дней. Уже через четыре дня все становится на свои места. Чувства нетерпимости и несдержанности могут возникнуть в моменты, когда мне приходится иметь дело с болезнями сердца. Однажды, такие ощущения преследовали меня целых два дня, я был нетерпелив и особенно груб, не раз позволял себе бросать телефонную трубку при разговоре. К счастью, демоны, отвечающие за это баловство, покинули меня в тот самый момент, как я осознал, что действую под эффектом их влияния.

Каким образом возникают сердечные приступы, болезни почек или потеря рассудка?

Что касается почек, болезнь, поражающая орган может проявиться в двух ипостасях. Во-первых, недуг может поразить орган с помощью инфекции, которая буквально съедает орган, вызывая при этом нестерпимую боль. Второй случай, несмотря на простоту, не менее опасен. Недуг поражает оттоки и притоки почек, что несомненно, дестабилизирует работу органа. Сердце представляет собой мощную мышечную ткань, поразить которую не так просто. Поэтому недуги и

normal mode of communication with demons. But when demons are around us, we do not need to use the powers of telepathy to communicate with them. We can just talk normally, and they can hear us easily. But when we need to communicate with someone who is not in front of us, we will need this communication skill. I have learned that telepathy is an effective way of communicating with demons, diseases, and pains. I am able to use this skill in any part of the world without any previous friendship with those demons, but normal people need to have more connection with those demons.

Can we communicate with demons without telepathy?

Yes, we can communicate with demons, diseases, and pains in a normal way, but they usually do not pay attention to normal conversation. For remote communication, one needs to practice telepathy. Usually, people never reveal how to really practice telepathy. I am not sure how many people are really capable of this form of communication. Normal people always think they are practicing communicating the mind of another human, but in actuality, they communicate with the demons of that person. Most telepathy experts usually send their demons around those people with whom they need to communicate, and those demons start hypnotizing the people according to their host's instructions.

You do not need two demons to screws you up? Demon's action is so powerful to our mind. So even one is enough to screws you up.

When you are reading this book, everything may sound very easy, but be careful. Demons are not a joke. They are very powerful, and

демоны используют для своих коварных целей более уязвимую часть – вены и артерии. Они способны распространяться глубоко в сосуды нашего организма, таким образом, блокируя нормальный ток крови. Аналогично, зловредные существа поражают мозг, нарушая нормальную циркуляцию крови, что приводит, в результате, к аневризме.

Демоны нас слышат, но заставить их слушать не так просто.

Демоны слышат и видят все, что происходит вокруг нас. Они проникнуты глубоко в наши тайны, в то время как мы даже и не догадываемся об их существовании. Своих целей они добиваются посредством гипноза, остановить отрицательное действие которого весьма непросто. Демоны прекрасно понимают, что именно они являются причиной всех наших недугов, но их это, как ни странно, особенно не волнует. Однако, несмотря на то, что контролировать их действия практически невозможно, снизить отрицательную активность и влияние на наши организмы вполне реально.

Можно ли, приложив усилия, ослабить влияние демонов?

Единственным действенным способом ослабить их воздействие на Вас является внутренняя работа над собой. Если Вам удастся избавиться от жестокости и ярости, безрассудства и негативных мыслей, Вы сделаетесь неинтересны демонам. Будучи терпеливым и сдержанным, отказавшись от безудержного желания превосходства, Ваша персона покажется демонам скучной и им придется отправиться на поиски

they do not give their control to anyone that easily. When most people practice telepathy or hypnotism, it usually means that they open their minds to those demons. This all depends on how strong your mind is. Most of the time, instead of a demon listening to our instructions, the opposite happens. These people usually either die because of some accident or they become extremely mentally ill. And remember that we are a favorite hobby for demons. I deal with thousands of demons all the time, but to a normal person, a single demon is enough to make that person mentally ill or crazy. When you decide to practice any of dangerous skills like telepathy or hypnotism, make sure you know about the side effects.

My theory and process of moving or detaching demons/pains.

My theory for medical Science is simple. I will sit in front of any person who has headache or any kind of pain. I will do my action without touching that person to fix the pain in his body. Medical Science just needs to observe my mind/eyes and the area of pain of that patient, technically. And discover the connection between my mind and that pain i.e. some kind of rays, once they discover that, Science need to use those rays like laser machine and use that machine against demons and pains.

Are there any side effects to practicing hypnotism and telepathy?

If these techniques were easy, almost everybody would be using them. Personally, I avoid using these techniques whenever they are unnecessary. When I usually use them, I am cleansing someone of diseases and pains. That's all. I totally avoid their other applications. Think of demons as bombs. Using these techniques just to hypnotize

новой жертвы.

Демон, с которым Вам удалось найти взаимопонимание, могут напоминать нам о важных делах. Одновременно с этим, они вызывают в нас подозрительность по отношению к окружающим.

Случается, что мы забываем о каких-то делах. Вдруг, как будто по чьей-то указке, забытые сюжеты всплывают в нашей памяти сами собой. В этой ситуации демон, обнаружив беспокойство нашей мысли, способен раскрыть для нас то, что мы чуть не упустили из виду.

Может ли простой человек самостоятельно избавить себя от демона?

Вероятность такого самостоятельного очищения весьма невелика, однако обратившись к своему духовному наставнику, каждый может принять наставление о том, как ослабить силу демона и избежать проблем. Все возможно в сотворенном Всевышним мире. Мне, например, не составляет труда держать демонов подальше от любого, кому это потребуется.

Нетерпимость представляет собой глубокое внутреннее ощущение, источник которого, однако, находиться снаружи.

Нетерпимость не является внутренним качеством человека. Контролировать такой подарок от демона практически невозможно, только если, конечно, Вы не обладаете особенной силой воли. В такой ситуации я могу посоветовать лишь одно: постоянно убеждайте себя в том, что проявляя нетерпимость или несдержанность, Вы отдаете бразды правления своим разумом демону. Так,

someone means you are sending a guided missile into their mind. You may need few things from that mind, but what that demon does next with that mind is anyone's guess. My procedure is very simple. I usually do not use these techniques to control anyone's mind, because I do not need anyone to do anything for me.

Use of metal dumbbells and rods during workout without wearing gloves and stay barefooted on metal floor, cement floor or marble or concrete floor is very effective.

Demons, diseases, and pains travel with a force very similar to electromagnetism. Technical term grounding is effective in case of demons and pains also. How we can get grounded if we are touching/ holding any metal, or standing on a concrete floor bare footed. We receive demons pains and sickness all the time from atmosphere or from other bodies. So these demons/pains use a medium or a traveling path to live or reside. So if we are grounded properly and talking to someone on phone. If by chance we attract a demon/pain towards us through phone line. That demon/pain will go straight to ground instead of storing inside our body, if we are properly grounded at the moment. But during this process, if we are wearing an insulated shoe or sandal, then they do not go into the ground. They are stored in our bodies. And once demons and diseases are stored in our bodies, it is difficult to get rid of them. So, grounding is a healthy habit. So, it is healthy to slay bare footed on clean floor and use metal dumbbells and rods without using gloves.

When it comes to liver, kidney, and intestinal diseases, do not wait for any symptoms, because almost everyone has these problems. There should be some medications for regular use.

возможно, Вам удастся покорить свой темперамент и уберечься от воздействия демона.

Я не уверен, но мне представляется, что демон, несущий сексуальное влечение, исходит именно от женщин.

Прошу не воспринимать мою теорию слишком серьезно. Мне непросто, да я и не стремлюсь что-то доказать в этом разъяснении. Просто ознакомьтесь с моими выводами и оставьте свой разум открытым к собственным суждениям. Я полагаю, что демоны, приносящие нам чувства безудержного сексуального влечения, обитают исключительно в женских организмах. Так я объясняю, почему мы предпочитаем такую избирательность по отношению к объектам нашего желания. Аналогично, эту гипотезу можно пересмотреть с точки зрения обратного желания женщины по отношению к мужчине.

Некоторые люди обладают такой силой личности, что демоны, вместо того, чтобы вести контроль, сами становятся ведомыми.

Демоны достаточно умны и сообразительны, однако в нашем понимании, уровень их развития можно сравнить с уровнем двенадцатилетнего ребенка. Они весьма безобидны, если не учитывать тот факт, что природа наделила их отрицательным зарядом, необычайной шаловливостью, а также ориентацией на безумства и жестокость. Во многом, они могут быть весьма покладисты и даже стать человеку лучшим другом. Существует категория людей, имеющих особенно сильные характеры и твердость ума, способствующие их поступательному движению вперед. Перед такими людьми не устоят даже демоны, которые скорее

According to my theories, modern medications and surgeries are secondary treatments. Modern scientists should be able to invent a machine that emits rays that will insist that demons, diseases, and pains leave people's bodies. This should be a priority. Modern science might also be able to create the perfect grounding solution. These rules can be used very easily to detached or separate a demon, disease, or pain from a body. After we remove all these demons, diseases, and pains from a body, we will need modern medications and surgeries to heal the damages. We may not even feel pain or problems until these diseases have already damaged our organs. For that reason, there should be medication for regular use to avoid these damages from diseases, and everybody should be able to use those medications, whether they are sick or not.

I think demons enjoy their lives by using or residing inside or around us. Most of the time, we obey them without the slightest clue.

We are just toys or mediums for demons. They live and enjoy their lives inside us. We have to adopt their temperaments. We have to follow their instructions. We have to smoke cigarettes for them. We have to drink beer or wine for them. We have to have sex for them. We have to get extremely angry to please them. We have to stay sad and depressed to please them. We have to become extremists so that they feel good. We have to act in negative ways so that they feel better. We have to use drugs and tobacco because they like it. We have to do a lot of crazy stuff because demons want us to. They just hypnotize us, and we do whatever they want; however, before we act in any negative way, if we just convince ourselves that we are giving more and more control to these demons, we can start resisting their influence. It is difficult, but we are the bosses of our own minds. We can do anything.

предпочтут последовать за своим властным спутником и во всем им содействовать. К сожалению, численность таких самородков невелика.

Все мои усилия, направленные на очищение человека, ничего не стоят, если человек вовремя не избавляется от признаков болезни и не восстанавливает поврежденную среду организма.

Независимо от серьезности и природы недуга, врач всегда будет стараться избавить человека от него. Болезни, недуги и демоны являются внешними силами, от которых можно уберечься. Однако, в случае, если организм поврежден в той степени, при которой различные медицинские методы, в том числе и хирургия, уже не могут исправить ситуацию, мои старания могут быть также тщетны. Поврежденный орган всегда будет уязвим к новым вредителям. И, тем не менее, не бывает безнадежных случаев. Одному Всевышнему известно, что уготовано человеку. Единственное, что мы можем – продолжать бороться и никогда не сдаваться.

Дергающийся глаз – верный признак присутствия демона.

Если Вы почувствовали нервное дергание глаза, будьте уверены, что какой-то из демонов задумал поделиться с Вами парой-тройкой своих коварных зловредных планов. Демоны необычайно шаловливы и, в принципе, им не нужна особенная причина, чтобы соблазнить Вас на какое-нибудь недобропорядочное действие. Вот так, каждый раз, когда Вы почувствуете, как уголок Вашего глаза начинает нервно потикивать, приложите к нему палец и с особой уверенностью в голосе попросите демона оставить Вас в

Demons act like currents.

Current is not alive but demons are. Only traveling style is similar. So during phone conversation and some other time during the day, if we keep us grounded with a metal or concrete floor, power of gravity can pull them in ground from our body. And if by chance we are receiving them in our body from someone else and at that time our body is grounded with a metal. I am sure they will just pass from our body. Medical Science needs to pay attention to this theory.

Normal people cannot feel when demons spread all over their bodies. If we are properly grounded, electric currents will never be stored inside our bodies, and by using that grounding medium, this current will go into a ground. The same rule is applicable to demons, diseases, and pains. But most of the time, we are not grounded. That's why all these demons, diseases, pains are stored in our bodies. In the case of demons, diseases, and pains, grounding is effective only when these demons are entering our bodies. But during the transfer, if a person is not grounded properly then all these demons, diseases, and pains will be stored in our bodies. But still gravity and grounding is effective for our health. Someday, Science will understand.

Demons can penetrate our bodies from anywhere, but hypnotism can only be done by means of the left ear.

Demons are capable of possessing our bodies from anywhere, but they cannot hypnotize us until they come close to our left ears. They do not need to go inside our left ears to

покое. Если же такими действиями демон пытается Вас предупредить о грозящей опасности, попросите его заодно решить эту проблему самостоятельно. Однако помните, демоны читают Ваши мысли, поэтому только при наличии твердой уверенности в себе Вы сможете склонить демона к сотрудничеству.

Как и мы, демоны могут становиться более или менее агрессивны, проявлять свою отрицательную натуру в большей или меньшей степени. По обыкновению, характеры наши во многом схожи с характерами наших предков. А все потому, что у нас с ними общие демоны.

Природа демона и человека во многом похожа. Как и мы, они проявляют свою агрессию или ярость в большей или меньшей степени, могут отличаться темпераментами. И все же, в отличие от демонов, от людей мы чаще ожидаем положительно направленных поступков и размышлений. С демонами дело обстоит посложнее. Не стоит ожидать от них особенной доброты. Возможно, демон проявит положительный интерес ко мне, но уж точно не будет любезен с остальными людьми. Длительность жизненного цикла демона, в отличие от нашей, превышает сотню лет в несколько раз. Один и тот же демон, доставшийся нам от бабушек и дедушек, будет сопровождать нас, наших детей и даже внуков. Поэтому мы и наблюдаем такие поразительные сходства в характерах и поведении представителей внутри одной семьи.

Все недуги можно разделить на те, которые сопровождаются чувствами боли и безболезненные.

hypnotize us. Usually, this control must have an external source.

Diseases and pains are parasites, and millions of them are around and inside us. Demons are not parasites, but they share our food with us. Diseases and pains are parasites insects— that's why they do not leave ever our organ or damaged body parts until they eat them completely. Cancer is one example of that.

Diseases and pains are parasites. They eat our bodies and organs. They are damaging and very harmful to humans. However, demons are not parasites. They share our food. They are capable of hurting us physically, but most of the time, they do not hurt us. They enjoy hypnotizing and controlling us, and they use us as toys for different negative activities and behaviors.

I am not a magician. I use the power of argument.

I do not have magical powers, but I am capable of convincing and insisting that demons, diseases, and pains leave a body. This is not magic. This is the power of argument. That's why I have to suffer the negative reactions of demons, diseases, and pains. I think this is just part of the game, but eventually, every one of them either becomes my friend or gives up on me.

I can prove that all pains, diseases, and sicknesses are physical bodies. How will modern medical science take advantage of my theory?

To proof and convince medical science, I am ready to prove my point so that medical scientists start researching different ways of

1) недуги, сопровождаемые болью, представлены множеством невидимых вредителей, которые постепенно уничтожают орган, поглощая его по частям. Независимо от того, какие лекарственные средства и медицинские методы по борьбе с недугом приходится принимать, смертельная угроза от таких существ всегда будет сопровождать их жертву. Таких вредителей легко изгнать из организма, однако убить их невозможно. Покинув один организм, они направятся на поиски новой жертвы.

2) Безболезненные недуги также приживаются в организме в виде множества паразитов, вызывающих болезни и инфекции. Однако такой вид вредителей не питается органами. Их негативное действие выражается в нарушении нормальной работы тока крови, выработки гормонов или в целом циркуляции жидкостей в организме. Именно такие существа вызывают сердечную недостаточность, болезни печени и почек, и даже аневризмы.

В чем разница между телепатией и гипнотизмом?

В действительности, это разные понятия. Телепатией принято считать такую форму коммуникации, при которой два субъекта способны общаться на расстоянии при помощи силы разума. Внутренняя энергия нашего организма, наша душа, представлена положительным зарядом. Невозможно установить контакт между такими внутренними духовными организациями посредством телепатии. Напротив, наши внешние спутники, демоны, связываются на расстоянии с демонами другого субъекта и передают тем команды и необходимую информацию. Реципиенты-демоны, в свою очередь, используют свои силы, чтобы сформировать у своего спутника необходимые мысли, переданные ему. Демоны используют телепатию, чтобы

handling demons, diseases, and pains. *"How will you prove your point?"* – you may wonder. They need to bring me fifty people with different pains. Some can appear in front of me. Others can communicate with me over the phone, and some can be placed in remote areas. I only need to know how they look and what kinds of pains they each have. I will communicate with the pains of all these people, and I am sure I will be almost completely successful in removing their pains just by communicating with their demons. I hope that medical science will believe me and will start researching these alternative ways to combat demons, diseases, and pains. Only medical Science needs to discover the medium or my communication path, to a demon, scientifically. To invent or discover that power to control demons and pains.

Medical science can take advantage of this theory. Why do I have millions of diseases and pains around me all the time but manage to keep them away from me?

Once medical science accepts my theory and starts researching ways of treating bodies to control and remove demons, diseases, and pains, I will then reveal how I am able to keep all these diseases, pains, and demons away from my body. I can offer proof for this as well, but that is the next step.

A few demon doctors confine demons in bottles of water and then throw these bottles into seas or rivers.

A few demon doctors use bottles of water to confine demons. Demons do not like water. They do not live in water. They stay away from water. But this does not mean water can kill them. This procedure by demon's doctor is true and effective. Those doctors use their powerful demons to confine regular demons

общаться друг с другом, а не с людьми или животными. Мы же полагаем, что способны использовать телепатию в своих целях без посредников. Однако именно демоны являются теми посредниками, которые, используя на этот раз гипноз, передают необходимую информацию человеку. Именно посредством гипноза демонам удаётся контактировать с людьми и животными. Используя этот язык, демоны способны показывать нам всё, что им заблагорассудится не только во сне, но и на яву. Так, гипноз можно определить как язык, используемый для связи существ из разных миров в виде контроля разума, снов или даже мыслей.

Каким образом действует телепатия и гипноз? В чём трудности этих языков?

С помощью гипноза демоны прививают мысли идеи иным существам. Проводя параллель, действие гипноза можно сравнить с работой DVD проигрывателя. Так же, как мы можем менять диски и смотреть разные фильмы, демоны насыщают наши сны разной информацией. При этом в зависимости от силы влияния, демоны могут показывать нам всё, что пожелают.

Человек самостоятельно не способен вводить кого-либо в гипноз. Для этого опытные мастера используют силу демонов, с которыми они связаны. Для взаимодействия с демоном человек может использовать телепатию, однако, в нормальных условиях, и в этом нет необходимости. Обычную речь демоны воспринимают с лёгкостью. В ситуации же, когда необходимо связаться с кем-то на расстоянии, используется телепатия. Опыт подсказывает мне, что именно телепатия является самым эффективным методом общения с демонами, недугами и прочими потусторонними существами. В моём

inside the bottle of water. But because demons are physical bodies and they cannot go inside an already close bottle. So, those demons doctors just to show people that they are arresting demons in water bottle and taking them away is something tricky. Then those doctors use their demons to hypnotize people, so people can see ghost inside the bottle of water. This may be a hypnotism trick also. But even after all these tricky procedure, there are some people or demons' doctors, who use same procedure to capture the demons in bottle of water and even I observed by myself, those demons in that area were disappeared after that. So even this bottle of water may be just a trick, but still, there is some management to control and move away those demons from that area. (I cannot do this)

How does telepathy allow one to read people's thoughts?

Telepathy can allow one to read the minds of other people. By using this technique, you can easily read the thoughts of other people. When someone makes a telepathy connection with another person, they usually send at least two demons to that person. One important part of telepathy is hypnotism, and only demons can perform hypnosis. There are two possible ways one can use telepathy to read people's minds:

1) Send two demons to the person, whose mind you want to read. Both demons will receive yours instruction when you communicate with them by using telepathy. Both of them will read the thoughts of that person's mind by using hypnotism. Once they get the information, one demon will keep reading the mind of the person, but the second will come back to you and feed all the new information into your mind through

случае, например, даже нет необходимости иметь предшествующий контакт с демонами, с которыми мне приходится общаться на расстоянии. Напротив, большинству медиумов такие связи весьма полезны.

Можно ли наладить контакт с демонами, избегая использования телепатии?

Такая форма коммуникации также приемлема, однако не стоит ожидать от демонов особенного внимания к нашей болтовне. Для связи с потусторонним миром на расстоянии без телепатии все равно не обойтись. При этом по моим наблюдениям, совсем не многие действительно владеют этой техникой взаимодействия. Большинство людей может полагать, что им удается связаться с разумом другого человека на расстоянии, хотя на самом деле они имеют дело всего лишь с его демоном. Посвященные же предпочитают использовать своих демонов для построения линии взаимодействия с другим человеком. Демоны, в свою очередь, выстаивают мысль реципиента необходимым образом посредством гипноза.

Для того чтобы навредить человеку, не нужна армия демонов. Чтобы заморочить нам голову, достаточно силы всего одного.

Знакомясь с этой книгой, Вы верно думаете, что вся эта теория проста до невозможности. Однако не стоит делать выводы столь опрометчиво. Демоны опасны, весьма могущественны и вряд ли рискнут делиться с кем-нибудь своей властью. Используя гипноз или телепатию, человек решает отрыть свой разум миру потусторонних сил. К несчастью, зачастую силы разума может

hypnotism. This way, one demon will continuously read the mind of that person, and the other demon will transfer all the information to your mind.

2) When you send two demons to one person, you need to make sure that those two demons have no conflicts with each other and that they can easily communicate with each other. Demons can communicate with each other by using magnetic fields and systems that also utilize electromagnetic fields. This is almost similar to telepathy, but because this communication is happening between two demons, the traveling medium is different. Otherwise, the rules are same as they are for telepathy. In this procedure, one demon will read the mind of the person and transmit all the information to second demon near you. The second demon will decode all the information in your mind by using hypnosis. Now you understand that demons cannot hypnotize us from a significant distance. I have no interest in reading other people's minds, because I am not a very nosy person. Still, I get a lot of feelings all the time.

My problem with telepathy and hypnotism.

As I have explained, I am extra sensitive to demons, diseases, and pains. When diseases are inside a normal person, that person does not feel any pain until those diseases do major damage. Once they come close to me, I always feel pain and discomfort until they go away. The touch of demons is almost similar to the touch of humans to me. When these demons stay around normal people, those people feel nothing. That's why most normal people are unaware of the existence of demons. If one or even one thousand demons stay around a normal person, that person will feel nothing until the demons try to make him or her sick. In my case, I cannot tolerate the feeling once demons come close to me. It makes me really uncomfortable. I continuously feel like some

быть недостаточно, чтобы укротить демонов. Напротив, демон без угрызений совести решит уничтожить или свести с ума любого, кто без особой уверенности в своих силах попробует перетянуть власть на свою сторону. Поэтому, задумав использовать гипноз или телепатию, прежде убедитесь, что Вы действительно осознаете серьезность всех последствий.

Суть моей теории и описание процесса изгнания или перемещения демонов и недугов.

С точки зрения традиционной медицины понимание принципов моей теории весьма доступно. В процессе исцеления я непосредственно контактирую с человеком, страдающим, например, головной или любой другой болью. В процессе работы представители традиционной медицины могут зафиксировать с помощью специализированных технологий, каким образом происходит этот процесс. Им придется обнаружить непосредственную энергетическую связь между моим разумом и очагом боли. Используя такую энергетическую силу и технически заключив ее в специальных аппарат, традиционная медицина получит действенный способ избавления от демонов и недугов.

Имеет ли использование гипноза или телепатии какие-либо нежелательные последствия?

Использовать такие техники не так просто, как кажется. Иначе, каждый бы владел секретами гипноза или телепатии. Я, лично, предпочитаю избегать применения этих навыков без причины, а именно: в отсутствии необходимости кого-либо очистить от зловредных существ.

95

on sitting on my shoulders and head. I continuously feel like something is hanging on my body. As a result, I always ask them to maintain a certain distance from me. To perform telepathy and hypnotism, you need to keep demons very close to you all the time, and it is very difficult for me to even keep one demon close to my body. I feel demons from every part of the world all the time, but I have to move them away from me every day, because I cannot handle their pressure for a long time. Or if they still stay around me, they usually help me, and they maintain a certain distance from me.

Usually, everyone has a demon or demons around or inside them, but I do not have any inside my body most of the time. Nobody can stop demons from going inside our bodies. They go inside my body but do not stay there for long. I remove can demons from bodies every day, but they are quickly possessed another. Demons are in and out of our bodies all the time, but in case of normal people, they have few permanent demons. So what I do, I just use any demon around any person in any part of the world, instead of keeping few permanent demons around me for this purpose. This crazy telepathy makes everything very easy for me. I just reach them, introduce myself, threaten them sometime to move away from that person, if they will not listen to me. Most of the time, it is enough for them and they listen. Sometimes they visit me before they start obeying me, may be just to check, who is that crazy person is?

Demons cannot push or hit you physically, but they can badly hurt us anywhere they want, even inside our bones. They can also easily hypnotize someone else to punch you for no reason.

Yes, this is true. They can possess a body completely and can use that body physically against anyone. Demons are physical bodies, but they are not solid like us. Their physical bodies are like air, but they are not plain air.

Моя точка зрения весьма проста. Так как я не ощущаю острой необходимости в том, чтобы использовать людей в своих целях, я и не использую навыки гипноза. Если принять демона как эквивалент бомбы, а идею, взращенную гипнозом в чужом разуме как запал, представьте, сколько дел можно натворить и сколько идей можно подкинуть шаловливому демону.

Во время тренировок держите металлические гантели или утяжелители голыми руками, по мраморному, цементному или бетонному полу прогуливайтесь босиком. Эффект не заставит себя ждать.

Учитывая тот факт, что природа передвижения демонов и недугов имеет электромагнитный характер, не стоит пренебрегать таким простым, но эффективным методом защиты, как заземление. Заземлив себя посредством прикосновения к металлическому объекту или сохраняя устойчивое положение на цементном полу, при условии, что мы босиком, мы можем обезопасить себя от нашествия посторонних субъектов. Так, например, при общении по телефону, Вы можете оказаться целью демона Вашего собеседника. Однако, сохраняя заземленное положение, опасность Вам не грозит. При осуществлении попытки вторгнуться в Ваше личное пространство, демон столкнется с коварством простых законов физики, и ему придется двинуться далее по объекту заземления, например, в пол. Если же окажется, что Вы в этот момент предпочли остаться в обуви, Вам не избежать проникновения непрошеного гостя, который так прочно зацепится за ваш организм, что избавиться от него будет совсем не просто. Следовательно, разгуливать босиком по полу и использовать различные металлические снаряды, не покрывая руки, может быть

Their powers are extraordinary. Some people think demons are a special kind of gas that can be used as an energy source. They are completely wrong about that. Flying demons are totally harmless. They cannot hurt anyone. They cannot even hypnotize anyone. Their powers start working only when they penetrate a body. Once they come inside a body, they are able to expand themselves. If they are covering the bottom part of a body, they cannot hypnotize and control a mind from there. A demon needs to be around the head, specifically our left ear, to hypnotize and control the mind. During the process of hypnotism by demons, we usually have a big argument inside the mind, the stronger the person, the stronger the resistance to the demon's influence.

Demons cannot hypnotize and control a human from a remote area.

Demons need to be very close to us, especially near our left ear, to hypnotize us. Demons cannot hypnotize us from a remote area by using telepathy. Once medical science invents a machine that can affect demons and diseases, doctors will be able to remove or pull these negative energies out of our bodies. When no demons are around us, they will have little control over our activities and behaviors. The future of our health is very bright. Medical science needs to consider my theories for research. After that, it will not take long to invent the proper machines for treatment. We already have modern medication to heal the damages.

If you are driving, demons cannot move or turn your steering, and they cannot push the breaks. They can, however, tickle you or badly hurt your body in seconds.
They can easily make you asleep in seconds as well.

весьма полезно.

Болезни печени, почек и желудка присутствуют практически в каждом организме. Поэтому не стоит ждать болезненных симптомов, следует быть начеку и не пренебрегать профилактикой.

Согласно моим рассуждениям, современная медицина сегодня может уступить первое место новому поколению исцеления и стать утилитарным инструментом в процессе избавления от демонов и недугов. Приоритетными задачами, я полагаю, является разработка специализированной техники наподобие лазерных установок, способных лечить людей с помощью излучения, а также создание совершенных способов заземления. Таким образом, нам удастся не только избавиться от насущных проблем, созданных многочисленными существами невидимого мира, но и предотвратить их нашествие в будущем. Одновременно с этим, традиционная медицина, используемая нами сегодня, поможет устранить ущерб, нанесенный деятельностью вредителей. Независимо от того, пришлось ли человеку перенести какую-либо болезнь или нет, медицина должна предоставить необходимые средства защиты от заражений и профилактики.

Я полагаю, что демоны получают колоссальное удовольствие от своего образа жизни, потому что мы позволяем им управлять нашими организмами, и к тому же не имеем об этом никакого понятия.

Досадно, но демоны воспринимают нас в качестве своих забав или инструментов. С их подачи мы пристрастились к табаку,

Demons are extremely powerful, but they cannot operate or steer cars by themselves. They all need bodies to fulfill these actions. Demons can also make us sleep when we are driving. They can hypnotize us and push us to commit suicide by running a car into a tree or pole, but demons always need bodies to fulfill their desires. If everyone increases their self-control, we should be able to reduce the presence of demons in our lives and minds.

Reason why we get involve with someone like crazy love sometimes, and then get change after sometime?

I have explained how demons switch bodies if they feel more secure with another. Demons always like to stay around secure bodies. These should not be confused with healthy bodies. Now if you are a man and you go around a woman. And a demon, who was around that woman since she was born. That demon was around that woman whole/all her life. Once that woman will go close to any man, usually, that demon from that woman will switch the body and will move to body of that man. As I have said, demons live inside our bodies. They cannot do anything physical, but they enjoy their lives when they are living in our bodies. As humans, we enjoy our bodies, but demons also enjoy their lives when they are living inside us. So, when that woman will go close to a man, demon will move to that man. Now that man is in love with this woman and that demon is also attached with that woman. So, in that kind of condition, usually people they love each other like crazy. They can be very possessive of each other. They cannot share their spouses with anyone. Jealousy is usually involved in those kinds of relationships. Demons are behind this, and all that intensity within the relationship will decrease when these demons decide to go to another body!

пиву и вину, они рождают в нас безудержную страсть, ярость и депрессии. Они получают удовольствие, когда мы совершаем безумства, руководствуемся отрицательными намерениями, не отказываем себе в наркотиках и прочих излишествах. Им известны секреты гипноза, поэтому каждый раз, когда мы собираемся совершить какой-то безрассудный поступок или просто глупость, стоит задуматься, что или кто стоит за этим. Осознавая природу этой негативной энергии, мы способны сопротивляться влиянию демона. Так или иначе, все в наших руках, потому что, несмотря ни на что, наш разум – наша собственность.

Движение демонов подчиняется законам движения тока.

Демоны, в отличие от тока, представляют собой живую сущность. Однако характер движения демонов соответствует движению тока. Следовательно, находясь в заземленном положении или имея доступ к металлическому проводнику, мы можем уберечь себя от вторжения демонов в наш организм благодаря действию законов физики. При соблюдении этого условия, демону непременно придется двинуться далее по проводнику, а не задержаться в организме. Я полагаю, что современной медицине стоит обратить внимание на эту теорию.

При обычных условиях человек не ощущает вмешательств со стороны демона. В ситуации с движением тока, грамотное заземление не позволит потоку задержаться на месте и продвинет его далее по проводнику. Аналогично дело обстоит и с передвижением демонов и недугов, которым, зачастую, везет не попадаться на благоразумные меры предосторожности, из-за чего они и оседают на незаземленном объекте. В

What is basic difference between hypnotism and telepathy?

Telepathy and hypnotism are both different, but they go together. It is practically impossible to find a human with the ability to hypnotize someone. To me it seems rather impossible. Almost all hypnotism experts use their demons to help them. People need a communication skill like telepathy to communicate with their demons. For example, if someone sends a demon to someone else who is one hundred miles away from him, this means he or she must have some demons under his or her control. If you have demons under your control and you send those demons to someone with instructions, those demons will go to that person and start doing their job. If you want to give your demons more instructions tomorrow to fulfill another task or you want them to leave that person and go to someone else, you need telepathy to send those instructions to your demons. This could be an extremely dangerous practice for weak and normal people. One demon can make a normal person mentally ill in just few days, so be careful.

Is hypnotism and telepathy possible from anywhere?

It really depends on how skilled you are and how powerful your mind is. This is all a game of minds. If you mind is powerful enough, everyone could be your slave, follow you, and listen to you. If your mind is weak, these demons will send you to a mental hospital. Telepathy allows one to control someone else's mind. Well, actually, one does not control the mind but feeds it instructions, and those instructions always come from demons. Once demons receive the instructions, they start their procedures immediately.

противном случае, демону пришлось бы, как и току, пропустить заземленный объект и двинуться дальше. Я искренне верю, что данное положение найдет своего преемника в рядах представителей современной науки.

Демоны не избирательны в отношении того, как проникать в организм. Тем не мене, гипноз они осуществляют только посредством использования левого уха жертвы.

Вмешательство в наше личное пространство для демонов задача несложная и осуществляют они ее с любой стороны. Однако когда демон задумает загипнотизировать свою жертву, он непременно обращается к ее левому уху. Проникать непосредственно в ухо ему не приходится, так как для гипноза ему достаточно простого внешнего воздействия.

Болезни и недуги можно отнести к классу паразитов, они склонны селиться в каком-либо органе и поглощать его до того момента, пока полностью его не уничтожат. Так, например, поступает раковая опухоль. Демоны, в свою очередь, определяются скорее как независимые существа, разделяющие пищу, которую употребляем мы сами.

Паразитическая природа болезней и недугов заставляет их поглощать наши организмы и насыщаться энергией наших внутренностей. Ущерб и потери, приносимые их активностью, очевидны. Обращаясь к природе демонов, картина приобретает иные краски. Демоны кормятся той пищей, которая попадает к нам, однако степень вреда, наносимая ими, ничуть не меньше. Демоны способен физически контролировать разумом

99

Telepathy experts can easily access any mind anywhere in the world. This is all depends on how powerful your mind is. A powerful mind with these skills can control any mind in any part of the world. Hypnotism cannot be done from remote distance. And hypnotism can be done by only demons, not by a human. And that demon needs to close to you to hypnotize you.

Do we need a setup, or can we just start hypnotizing or using telepathy?

Maybe there is a difference between me and some other experts of telepathy and hypnotism. Usually, those people have to practice on particular people for a while before they can send instructions. Usually, that practice involves them sending out their demons. They give their demons some time to set up and feeding hypnotism into the minds of others. Usually, everyone already has a group of demons around them. Sometimes these demons are from their childhood. In my case, the only difference is that I do not have any control over any particular demon. My mind can fly anywhere in the world quite easily. I can convince any demon to take instructions from me, but this is not my field of interest.

How long do the effects of hypnotism last?
Our minds are very powerful, and we are the bosses of our minds. Our minds can come under the influence of demons, and they can keep us hypnotized. Once we are free of hypnotism, we return to normal, but most are not aware of demons and their hypnotism. That's why we feel like we were thinking our own thoughts whenever demons feed something into our minds. And when something keeps coming to our minds, it can become difficult to ignore that idea. Usually, demons feed stuff into our minds for few hours and then leave us alone to see our

жертвы, используя гипноз. Так, эти самостоятельные существа охотятся на человека с целью распространения отрицательной энергии и совершения каких-либо безумств, используя его в качестве забавы.

Я не волшебник. Я всего лишь эффективно использую силу убеждения.

Мне не известны секреты магии, но я способен избавлять человека от демонов, недугов и болезней, используя чудеса убеждения и манипуляции. Поэтому, я полагаю, мне приходится на себе испытывать все побочные эффекты их активности. Таковы, очевидно, правила игры, исход которой для меня все равно оказывается удачным: демон решает стать или моим союзником, или покидает меня навсегда.

Мне известно, как доказать, что болезни, недуги и демоны существуют в действительности. Смогут ли наука и медицина использовать эти знания?

Я готов провести ряд экспериментов, чтобы доказать медицинскому сообществу свою правоту и инициировать проведение исследований в этой области. Вы можете удивиться: «Каким образом доказать существование демонов и недугов?». Мне потребуется около пятидесяти добровольцев, страдающих различными недугами. Некоторые испытуемые пусть находятся в прямом контакте со мной, с остальными я могу связаться по телефону, и часть может располагаться на другом конце планеты. Важно, чтобы я точно знал, как выглядит каждый из них и от чего именно он страдает. Я абсолютно уверен, что способен излечить практически всех испытуемых. В таком случае, я надеюсь,

reactions to their efforts. Once mankind understands the power of demons and their influence on us, I am sure we will gain better control over our minds.

Positive energy or the soul/spirit cannot be dictated or controlled externally by telepathy or hypnotism. Positive energy just follows the job assigned to it by God to run and operate bodily functions.

This is true. The soul/spirit cannot be controlled or dictated externally by telepathy or hypnotism. They are not involved in the processes of telepathy and hypnotism. Those have external sources. We send instructions to demons by means of telepathy, and demons defeat positive energies and compel our minds to think certain things. And this is not difficult for demons. This is the language they use to communicate with any mind.

When we say that we are hypnotizing someone, demons are actually the ones performing the hypnosis for us!

If you are a hypnotism expert and you are trying to hypnotize someone, you are not really performing hypnosis. Your demons are really performing hypnosis for you!

Few people claim that they are able to see demons either in human shape or in a scary and ugly ghost shape.

We have millions of demons around us. Their small size allows millions of them to gather in a very small room. Usually, weak- minded people give total control of their minds to their demons. Demons are their true friends, and they are friends to demons. When demons get that much control over someone's mind, they usually do not want to leave the

медицина обратит внимание на мою теорию и развернет исследования, которые помогут детально определить природу и поведение демонов и недугов. Так, вместе с посредниками, связывающими оба мира, мы смогли бы с научной точки зрения проанализировать проблемы, связанные с существованием демонов и недугов и их вмешательства в наши жизни. Так, соответственно, мы бы обнаружили новые техники распознавания и контроля демонов.

Медицине не стоит пренебрегать знаниями, которыми я владею. На личном примере, мне удается иллюстрировать, как находясь в окружении демонов и недугов, я остаюсь неуязвим к их влиянию.

В случае если медицина решит принять мои размышления о том, как справляться с демонами, недугами и болезнями, я раскрою секрет успеха своей деятельности и объясню, как мне удается избегать вмешательства демонов в мое здоровье. Мне не составит труда и доказать мою теорию, однако, это следующий этап моих размышлений.

Некоторые лекари предпочитают заключать демонов в бутылки с водой и пускать их в путешествие по морям и рекам.

Демоны откровенно не любят воду. Они стараются держаться от нее подальше, и все же вода не способна их уничтожить. Некоторые лекари совершенно оправдано заключают демонов в бутылки с водой с помощью определенных навыков и трюков. Однако не следует забывать, что физический организм демона непросто заключить в такую тюрьму и увидеть это воочию. Некоторые лекари прибегают к

person because of the friendship they have developed. This happens to kids as well as people of all ages. Usually, demons hypnotize those people, and through hypnotism, they show the people whatever they want. This is an individual effort of a friend demon towards a demon's controlled human. Actual size and shape of demon will not bring any interest to any human. So, by using hypnotism, demons create an imaginary demon friend in shape of either a ghost or a human for that particular human. This way, some human talk to those humans or ghost shaped demon in their imagination, created by their friend demons for them. Those human thinks, they are really seeing and talking to real demon but actually it is all their open eyes dream world. You will see bunch of people talking to themselves. Actually they talk to their demon (not really demon but imaginary demon) all the time. Some way, they are able to see some human shaped demons also, in their imagination. I think this happened when a very powerful demon totally control a weak mind of a human.

I know this will be very difficult to believe, but when many pains come to my body, I just tell them, "No," just by using my finger. And they listen to me! And this is not difficult for me to prove.

This may sound crazy, but it's true. With 80 percent of diseases and pains, I just convinced them to leave a body, and they listen to me. In 20 percent of the cases, I have to insist that they leave, but it's still possible to remove them through communication. Most of the time, when I get a pain in my body, I just use my finger, and it listens to me. All these diseases and pains are sensible and can hear us, but they do not listen to us all the time. I am presenting my theories now to convince scientists to invent and use modern machines against demons.

нехитрой уловке и демонстрируют людям образ несуществующего призрака в бутылке посредством гипноза, осуществляемого послушным ему демоном. Мне приходилось, однако, встречать таких мастеров, которым на самом деле удавалось заключать демона в сосуд с водой. Такими методами, конечно, не избавить мир от демона навсегда, но все же защититься от его присутствия в Вашей жизни вполне возможно. Мне, к сожалению, такая техника не подвластна.

Как посредством телепатии человеку удается читать чужие мысли?

Посредством телепатии без особых усилий и навыков любой может читать мысли окружающих. Для того, чтобы создать телепатическую связь в кем-то, необходимо использовать как минимум двоих демонов, способных к гипнозу. Можно определить два действенных метода телепатии:

1)Направив двух демонов к объекту, Вы настраиваете их на проникновение в его разум. Так, оба демона посредством гипноза завладеют информацией, находящейся в его голове. Одному из демонов придется покинуть разум объекта, чтобы донести до Вас полученные данные. Второй же продолжит процесс обработки разума, чтобы потом передать ее напарнику. Так, наладив линию связи, один демон будет постоянно читать мысли объекта, а второй посредством гипноза передавать ее Вам.
2)Следует учитывать, что демоны, которых Вы решили использовать в целях познания чужого разума, ни в коем случае не должны иметь каких-либо противоречий. Как известно, между собой демоны передают информацию посредством каналов по электромагнитным полям. Такая связь

Who can see easily demons in different shapes other than real shape easily?

In the case of an individual with a weak mind, a demon could completely control him or her. When we are sleeping, we are weak and unconscious. This is perfect time for demons to become 100% in charge of our mind, hypnotize us and show us any dream they want. But when we are up, we reject their control and it reduces their effect on our mind. So many times, it happens with people when they see some big ghost or a shadow in their backyard or in dark part of their houses. So what is this? This is more and more control of a demon on our mind. So, we can call this disorder of mind also, but to me, this is a lot of control of a demon to a human weak mind, that's why a demon is successful to hypnotize a weak mind to really high level, where humans mind is able to dream or see when human is up. In that condition, what someone can do? When a woman/man/kid is seeing an imaginary character created by the hypnotism and that character is continuously is with someone and continuously talk up to them. What can they do? These people have weak mind and they are under control of a very strong demon. Just bad luck. Nothing else. Steadily, those people get more and more involved with that imaginary figure. But this is just a mental disorder created by a demon. Remember, when you are dreaming, this distortion of reality is normal, but when you are awake and still see imaginary character around you, demons may be trying to drive you mad. This is a symptom of mental illness and the increase of control a demon has over your mind. Try to avoid talking to them when you are awake. Otherwise, this disorder will slowly drive you crazy.

It is a very good idea to have water around wherever you go to keep your house and work free of demons.

имеет много общего с природой телепатии, но, все же, учитывая, что объектами обмена информацией остаются демоны, канал передачи можно считать особенным. В остальном вторая технология телепатической связи сходна с предыдущей. Изначально, один демон получает информацию от объекта, и передает ее второму демону, находящемуся в прямой досягаемости от Вас. Очевидно, что гипноз демоны осуществляют только на близком расстоянии. Лично я не проявляю интерес к чтению чужих мыслей, потому что не считаю себя достаточно любопытным. Однако эмоции от людей мне приходится ощущать постоянно.

Мое отношение к гипнозу и телепатии.

Выше я отмечал, что мне свойственна особенная чуткость к присутствию демонов, недугов и болезней. Поэтому, в то время как обычный человек до определенного момента остается в неведении по поводу болезни или недуга, поразившего его организм, мне приходится буквально мгновенно ощущать дискомфорт и даже боль, когда они вторгаются в мое личное пространство. Я наделен способностью ощущать прикосновение демона с той же интенсивностью, с которой чувствую прикосновение человека. Обычный человек, напротив, не имеет никакого понятия о существовании вредителя или даже о тысячи вредителей, окружающих его, потому что физически не ощущает их присутствия. В моем случае, такое ощущение приносит особый дискомфорт и даже, в некотором смысле, отторжение. Немногие обрадуются сидящему на плече существу из потустороннего мира или приставшему к рубашке недугу. Время от времени я вынужден просить непрошенных гостей сохранять

Water will make all demons around and inside house leave. Outside the house, a sprinkler system can work well, but you need to find out a way to spray water inside your house, too. Spray water on regular basis inside house and outside house. Your house will be neat and clean in a few days. All the demons will go to some other place, because water makes them very uncomfortable.

Modern scientists could build a machine that might be able to suck demons, diseases, and pains with the use of gravity or some kind of grounding mechanism. That machine may also use a vacuum and a tank of water.

Modern scientists could build a machine that may be able to suck and compressed the demons, diseases, and pains in the air. This machine could use the effects of gravity and electrodynamics. Inside, the machine could have a quantity of water to control the demons.

Medical scientists should listen to me and research my theories, because new diseases, pains, and viruses are appearing every day and it's becoming difficult to find medication to fight them.

These days, we hear about different viruses and diseases all the time. In most cases, modern medicine is helpless. We may be living in the modern age of medical science, but we still do not have a cure for migraines or arthritis. We cannot take care of animals around us as much we can take care of humans. These invisible demons, diseases, and pains are free of race and gender. They treat everyone the same way, regardless of species. The population of everything is growing. More sick animals mean more and more growth and reproduction for these diseases and pains. I have always known that I am not a special or extraordinary person, but I do believe in these demons, diseases,

дистанцию. Проблема в том, что специфика моей деятельности предполагает постоянное взаимодействие с демонами со всего света, потому что и гипноз, и телепатия возможны только при прямом контакте с демоном. Учитывая мою индивидуальную непереносимость их присутствия, мне приходится постоянно требовать, чтобы они оставили меня в покое и ослабили давление на мой разум. Тем же, кому удастся остаться в моем окружении, выдается возможность помочь мне, с учетом сохранения дистанции, конечно.

При обычных условиях практически каждый постоянно имеет дело минимум с одним демоном. Не существует универсальной защиты, спасающей человека от вторжения демона. В моем случае демон никогда не задержится в организме надолго. Каждый день мне приходится иметь дело с изгнанием демонов, они с легкостью проникают внутрь, и также легко покидают тело. И, тем не менее, каждому и нас повезло иметь своих постоянных демонов. Моя техника предполагает использование таких спутников человека, где бы он ни находился. Эта хитрость позволяет мне обходиться в телепатии без использования посторонних существ. Зачастую, я применяю секреты манипуляции и убеждения, чтобы направить демона на освобождение своей жертвы. Иногда, конечно, я вынужден применять более строгие меры и угрожать демонам. В таких случаях они даже могут решить предварительно посетить мой разум, чтобы рассмотреть получше безумца, нарушившего их покой.

Даже несмотря на то, что демоны не способны физически Вас ударить или поранить, они могут использовать физический организм другого человека и гипнозом заставить его без причины вас стукнуть. Более того, они способны

and pains. I am sure that God wants to increase the knowledge of mankind. I am sure that I am just a source or a medium to bring this information to the attention of modern medical scientists so that they can find more ways to protect and help mankind against all these diseases and pains.

If I had started writing several years ago, I am sure I would have already written several books about my different kinds of experiences with demons. Years ago, when I started sensing demons, my life was full of adventures. It was a unique and strange experience for me, but on the other hand, demons had more problems once they found out that a human could sense and communicate with them. Nowadays, I strongly feel that the demon's world is somewhat aware of me. That's why I do not face incidences like I used to face in beginning years.

I do not think I even can convey all my knowledge or experiences to readers. I should have started writing all these things a long time ago. Now dealing with and handling demons is just normal. That's why nothing surprises me too much nowadays. Years ago, these experiences were making me crazy, and I am sure, demons felt strange about me as well. Consequently, I will try to describe a few of these experiences to give readers a comprehensive picture.

A few years ago, I had no faith in the invisible world. I never talked to anybody about demons or the invisible world. I was a regular person. I never thought about demons or the invisible world because I never had any experience of demons. I never had any knowledge of them. I never imagined the possibility of a parallel world. Why would I need to talk to anyone about these things when I had no knowledge or awareness of

доставить нам болевые ощущения изнутри.

Способности демонов имеют необычную природу. Они используют физические организмы других людей и направляют их так, как посчитают нужным. Сами существа физиологически напоминают воздух, однако не разреженный, и даже не похожий на газовый поток, как думают многие. Летая в воздухе, демоны весьма безобидны и не представляют опасности. Истинные способности, например способность к гипнозу, раскрывается тогда, когда демону удается проникнуть в организм человека. Причем, находясь в нижней части тела, им недоступен наш разум. Поэтому чтобы осуществлять контроль над мыслительным процессом человека и гипнотизировать его демону придется подняться к голове, а именно к левому уху жертвы. Зачастую, влияние демона можно выявить, обнаружив продолжительные разногласия внутри себя. При этом степень сопротивляемости демону будет прямо пропорциональна силе воли человека.

Влияние демона не распространяется на расстоянии.

Использование гипноза возможно только в том случае, если демон находится в непосредственной близости к левому у уху человека. Как только медицина и наука инструментально научатся воздействовать на демонов и недуги, они будут способны выводить из организмов людей демонические потоки отрицательной энергии. Так демоны, даже находясь поблизости, утратят способность влиять на наше поведение и мысли. Уверен, что если медицина обратит внимание и примет к рассмотрению мою теорию, будущее здравоохранения выйдет

demons?

There was no discussion about demons because there were no demons anywhere. I used to watch movies about demons and ghosts and witches once in a while. These stories and concepts were complete fictions to me. I had no idea that they were all real. That's why I never spent even a second thinking or talking about demons. By now, you should have an idea about me and my concept of the invisible world. As you can imagine, when a person like me was chosen for this kind of knowledge and power, I had a great deal of resistance and disbelief. During different times of the day, I started experiencing extreme heat. That heat was so powerful that I got sores on different parts of my body several times. Even at that time, I was not even close to understanding the invisible world. I used to be a normal person. After those incidents, my life was hell. Wherever I went, I passed through fire. At the time, I never disclosed those problems to anyone. I had a few friends back then. I tried to discuss my problems with them, but they thought I was crazy. Most of them started avoiding me, and it did not take too long for the friendships to slip away. I had no clue at that time, but later on, I figured out that I suffered these feelings once demons came close to me. That's when they started playing with me.

Demons were also aware of my problems, but they were not traveling with me. Whenever I went to the garage, bedroom, or dressing room, they refused to leave me alone. They were playing with me as much as they could. I usually did not go to many places, so I didn't experience too many problems. However, I suffered the fire feeling at work as well. At that time, I had a business in Columbus, Texas. I used to sit in my office all day long, but now I had no place to hide. My skin burned there as well. Even just walking thirty

на новую, более высокую ступень своего развития. Следующим шагом станет создание инструментального аппарата для устранения признаков болезней на ранней стадии, потому что, сегодня мы уже владеем современными медицинскими средствами, призванными бороться с последствиями болезней и недугов.

Ни один демон не способен повернуть повернет руль или надавить на педаль тормоза. И все же дернуть Вас за нервы или принести чувство боли в мгновение ему не составит труда. Он даже усыпить Вас может вдруг.

Несмотря на свою невиданную силу, демон не может управлять автомобилем вместо Вас. Для осуществления физических действий им нужно тело. Демон усыпит Вас, когда Вы ведете машину, заставит повернуть в сторону дерева или столба, если Вы не научитесь сопротивляться его влиянию и не защитите свое тело и разум.

Почему нам случается вдруг влюбиться в кого-то без памяти, а потом также вдруг разлюбить?

Демоны предпочитают оставаться внутри или сопровождать организмы, которые внушают им доверие. Не стоит путать это понятие со здоровьем. Итак, в ситуации, когда, например, какую-то женщину всю жизнь сопровождает ее демон, и женщине удается найти мужчину своей мечты, ее дружественный демон может перейти на сторону этого завидного жениха, если тот ему покажется более сильным и уверенным в себе. Так, демон, с одной стороны, приобретает нового спутника – мужчину, а с женщиной сохраняет энергетическую связь, образованную за много лет совместного сосуществования.

steps, I had to deal with that burning sensation. I was still in denial. I was lying to myself. I tried to tell myself that it was a temporary thing and that maybe I had some disorder. I had no concept of demons or the invisible world. Wherever I was, I had to rub different areas on my body because of the burning sensation. I watched the other cashiers to see if they were uncomfortable like me, but they all seemed quite normal. The customers were normal, too. They were coming and leaving. It was like a hell for me.

Demons that come out from the bodies of rats smell really bad.

All the time, we have two desires or arguments or choices. The heart may be endorsing one path, but the mind may be telling you to embrace another. Out of these two, one instruction is coming from your mind, and the second is coming from demons around and inside us.

We can cover our bodies with very thin, insulated plastic or rubber— from at least the neck to the ankle—to keep all invisible pains, diseases, and sicknesses away from our bodies. Scientists can (and should) perform some experiments with this theory, because I am confident about these instructions that I have mentally received again and again. Because of the frequency of these instructions, I know covering the body with plastic or rubber insulation will be effective in preserving health.

My body cannot tolerate demons around or close to me, so I have no choice. I have to convince or insist them to leave my places several times a day. I am sorry, but I do not have a choice.

Мы называем это сумасшедшей любовью, хотя на самом деле это путешествие демона от организму к организму. При этом, напомню, что демоны получают колоссальное удовольствие, существуя в наших организмах. От такой привязанности появляются и чувства владения и принадлежности, нередко даже ревности. Удивительно, но за таким развитием взаимоотношений стоят демоны. Более того, решив покинуть своих спутников, демон обрекает их на увядание чувств!

Основное отличие гипноза от телепатии.

Они такие разные, но все же не могут существовать друг без друга. Меня здорово удивит человек, который сможет доказать свои способности к гипнозу. Я полагаю, что таких не найдется, потому что большинство гипнотизеров в своей деятельности используют услуги демонов. Например, имея в распоряжении демона, человек может отправить его с посланием другому человеку на любое расстояние пусть даже в сотни километров. Далее, если человеку понадобится этот демон для других целей, ему придется использовать технику телепатии, чтобы передать свои новые указания на таком расстоянии. По правде, я считаю такие махинации весьма опасными, особенно для тех, кто не слишком уверен в своих силах или просто не владеет достаточным опытом в этой области. Поэтому, хочу предупредить каждого, что демон в одиночку может легко свести человека с ума.

Есть ли ограничения для гипноза или телепатии?

Все зависит, конечно, от вашего опыта, уверенности и силы воли. Это своего рода

Some demon doctors openly advertise that they can improve someone's business or financial condition; however, I would request that they not use demons to target innocent customers, because those demons directly attack people's minds and eventually make the people mentally and/or physically sick.

It is not difficult to assign one or more demons to a particular person to create/open doors of any particular disease/pain. It is very easy for those demons to keep inviting different kinds of diseases and pains to a particular body all the time. But compared to this, it is very difficult to keep a body clean of all demons, diseases, and pains. Because of this fact, medical science needs to weigh in during this war.

Always remember, it is not difficult for demons to hypnotize any human or animal and make one do any physical activity, such as punching someone, killing someone, or even turning on the faucet. We do these actions either during sleep or when we are awake, but we may be totally unaware of them. That all depends on how weak our minds are. Sometimes animals or reptiles or birds around us do activities for demons.

Don't you think this invisible world is already hurting and killing us? And shouldn't we stop hurting and killing each other at least?

Demons, pains, and diseases can be transferred very easily through the phone line, especially from an overcrowded body. That's why I hate making and answering phone calls. No black magic or demon can defeat holy books or holy procedures. When we use a phone with the speaker on, these pains and demons coming through the phone line either move to the open atmosphere around us or go back to the source on other

игра разума. Если Вы в этой игре сильны, любой может стать Вашим прислужником, последует за Вами и внемлет Вашим идеям. Напротив, слабый разум демоны мигом отправят в психушку. Использование телепатии позволяет получить контроль над разумом других, а точнее инструктировать ведомый разум с помощью власти демонов. Получив задание, демон действует незамедлительно. Мастер телепатии с легкостью проникнет в разум любого, не зависимо от того, на каком расстоянии он от него. С гипнозом ситуация обстоит посложнее. Гипноз не осуществляется на расстоянии, и уж точно не осуществляется самим человеком. Для этих целей демоны и обитают поблизости.

Нужен ли вводный курс или достаточно просто решить и начать заниматься гипнозом и телепатией.

Я полагаю, что между моими принципами и общими правилами есть разница. Зачастую практики телепатии тренируются на определенных людях некоторое время, чтобы овладеть этой техникой. Согласно принципам их работы, информация посылается посредством гипноза, осуществляемого демонами, которые, так или иначе, вьются поблизости каждого. Нередко телепаты используют демонов, сопровождающих их с самого детства, которых они знают вдоль и поперек. В моем случае, демон может появиться откуда угодно, даже с другого конца света, поскольку такие расстояния для моего разума незначительны. Мне не составит труда убедить демона выполнить мои указания, однако интереса к таким действиям я, лично, не проявляю.

Как долго продлиться эффект от гипноза?

end of phone line.

The desire to eat again and again is an external problem. One time after I had treated someone, I was affected with this problem. I suffered for at least five days. I was continuously eating something every fifteen minutes. That much eating was killing me, but I controlled myself in a few days.

During times when a person is yelling, crying loudly, or expressing anger, the body will start absorbing more demons and pains from the atmosphere surrounding him or her. At that moment, the person's regular demons will feel insecure in the body. Because of overcrowding, some of the existing demons and pains may (either temporarily or permanently) jump to the closest secure body. The best way for a scientist to discover demons and pains and find a means of controlling them or curing people of these presences is by doing experiments during the times when a human kills a spider, a lizard, or any other living creature and When two people are talking on phone, medical scientists need to observe both ends of the travelling pathway.

A lot of business owners improve their businesses with the use of demon doctors. Demon doctors send demons to these businesses to control and hypnotize customers, who will then purchase more and come again. But those demon doctors and business owners need to realize that those demons are guided weapons and that they directly affect the minds of their customers in negative ways. Those demons are 100 percent responsible for creating mental illnesses. I have observed business owners from particular countries who are too involved in the use of evil demons to improve their businesses. Every one of us needs to observe very carefully. If you repeatedly

Несмотря на то, что наш разум в нашей власти, мы уязвимы к влиянию демонов, а именно, к гипнозу. Немногие способны осознать присутствие демонов, однако решительно освободившись от их влияния, некоторым удается вернуться в свое нормальное состояние. Действительно, иногда нам кажется, что мы сами рождаем порой безумные идей в нашей голове. Расширяясь и расползаясь, эта идея все дальше и глубже оседает на нашем разуме, и вот мы уже не вы силах игнорировать ее присутствие. По обыкновению, демоны всего несколько часов кормят нас зачатками мысли, после чего оставляют нас наедине с ними, наблюдая за нашей реакцией. Учитывая все вышесказанное, я полагаю, что в тот самый момент, когда мы научимся, наконец, распознавать демонов и силу их воздействия, мы сможем вернуть себе контроль над своим разумом и духом.

Поток внутренней положительной энергии, направленный на поддержание нормального функционирования организма, никогда не подчинится внешнему воздействию телепатии или гипноза.

И вправду, внутренним миром управлять извне невозможно. Гипноз и телепатия – примеры внешнего воздействия. В частности, наша идея распространяется демону с помощью телепатии, который, в свою очередь, пересиливают поток положительной энергии человека и вынуждают его разум принимать эту идею. Для демона, кстати, это вовсе не сложно, потому что телепатия – обычный язык взаимодействия.

Мы утверждаем, что способны гипнотизировать, хотя на самом деле эту

experience heavy feelings or pains when you go to a particular business, quit going.

It is very easy to receive or absorb demons from anywhere, but it is very difficult to get rid of them, especially those demons that attack the mind directly to hypnotize people and urge them to do something in particular because the demons are following the commands of demon doctor. Those demons are way more dangerous and harmful compared to regular demons.

In any part of the world, if anyone misses us too much or thinks about us too much, their demons come all the way to us and give us the hiccups either by themselves or through demons already around us. They sometimes show us dreams or feed us thoughts about other people.

When we are working, watching TV, or doing almost anything else and we fall asleep during the activity, the demons around us usually wake us up by hurting or pinching any part of our bodies. Sometimes we bite our tongue or scratch our body unconsciously during sleep. Demons are responsible for all of this behavior.

You can always look to your left shoulder and confidently request that your demons show you some particular dreams about some particular person or place. Trust me—they will listen to you if you show them your confidence about their existence and action. But tell them clearly what you would like and make sure to tell them what you do not like, too. If the demons want to become your friends, they will listen to you. Anyone has any question or need any explanation, email me your questions and I will answer your questions and explain you in my next book on same subject, soon.

функцию за нас выполняют демоны.

Если Вы полагаете, что имеете способности к гипнозу, не будьте в этом так уверены. В действительности, гипнотизируют за Вас демоны.

Некоторые утверждают, что им удавалось увидеть демонов в человеческом обличии или в образе страшного приведения.

Демонов вокруг нас миллион. Они обладают столь малой массой и размерами, что даже на очень небольших пространствах их может скапливаться превеликое множество. Так, людям с особенно слабой силой воли свойственно передавать руководство своими мыслями и действиями в руки демонов, что как ни странно, формирует теплую дружественную атмосферу внутри этой связи. Очевидно, что таких спутников демоны покинут с неохотой, независимо от того, с кем им удалось подружиться, с ребенком или взрослым. Такие демоны нередко используют свои способности к гипнозу, чтобы иллюстрировать своим спутникам все, что те пожелают. Так могут рождаться образы демонов-людей или даже демонов-приведений, с которыми, как кажется человеку, им удалось встретиться в реальном мире. На самом же деле, усилиями гипноза, демоны создают своеобразный воображариум для человека. Таких людей можно узнать, они разговаривают сами с собой, полагая, что перед ними на самом деле настоящий демон. Согласно моим наблюдениям, таким странностям подвержены люди с особенно уязвимым характером, которые стали жертвой всестороннего влияния демона.

Догадываюсь, что в это трудно поверить, и все же, сегодня, когда мне приходится

110

It should now be clear that demons, pains, and diseases are three different invisible things with different actions.

1.) The actions of demons are different, and you can control them easily by using holy water properly (or electromagnetism in the future, when medical science discovers the rays of proper intensity).

2.) Pains work on our nerves, joints, muscles, etc. They stay in one particular part of the body and send pain signals to different body parts to create migraines, arthritis pain, vomiting, diarrhea, or high/low blood pressure. These pains can be easily controlled with electromagnetism through the use of the proper rays; however, medical science still needs to discover those rays.

3.) Now I am going to tell you how to control and defeat a disease, infection, or cancer. As I said before, these diseases are parasites. They are heartless, invisible insects that can swarm a person. Their direction of attack on us is at a ninety- degree angle to our body's surface. I will say that 90 percent of attacks are from a horizontal direction to our body surface. If someone is suffering from breast cancer, liver cancer, prostate cancer, heart disease, heartburn, intestine or stomach infections, diabetes, thyroid disease, kidney infection, or any internal/external infection or cancer, that person *needs to do the following*:

a.) Take a lot of antibiotic, antibacterial, anti-infection, or anticancer tablets on a regular basis until you defeat a particular infection or cancer completely. But remember that you should always eat the proper food before you take any tablets to reduce the side effects. Do not ever take any medication on an empty stomach. These medications just help you in healing the infection or cancer. As you start recovering, keep increasing the power or strength of your medication gradually. As per instruction of your physician/doctor, this healing medication is effective only if we stop

сталкиваться со множеством различных недугов, я одним движением пальца указываю им на то, что им стоит меня избегать. И они меня не трогают! Мне нетрудно доказать, что это правда.

Поразительно, но в 80 процентах случаев из 100 мне удавалось избавить себя от вторжения демонов и недугов в мое личное пространство. В 20 процентах оставшихся случаев мне пришлось прибегать к более действенным мерам убеждения, и все же, я смог добиться своего при помощи коммуникативного взаимодействия. Зачастую, одним движением пальца я могу указать болезни или недугу на их место. Так как существа эти весьма чувствительны, при правильном обращении они нас слушают, но не всегда. Я раскрываю секреты моей теории, чтобы подтолкнуть современную медицину к созданию специализированного аппаратного средства, способного облегчить задачу изгнания недугов и демонов.

Существуют люди, которые способны видеть демонов в различных ипостасях и формах?

Демон с легкостью овладевает разумом того, кто слаб разумом и духом. Находясь в бессознательном состоянии во сне, мы все особенно уязвимы. Именно во время сна мы становимся жертвами демонов, которые зачастую, проникают в наше сознание и создают перед нами образы и картины, воплощенные во снах. Находясь в сознании, наш разум не так уязвим и мы способны сопротивляться влиянию демонов. Однако некоторым порой приходится увидеть духа или еще какую-нибудь потустороннюю сущность где-нибудь у себя на чердаке. Определенно, это все проделки демона. То, что мы

continuous attacks of diseases or insects.

b.) In the second step, you need to use anti-infection, anticancer, antibiotic, antibacterial creams and ointments on the surface of your body, regardless of whether dealing with infections or cancers, at least four times a day. Keep gradually increasing the strength of the creams or ointments until you defeat the infection or cancer completely. In the case of breast cancer or prostate cancer, tablets will heal the internal injury, and the use of creams and ointments will kill, clean, and repel the stream of diseases. Otherwise, you will allow them to live on your skin and then penetrate your body and keep infecting you. Do not slow down or give up the use of anticancer or anti-infection creams, because if these insects keep going inside your body, the healing medication will not be as helpful against the continuous attacks of these insects. We need to stop them and not allow them to stay on our skin or penetrate our bodies. The use of anti-infection or anticancer cream will help a lot. Always ground yourself when you are applying these creams to your body. You can ground any of your body part to any metal or concrete floor to give these insects an easy path to leave your body.

c.) Now the third and most important part is learning how to isolate your body from the open atmosphere. Simple, clear, comfortable, flexible, thin but strong rubber or plastic can make for the perfect insulator against any substance. You'll need to wear this material for twenty-four hours. Full sleeves should cover from neck to the hip area and hip to knee or all the way to ankle, as needed. Make sure there are no holes or open stitching. This plastic or rubber dress will keep cancer insects away from our bodies. Most infection or cancer insects attack from a horizontal direction. Once we wear this plastic or rubber clothing, we will be saved from these cancer insects. If you already have a lot of infection or cancer insects inside your body or on your skin, then the continuous use of anti-infection or antibacterial creams and tablets will be

называем расстройством рассудка, на самом деле проявление влияния весьма сильного демона на весьма уязвимый разум человека. Поэтому, когда взрослому или ребенку в сознательном состоянии видятся образы духов или других воображаемых существ, определенно нужно спасать его разум. Такое столкновение с особенно могущественным демоном – всего лишь неудача, которая, тем не менее, проявится далее в более серьезном нарушении психологического здоровья человека. Поэтому если вдруг Вы стали замечать за собой такие странности, как видения, появление воображаемых образов в реальности или даже участие в затянутых внутриличностных беседах, будьте начеку. Возможно, демон настолько погрузился в Ваш уязвимый разум, что Вам грозит опасность повсеместного контроля извне и даже сумасшествия. Старайтесь избегать бесед с демонами, находясь в сознании.

Чтобы защититься от демона не пренебрегайте всегда и везде иметь при себе воду.

Вода создает не самую уютную атмосферу для демонов, поэтому постоянное распыление и контроль влажности в доме и вокруг него гарантируют Вам чистоту и спокойствие. Демоны покинут Ваш дом, как только им станет некомфортно, поэтому постарайтесь следить за исправностью установок для полива травы вокруг дома и придумайте, как обеспечить достаточную влажность внутри.

Современная наука в состоянии разработать план по созданию установок, способных с помощью применения законов притяжения и знаний о заземлении поглощать демонов и недуги. Вполне вероятно, что при создании такой установки можно учитывать фактор

able to defeat, kill, and repel those insects. Healing medication can fix internal wounds, infections, and cancer easily. If we stop, however, the continuous attack of insects will damage the surface or internal organs. Hence, it is good to cover the entire body with medically prepared, thin plastic or rubber dress to keep cancer insects away from our bodies. Plastic or rubber dress needs to be tight enough to create as much vacuum as possible. You also need to apply anti-infection creams several times a day under this plastic dress if you are suffering from breast, liver, kidney, prostrate, or any other kind of cancer. If you adopt this behavior, I am 100 percent sure you will be able to defeat any cancer very easily.

Companies can make clothing for regular people or normal use, such as jeans or shirts with inner plastic or comfortable rubber layers. Remember, even for normal people, it is not enough just to wear this plastic undergarment. It is very important to use antibiotic or anti- infection creams all the time. During this process, if you feel any movement of insects, just rub the area with as much pressure as you can without removing the protective rubber clothing.

Once you starting wearing this dress from neck to feet for twenty-four-hour periods, you will save yourself from the side effects of medication, such as vomiting, heart problems, and upset stomachs. You will be surprised with the improvement of your health condition. When these insects cannot attack your body at the covered areas, they will attack the areas above the neck. To determine how to protect our heads, we will need help from medical science. The concept is very clear. Cancer is very difficult to treat, but if someone uses all the above procedures, he or she will be able to defeat any cancer very easily.

The same principle applies to demons, pains, and diseases, but I am writing about pains and diseases right now. In the summer or

страха перед водой.

Сегодня мы часто сталкиваемся с известиями по поводу появления новых вирусов и болезней, справиться с которыми медицины пока, увы, не способна. Даже в современном мире высоких технологий и новейших разработок нам так и не удалось побороть мигрень и артрит. Медицина уделяет достаточно внимания человеку, но не животному. С ростом численности животных и людей, распространение демонов и недугов также повышается. Отмечу, демону не важно, человек или животное исполняет его прихоти, он с охотой селится в любом организме. Мне всегда казалось, что я вполне обычный человек. Единственное, что меня отличало от окружающих – это вера в демонов. Теперь же я уверен, что Высшие силы посредством таких посредников как я стремятся распространить знание о демонах среди людей. Моя роль в этом процессе предполагает ознакомление и информирование современной медицины и науки о том, каким образом можно распознавать демонов. Я призываю научное сообщество обратить свое внимание на эту проблему и постараться найти методы защиты человечества от известной угрозы.

Если бы я начать писать о своем опыте еще несколько лет назад, я уверен, мне бы давно удалось поделиться информацией и наблюдениями, накопившимися за столько лет. Когда пару лет назад я только начал ощущать присутствие демонов, моя жизнь была полна приключений. Демонам, кстати, также пришлось нелегко осознать, что кто-то способен ощущать их присутствие. И сейчас я наблюдаю некоторую обескураженность и подозрительность к моей персоне со стороны демонов, поэтому стараюсь не

spring seasons when the weather isn't so cold, diseases live everywhere— inside, outside, houses, bodies, trees, animals, reptiles, insects, everywhere. They use living bodies as mediums to live and eat. Trees, animals, reptiles, birds, and insects all have less sense than people, so you can say they are unable to fight against these pains and diseases. Trees, animals, birds, reptiles, and insects cannot go to doctors when they suffer from these pains and diseases. Usually, humans can help a few animals and provide medications, but even that is limited. Ninety-nine percent of animals have no choice. They just suffer and stay sick or die because of these pains and diseases. But like everybody else, these demons, pains, and diseases do not like cold weather. In the winter when trees, birds, animals, reptiles, and insects stay out in the open in the cold climate, these demons, pains, and diseases leave those cold bodies and look for a warm atmosphere and a warm body. Humans are able to maintain the temperature of their bodies and the atmosphere around them. In the winter season, human bodies make for better places for these pains and diseases to live. Humans fight against them by using medication, but these pains and diseases still move from one human to another for the winter season. Whenever seasons change, most of these diseases start living again in other animals. *Demons* and *pains* do not live on dead bodies. They immediately leave dead bodies and find another body in which to live. Diseases, however, live on dead bodies until they have completely eaten those bodies. Once there is nothing left for them to eat, they look for new bodies.

In my memory again and again. I am sure they choose undesired people, so I quit pulling data about their victims. And sometimes it takes long time and sometimes less, but I have fewer problems like those these days.

The third and last thing demons do is control

попадать в затруднительные ситуации с ними.

Мне следовало бы начать описывать мой опыт еще много лет назад, потому что сейчас я полагаю, мне не удается полностью распространенно рассказывать обо всем, что я знаю. Причиной тому является мое спокойствие и некоторое безразличие к некоторым особенностям работы с демонами. Такие качества выработались у меня с опытом и помогли мне не сойти с ума от безудержного потока информации о потустороннем мире. Забавно, но и потустороннему миру явно пришлось выработать хладнокровие к моим действиям. Несмотря ни на что, я попытаюсь предоставить особенно важную и ценную информацию о своих опытах.

Какое-то время назад, я не имел никакого понятия о существовании параллельного пространства, ни с кем не заводил бесед о демонах и в целом был человеком вполне обыкновенным. Более того, я не мог даже и вообразить летающих вокруг демонов или представить, что когда-то придется взаимодействовать с ними. И что надоумило меня завести разговоры на такую тему, когда я и знать не знал ничего о демонах?

И речи не могло быть ни о каких разговорах, потому что с демонами мне приходилось встречаться только в кино. Ни секунды своего драгоценного времени я бы не потратил на размышления о демонах или иных существах невидимого мира, потому что считал их выдумкой. Познакомившись с моей книгой, я думаю, Вы понимаете, что мне пришлось в значительной степени переосмыслить весь свой опыт и в целом принять новую жизненную концепцию. Несомненно, такие изменения мне дались нелегко. Началось все с резких перепадов

victims by hypnotizing them. And under hypnosis, they are very successful in keeping their victims away from me. I will help some people once they tell me about their problems or pains, but if demons are in total control of these people's minds and insist that they endure pain and turn away from me for any reason, then the victims of these demons will continue suffering and refuse to contact me.

Joseph used to live in Weimar, Texas, but now he lives in Houston. He was in the tree business. One day, he came to me to talk about selling his truck. He was limping badly. He told me that he had dropped a big tree branch on his foot. I asked him if he was taking any painkillers. He said he had been taking painkillers for the last twenty-four hours but that the pain was not reducing and the swelling was increasing. I asked him to show me his feet. His left foot was swelling badly, and all the veins were clearly visible. I then communicated with his pain, and thanks to God, that pain listened to me. But the swelling was still there, so I suggested that he use some cream to reduce the swelling. He was a very strong man. I do not think he used anything. Two days later, I asked him if he had any more pain, but he said he was okay even without using any medication. However, he should have used the proper medication to heal the injury and avoid an open invitation to other pains.

Mr. Krenak had snacks business. One day, he came with his daughter and mentioned that she had been doing his route because he had some paralysis in his right arm. His arm was extremely sore all the time, and he was not able to move it at all. Because of those problems, he was not able to pull or lift anything. That's why the doctor suggested that he stay home and quit working. I was behind the counter that day. I asked him if I could help, and he asked how. Instead of explaining my process to him, I immediately

температуры моего тела. Жар достигал такой силы, что на моем теле появлялись язвы. Моя жизнь превратилась в ад, в котором на каждом шагу меня поджидал новый участок пламени и жара. И даже в те страшные моменты я не был ни на шаг приближен к пониманию природы демонов и осознанию существования потустороннего мира. Мои проблемы я предпочел оставить при себе, потому что, обсуждая их с друзьями, я столкнулся с непониманием. Многие меня стали избегать и даже предполагали, что я выжил из ума. В тот момент я не понимал, что причиной такого жара стало приближение демонов, преследовавших меня повсюду. Они всего лишь решили позабавиться со мной.

Демоны прекрасно знали о страданиях, которые я переживаю в их присутствии. И все же они не желали меня оставлять, пока я был в пределах дома. Когда же мне приходилось выезжать, демоны отказывались меня сопровождать. Однако даже на рабочем месте мне приходилось переживать страшный жар по всему телу. Сидя в моем офисе в Коламбусе, штат Техас, я явственно ощущал, как горит моя кожа, и спрятаться мне было негде. Однако и тогда я не понимал причины этого явления. Мне приходилось постоянно почесываться из-за дикого дискомфорта, при том, что причин его я не осознавал и уж точно не сетовал на неизвестный мне потусторонний мир. Пытаясь убедить себя, что это временное явление и что это всего лишь какое-то временный недуг, я обращал внимание на других сотрудников, которые с такими проблемами явно не сталкивались. Я был как в аду, в то время как окружающие чувствовали себя вполне нормально.

Демоны, доставшиеся нам от крыс, испускают весьма неприятный запах.

started communicating with his pain. During that communication, I heard his daughter laughing behind him. In three steps, his pain was completely gone and he regained 70 percent of the mobility in his hand within a few minutes. Still, he was not able to move his hand all the way to the top of head, but he verified that he was not having any pain. I suggested that he use some cream to relax his muscles. His daughter was very surprised when they left me that day.

In practical life observation, we observe a lot, when some people or their feelings, get up or ideas, change completely like someone was not a religious and suddenly become too much religious. Or someone was bad, alcoholic, drug addicted or some other bad habits or behavior towards people, they suddenly changed persons. To me either they come out from the influence of bad demon or old demon died or now they have more control on themselves and rejecting demons or maybe they are under influence of a different demon. (Always something).

Mr. Charles Jr. mowed grass in Columbus, Texas. He had the same kind of problem as Mr. Krenak had with his left arm and shoulder. He was not taking any medication, but his pain came out of his body right away. The symptoms and pains of a few people are sometimes worse than others, but they may leave those bodies very easily when I communicate with them. However, sometimes they take a little longer. Maybe it depends on their overall health, or maybe good or bad luck is involved.

I remember one time a man named Karam was in Weimar to find out if I was willing to sell the business. During our talk, he started telling me that he had interacted with demons and that he could use them to tell someone's future and past. No doubt, he was making fun of me and criticizing me as well. He thought

Каждый раз, когда перед Вами возникает необходимость выбора, разум подсказывает Вам одно, а сердцем Вы чувствуете совсем другое, помните, что один из вариантов выбора Ваш, а вот другой исходит от Вашего демона.

Мы, конечно, можем укутаться в пластиковый или резиновый чехол, что бы обезопасить себя от вторжения демонов или недугов, и все же заниматься этим вплотную, я полагаю, должны медицина и наука. Я уверен в своей теории, мне не раз приходилось проверять ее на практике. И, кстати, изоляция с помощью чехла от лодыжек до шеи – вовсе не пустой совет.

С некоторой долей сожаления я вынужден признать, что мой организм хронически не переносит присутствия демонов, поэтому я вынужден избавляться от них любым возможным способом, иногда по несколько раз в день.

Многие лекари призывают людей обращаться к ним за здоровьем, успехом в делах и финансовым благополучием. Однако я считаю необходимым отметить лишний раз, что такие лекари используют демонов непосредственно в своих целях, а значит, намеренно позволяют им внедряться в разум человека. К таким процедурам следует относиться весьма осторожно, так как за собой они ведут психологические расстройства и даже полное сумасшествие.

Напомню, что особого труда впустить в организм человека определенный недуг не составит. Демон оставляет открытой возможность проникновения любой болезни. В то время как избавление от такого рода вмешательства может занять долгий период времени и потребует

everything I had done and said was all bullshit. I did not know what to tell him. He kept asking me about my date of birth and my mother's name so that he could tell me my past and future. I just told him, "If you are capable of doing anything, then just tell me without asking me anything." In response, he said that no one could do that and that to deal with someone, you had to know things about the person. At that time, I mentioned that I did not have any restrictions like that. I didn't need to know a person's name, date of birth, or mother's name to do my job. He then made some bad remarks. I just told him that I did not tell people their pasts or futures, because I felt it was just a waste of time but I said that I could remove if a person's pain or sickness without knowing any details about him or her.

When I communicate with demons, pains, or diseases, I do not use my tongue. I talk to demons and diseases in their language. No human can hear me. You won't see my lips moving, but demons, pains, and diseases can still hear me easily.

The same thing happened with this guy. I just ask him if he had any pain so that I could proof my point. Immediately, he mentioned that his ankle hurt all the time. Right away, I communicated with that ankle pain, and his ankle pain was gone in under four minutes. After that, he was surprised. He did not argue with me at all after that. He said one thing before he left: "I've never seen anything like this. Never even heard about any powers like this."

Mr. Bubila is my friend. He lives in Austin, Texas. I fixed his sinus problems two or three times over the phone. In the end, he always asked, "How did you do that?"

One time, I was in ACE Mart at Chimney Rock

серьезных энергетических затрат. Именно поэтому, я полагаю, медицине следует обратить пристальное внимание на такое несоответствие и оценить масштаб проблемы.

Не забывайте, демон с легкостью может направить энергию человека или даже животного на совершение любых злоумышленных действий, вплоть до убийства. В зависимости от того, насколько уязвим наш разум, мы способны совершать разные поступки, как в сознании, так и в бессознательном состоянии, даже не подозревая об этом. Более того, демоны также склонны использовать животных и рептилий в своих целях.

Не начали ли Вы ощущать, как существа из невидимого мира вторгаются в ваше пространство? Как, наконец, остановить бесконечные боль и страдания?

Болезни, демоны и недуги можно вывести из организма даже посредством использования телефонной линии, особенно если организм ими перенасыщен. Поэтому, кстати, я с такой неохотой совершаю и отвечаю на телефонные звонки. Используя динамик, демоны сами способны распространяться в пространстве, если, конечно, не решают вернуться к своему спутнику на другом конце провода. Действенными же в борьбе с демонами следует считать любые примеры использования святых писаний или процессий.

Существует такая проблема, как постоянная потребность в поглощении еды. Очевидно, что она приходит к человеку извне. Мне как-то приходилось иметь дело с таким демоном. Я отчетливо помню, что не протяжение пяти дней

in Houston, Texas. During checkout, the assistant manager was complaining to the cashier about her neck and shoulder pain. Because of this pain, she was unable to move her neck properly. I just told her that I could fix her pain if she wanted. She thought I was kidding. She asked me, "How will you do this?" Instead of answering that question, I just asked her where she had pain. At that time, At least ten people, mostly other customers and employees, were between us, but I did not care and immediately started communicating with her pain. Within a few minutes, her pain was gone. She was extremely surprised and thankful.

Dora worked in Weimar Texas for few days. On several occasions, she complained of toothaches, headaches, and knee pain. She asked me for help. Each time, I communicated with her pains, and every time, those pains listened to me and left her body.

Crystal used to work with me in Weimen, Texas. One time when I went to the store, she was sitting on a chair behind the counter, and few customers were waiting for her to help them. When I went inside, she mentioned that she had some joint problems and that all of her knee and hip joints locked up once in a while, which made it practically impossible for her to walk. With her permission, I communicated with her diseases. Her knee and hip joints soon became normal. Within a few minutes, she was okay. She was very thankful for my help.

Rushana used to work in Columbus. One time, she had a stomachache, and she asked for my help. Her stomach pain was fixed easily. One time, she had the flu. I fixed her flu that day, but I still told her to take medication, because flu is a continuous attack of many diseases; however, she was allergic to those medicines. I removed her flu from her body, but the next

каждые пятнадцать минут мне необходимо было что-то съесть. Такая диета оказалась просто убийственной, но я научился себя сдерживать.

В моменты ярости и беспокойства человек особенно уязвим к нашествию новых демонов и недугов, постоянно находящихся вокруг. Как ни странно, демоны, сопровождающие его в этот момент, могут почувствовать дискомфорт и неуверенность из-за такого ажиотажа, и с легкостью покинут столь востребованный организм, заменив его на более спокойный. Как ни странно, именно в такие моменты перемещения демонов их проще всего изучать. Я, например, полагаю, наука обнаружит эти существа без труда, проводя наблюдения за человеком, намеревающимся нанести вред животному или насекомому. Интересно будет также обнаружить перемещение демона между разговаривающими по телефону людьми.

Многие предприниматели решаются прибегать к помощи тех, кто работает с демонами, в своих корыстных целях. Те, в свою очередь, по указу используют демонов, чтобы проникать в разумы потребителей и заставлять их покупать определенные продукты. Не стоит забывать, что демоны имеют непосредственный доступ к разуму человека, поэтому используя их в таких целях, они фактически превращаются в направленное оружие, способное полностью свести человека с ума. Мне приходилось в некоторых странах наблюдать безумных предпринимателей, поглощенных навязчивой идеей использования негативной энергии в своих целях. Сталкиваясь с такими ситуациями и людьми, следует особенно осторожничать, и в случае, если Вам доставляет дискомфорт или даже

day, she was sick again. Since then, I did not get involved with people if they have the flu or coughing problems, because they never followed my instructions about taking medication. Honestly, the flu and colds are problems for me. I can remove them from the body, but it can be time-consuming, especially when it comes to the flu. I need to communicate with the disease several times for at least two days to keep them away from body.

Another lady named Lauren had had a tooth pulled, and when she was at work at day, she had to suffer swelling and pain. I had to communicate with her pain several times. She was completely out of pain after at least two hours.

Now I will mention a few people without using their names. One of my friends had problem with dry lips all the time. I was not sure lip dryness is an external disease, but I learned that it could be. I communicate with that disease several times, and finally, it came out from that body. After that, I suffered dry lips for several weeks. Finally, I asked that disease to come out from my lips, and it eventually listened to me; however, that was not that easy to deal with headaches or knee or back pains.

The flu and colds are different with different people. One time, my mother called me when she was suffering from the flu. I removed her flu very easily, but it took a great deal of time. For colds, I need to communicate with the disease several times but it is still time-consuming.

Another time, a friend had a problem with dark circles under the eyes. That was an experiment as well. It was not difficult to move those dark circles away from the eye, but every time I worked on them, they always came to me. Anyway, I was surprised when I

особенную боль посещение какого-то предприятия, оставьте его навсегда.

Замечали ли Вы, как внезапно начинается икота? Дело в том, что любой человек в любой точке планеты, вспоминая нас или даже скучая, может ненамеренно прислать нам своего демона, который, в свою очередь сам, или используя нашего демона, заставит нас икать или покажет нам сновидение об этом тоскующем человеке.

Порой во время работы или отдыха, мы внезапно можем погрузиться в сон, и также внезапно проснуться. В такой ситуации демон будит нас легким пощипыванием или болевым эффектом, например от прикусывания языка или почесывания. Именно он стоит на страже в этих ситуациях.

Если пожелаете, Вы всегда можете повернуть голову влево и заказать демону определенный сон о совершенно определенном человеке или событии. Поверьте, выразив достаточную уверенность в своей просьбе, Вы убедите демона поступить именно так. Они послушаю Вас, если почувствуют, что вы действительно осознаете их присутствие. Я отвечу на любой вопрос и разъясню непонятные моменты каждому, кто решит мне написать. В моей следующей книге Вы найдете все ответы и объяснения.

Я полагаю, теперь стало ясно, что демоны, болезни и недуги отличаются друг о друга по природе и характеру взаимодействия с человеком.

1.) Демонам присущи разные виды активности. Справиться с ними можно посредством правильного использования освященной воды (или законов

figured out that these dark circles under the eyes were diseases and fixable. I only worked on one person for this just for testing purposes.

Another person had mouth sores. I was surprised when I communicate with those mouth sores and found out that they were diseases and easily fixable. A few times, my mother and my sister had the same problem, and I communicated with their disease and convince them to leave their mouths.

One time, I worked on two people who had some kind of fungus problem in their mouths. I tried to communicate with that white fungus, and it was not difficult at all. That white fungus easily left both of those people. In both cases, I learned that both of these people had sick dogs in their houses and that those dogs had the same problems in their mouths. Those fungus diseases were coming from their sick dogs.

Another time, a man had pains in his feet. I communicated with both of his feet. It was not difficult to remove those pains from his feet. Before I worked on that pain, I thought that this would be like a regular pain. Whenever I worked on feet, I received those pains directly in my feet. I had never experienced of foot pain ever in my life. Honestly, that foot pain was not a pain. It was like a fire in my feet. It was a very bad experience. It was not difficult for me to move that pain away from me, but the only problem was that it was moving back and forth. I had to work and deal with that pain for long time. Finally, I figured out that the pain was not a single pain. I was sure that pains were grouping together and attacking the same person.

Sometimes it surprises me that particular diseases have their own focus. I never feel

электромагнетизма в будущем, когда человек разработает и создаст необходимые лазерные установки для этих целей).

2.) Недуги предпочитают селиться в наших органах, суставах и мышцах, создавая при этом соответствующие болевые эффекты, выраженные в мигренях, чувствах тошноты, суставных болях и даже скачках давления. Когда медицина придет к тому, чтобы изобрести специальные лазерные устройства, воздействующие на недуги, эта проблема исчезнет сама собой.

3.) Ранее я отмечал, что болезнь действует как паразит в нашем организме. Инфекция, заражение и опухоль представлены в форме невидимых вредителей, целым роем вселившимся в организм человека. Угол атаки такой оравы паразитов – 90 градусов. Отмечу, что большинство вторжений в наше личное пространство происходит под прямым углом к поверхности тела. Когда человеку приходится страдать от таких болезней, как: опухоли груди, печени или простаты, сердечная недостаточность или инфекции ЖКТ, диабет или нарушение работы щитовидной железы, любое внешнее заражение и рак, - существует *способ от них избавиться. Для этого:*

а.) придется принять множество противовоспалительных таблеток, антибиотиков и средств, уменьшающих опухоли, пока они не устранят симптомы болезни полностью. Помните, однако, что следует соблюдать правила здорового питание в период лечения и избегать приема лекарств на голодный желудок. Такие средства помогут ослабить действия инфекции или рака.

б.) вторым шагом к исцелению станет использование различных мазей и кремов против инфекций и заражений. Курс лечения предполагает четырехдневное нанесение таких лекарственных средств с постепенным увеличением интенсивности

foot pain come out of one person and jump into the stomach of another person. I learned that foot pain was the same for everyone. Foot pain comes out of one person, and that pain usually chooses the feet of the nearest available person.

In the same way, if a kidney or heart disease comes out of one person, that disease will target the same place in another person. But why are these diseases assigned particular jobs? This remains a mystery to me.

I have removed heartburn or stomach ulcers from people uncountable times, but the proper medication to heal the ulcer or wound is very important. Otherwise, the stomach walls will release acid again, and the ulcers or stomach wounds will become inflamed. This wound or ulcer in the stomach is a continuous invitation for diseases. Wounds or ulcers are really a part of the body, specifically the stomach, but heartburn or pain in the stomach is a disease. This stomach disease is easily movable, but if the person does not want to invite these pains into their stomach again, they need to use all possible healing procedures and medications. This stomach disease is orchestrated by invisible insects, and they just eat our wounds. The same problems occur in the liver, kidneys, and intestines.

I deal with liver problems in many people. Honestly, I do not know any single person without liver and stomach problems. These damages happen so quietly and continuously that it's too late to fix the symptoms by the time we find out about them.

I work on so many people without feeling any problems in their livers, but whenever I focus on their livers, I find that most people have some problems there. As I have described

их воздействия. Так, таблетками и микстурами мы будем изнутри бороться с недугом, например раком груди или простаты, а мази, в свою очередь, завершат действие лекарств внешним очищением тканей и созданием защитной оболочки для организма. В ином случае, болезнь может задержаться на коже и повторно нанести удар по организму. Если Вы допустите снижение интенсивности действия лекарств или вовсе прекратите лечение, есть вероятность того, что вредители вновь атакуют организм и иммунитету придется бороться с новой волной нападения. Поэтому так важно не пренебрегать использованием внешней защиты в виде кремов. Следует, также не забывать о необходимости заземлять себя посредством металлических предметов или цементного пола, особенно во время нанесения лекарственных препаратов на кожу. Так, паразиты покинут Ваш организм по линии перехода, которую Вы создадите заземлившись.

в.) самым главным правилом, конечно, является создание защитной оболочки, способной обезопасить Вас от неблагоприятных воздействий извне. Такие простые и удобные, гибкие и легкие материалы, как пластик или даже резина, способны создать изоляцию организма от внешних воздействий. Однако, такой всеобъемлющий чехол без прорех и вырезов, пришлось бы носить постоянно, чтобы эффективно защищаться от паразитов, несущих рак и прочие болезни. Большинство таких вредителей предпочитаю нападать на организм под прямым углом к телу, поэтому, я полагаю, пластиковая или резиновая защита будут совсем не пустым советом. Если же Вам не повезло и Ваш организм уже посетило достаточное количество таких паразитов и существ, несущих рак, стоит обращаться к антибактериальным и другим специализированным препаратам и с особой дисциплиной подходить к процессу лечения, чтобы действительно избавить

several times, my body is extremely sensitive to all demons, diseases, and pains. Just to test someone, I usually invite their disease into me to find out if they have any symptoms of a damaging disease. And my experience has been that 99 percent of people are under the influence of liver, stomach, and intestinal diseases. I strongly feel that there should be medication that can be taken just to keep these organs healthy and strong instead of waiting until someone start feeling pain. We all know that pain always starts when these organs are already too damaged to heal fully.

Many researchers say that most people are affected by heart disease and die because of heart attacks. Trust me, heart disease was very easy for me to remove from any heart. I learn that heart disease does not necessarily damage the heart but does block the vessels valves. But it is not enough to clean someone's heart one time and then leave him or her alone. This needs to be done on a regular basis.

I have had good experiences with heart pain and diseases. Once they become my friends, they visit me for few seconds whenever I encounter them. And if they stay for longer, I have to ask them to come out. I do remember one heart disease that was so powerful its touch felt like over ten thousand volts. The heart pain/disease never went inside my heart but always touched me from outside. Thankfully, it is not around me anymore.

Many people usually have headache or migraine pains, but these are very easy to fix. One time, I had a different kind of headache. That pain was in the skin of the head. It can take a little longer to remove that disease/pain from the skin of the head. Always remember, when these kinds of pains stay in the skin of the head for a while, it means that that pain will leave some major

себя от нежелательных посетителей. Наряду с традиционной медициной и различными средствами, призванными избавить Вас от инфекций и залечить образовавшиеся раны, использование пластикового или резинового материала, как я уже отмечал, будет способствовать созданию защитного поля, под которым, при достаточной плотности чехла, образуется здоровая атмосфера для Вашего организма. Под такое специальное покрытие, тем не менее, стоит продолжать наносить кремы и мази. Я уверен, что, соблюдая такие меры предосторожности и аккуратно следуя всем медицинским предписаниям, любой сможет избавиться от самой сложной формы рака.

Самую простую одежду, которую мы используем повседневно, производители могут превратить в защиту. Обычные майки и джинсы могут иметь внутренний слой из современного тонкого пластика или резины. Используя такие подкладки в одежде, мы сможем постоянно находится под защитой, однако не стоит забывать и о периодическом нанесении специализированных мазей на кожу. Кстати, если Вы вдруг почувствовали какое-либо движение на коже, достаточно придавить это место защитным материалом, чтобы избавиться от вредителя.

Если Вам удастся приучить себя носить одежду с таким защитным слоем постоянно, можете быть уверены, что Вы сохраните защитное поле и убережете себя от побочных эффектов и последствий болезни, таких как тошнота или расстройства желудка. Однако, как Вы понимаете, вредители, неспособные атаковать весь организм, двинутся в сторону незащищенных участков, а именно – головы. В такой ситуации не обойтись без классической медицины. Вся концепция защиты организма от

damages in the skin. If there are any symptoms or damages, use medication to heal it. Otherwise the symptoms or damages will invite new pains and diseases.

One time, I promised someone that I would fix his thyroid problem. I have communicated with thyroid diseases on several occasions. Finally, I found out that a thyroid problem is a physical disease as well.

It is not difficult to clean disease from thyroids, but either the same one or a new one will come to the same place pretty quickly. Like a kidney and liver disease, a thyroid problem is pain-free. So, when a patient is not feeling any problem, it means he or she will never tell me about that problem, and I will not be able to work on his or her problems. I do not know the logic behind these quiet diseases.

I have a list of people on whom I work on regular basis. Most of them are either very important people to me or part of my experiments to further my knowledge. I have also worked and communicated with burning eyes. I am able to fix burning eyes. I am also able to fix focus problems or nearsightedness. I learned this when I invited those eyes problems from someone to myself by communicating with these diseases. Nearsightedness and focus problems are continuous as well. I can communicate with them very easily, and they will come out very easily; however, I do know how long it will take before a new one occupies that empty place.

All these disease/pains that live inside us always need a medium or body. They do not live in the air or water. They travel in the air, but they do not stay in the air for a long time. A healthy body is a body without all these pains, diseases, sicknesses, and demons. A sick body, whether completely or partially

вредителей довольно проста, однако весьма эффективна при дисциплинированном использовании. Так мы с легкостью расправимся с любым раком, который, по традиционному мнению, весьма трудно излечить.

Такие методы справедливы по отношению ко всем вредителям: и демонам, и болезням и недугам. В теплую погоду, когда приходит лето и даже весной, концентрация таких существ возрастает до немыслимого масштаба. Их можно встретить везде: на деревьях, в воздухе, в наших домах, в шерсти животных и на спине у ящерицы. Им необходимы организмы для питания, поэтому животные и деревья, особенно не заботясь размышлениями о том, как избавиться от демонов, становятся первыми жертвами вредителей. Мы, конечно, стараемся вылечить наших домашних питомцев и даже водим их к доктору. И все же большинство животных остается без квалифицированного присмотра, и рано или поздно его находит его демон или недуг, способные довести его самой крайней формы заболевания. Как я уже отметил, существа эти приветствуют именно тепло и уют, поэтому, когда им попадается на пути что-то холодное, они вряд ли задержатся на таком объекте и покинут его в поисках более приятного жилища. Так, в зимний период человек и его дом становятся особенно излюбленными местами для демонов, потому что именно у человека в руках находится ручка термостата. Весной многие существа, к счастью, поменяют своих спутников на животных и птиц, а зимой будут то и дело перепрыгивать с места на место в поисках более уютной атмосферы. Не стоит забывать, что в мертвом организме демоны и недуги не живут, тотчас же меняя его на живую плоть. Болезни же останутся даже с мертвым организмом, пока им не удастся полностью поглотить его останки. Только

sick, can become a healthy body after I communicate with its demons and cleanse it of all its pains, sicknesses, and diseases.

Are there any problems after I cleanse a body? Both healthy and newly cleansed bodies have the same problem, and the problem is that these healthy bodies are like vacuums.

Medical science has a very clear theory of contiguous and noncontiguous diseases, but my theory is different. Usually, diseases or invisible insects do not leave that wound or injured organ easily. Wounded organs or injured parts of the body have more attraction for those invisible insects, pains, and diseases. That's why healthy bodies do not get those invisible insects easily. According to me, this contiguous and noncontiguous theory is outdated. Everything is possible, and it's just bad luck when these disease or pains leave one body and immediately choose another nearby body. They do not like to travel too much. You never know who will be their next victim. These demons, pains, diseases, and sicknesses have populations that are several hundred times greater than the human population. They live for several hundred years, too. If things continue this way, one human will be surrounded by one million disease and pains in near future.

So, if modern science accepts on my theory of the physical existence of all these pains, diseases, and sicknesses, they should try to invent different tools and weapons to control these disease and pains like medications and sprays to heal damages and keep demons away from our bodies.

Different people use demons for different purposes. For example, magicians use demons

ничего не оставив за собой они отправятся на поиски новых тел.

Мне реже приходится встречаться с ситуациями, когда я вынужден убеждать демонов, что они выбрали не того человека себе в спутники. Иногда, однако, мне приходится потратить на эту процедуру достаточно времени.

Случается, что человек, обратившийся ко мне, страдая от какого-то недуга, остается под мощным влиянием своего демона. Так, излечить человека от боли мне бы не составило труда, однако демон не позволяет самому человеку обратиться ко мне и остается наедине со своей болью.

Однажды мне пришлось иметь дело с Джозефом из Хьюстона. Тогда он еще проживал в Веймаре, штат Техас, и работал в сфере деревообработки. Однажды он зашел ко мне по делу, собирался продавать свой грузовик, как я вдруг заметил, что он изрядно прихрамывает. Он рассказал, что на ногу ему упал здоровый ствол дерева и с того момента его нога распухла и вены напряглись под давлением. Я спросил, принимает ли он соответствующие лекарства, на что он ответил, что за последние сутки даже лекарства не смогли облегчить его боль. Тогда мне пришлось наладить взаимодействие с болью, чтобы помочь Джозефу, и, к счастью, она покинула страдальца. Нужно было еще что-то решить с опухолью, которая не желала проходить. Я по обыкновению посоветовал ему мазь, способствующую снижению отека. Через несколько дней его нога была уже в порядке, хоть мне и кажется, что он мог и забыть про мазь и прочие средства, справившись одним своим иммунитетом. Я все же настаиваю на том, чтобы использовать заживляющие средства, которые способны помочь ране затянуться и не допустят новое заражение поврежденного участка.

to show us their magic. And demons show us whatever the magician wants to show us by hypnotizing the audience. Some magicians will show us levitating or cutting themselves in two three pieces. We may be amazed, but in actuality, it is all hypnotism. Hypnotism is the language of demons.

I have always felt that I am not any extraordinary person, but my exposure to the invisible world and experience with demons should help compel modern scientists to develop more technology to help mankind stay safe and healthy. I know it is very difficult to believe my theory. That's why I am always ready and willing to demonstrate my capabilities to any scientist who wants to research ways of controlling these invisible diseases to help mankind.

When a healer sends a demon to someone to cleanse a body of pains and diseases, are there any side effects to this action? The demon may cleanse diseases from a body, but afterward, that demon will simply possess another body. And nobody can keep demons positive for a long time. This goes against the nature of demons.

I talked to many demon doctors and few healers, and all of them had to work hard to gain some knowledge and powers. All of them use demons to do whatever they want. Usually, their demons perform everything for them. But their knowledge and information about the invisible world, diseases, and demons like it comes from books or teachers. And when they use their demon's power to perform any healing or magic, they are completely safe and healthy. In my case, I never had any faith in demons or the invisible world or any knowledge or information about physical existence of pain and diseases when I started. I never tried to learn from any teachers about demons or the invisible world. It just start happening to me, and day by day, I

Еще один случай произошел с господином Кренаком и его дочерью. Он тогда владел закусочной и как-то невзначай отметил, что ему придется оставить бизнес на дочь, потому что паралич правой руки не позволяет ему работать как раньше. Врач посоветовал ему оставить работу, потому что он был даже не в силах поднимать предметы. Я спросил разрешения ему помочь и без всякого объяснения связался с недугом, тревожившим его руку. Несмотря на то, что дочери эта процессия показалась весьма забавной, за несколько минут мне удалось вернуть 70 процентов двигательной способности его руки. Он, конечно, не мог пока поднять ее выше головы, но от боли его избавить мне удалось, к великому удивлению его дочери. Я порекомендовал ему мазь, которая поможет ему расслабить забитые мышцы и усилить эффект исцеления.

Не раз, я думаю, Вам приходилось наблюдать за тем, как человек резко менялся в своем поведении или привычках. Неверующие становились крайне религиозны, наркоманы и алкоголики полностью избавлялись от своих привычек безо всякого лечения, агрессивные и несдержанные люди менялись и начинали новый путь. Я полагаю, что причины таких внезапных изменений состоят в том, что человека покидает его старый негативный демон. Пришло его время или он настолько ослабел, что отпустил воздействие на разум человека. Нередко, как мне кажется, мы просто приобретаем новых демонов; в любом случае, причина есть всегда.

Так, например, мне пришлось встретиться с косившим траву господином Чарльзом Младшим, который также как и господин Кренак, страдал параличом, однако уже левой руки и плеча. Боль его мне удалось устранить мгновенно, несмотря на то, что он не принимал никаких медицинских

learned more and more. Now I know so much, even though it is hard to convince people about the existence of the invisible world.

The only difference between me and other demon doctors is they use demons, and because of the involvement of demons, they do not get hurt. In my case, I do not use any demon. I only use the powers of my mind to cleanse people of demons, diseases, and pains. I use my powers to cleanse any area or house of demons, diseases, and pains. The only problem is that I am not protected. Whatever demon, disease, or pain I remove from people, it comes straight to me. They hurt me sometimes. I cannot bear them for too long. Because of this problem, I have limited myself.

There is still one thing I have not clearly revealed, and this is how I am able to keep myself safe from these diseases, pains, and demons. This should be the next step of medical research, because once medical science can pull out these problems from a body by using magnetic fields and rays, how, people will be able to protect themselves once they leave the hospitals and go back to their normal lives.

These days, I experienced new diseases and pains every day. It is very hard for me to just do nothing once I know someone is in pain or sick, especially when it comes to people around me or individuals who are important to me. Most of the time, I am okay, but once in a while, I have to suffer a little bit. I get the same pain or sickness whenever I remove one from a person, but these have only hurt me badly on a few occasions. Most of the time, I am able to control them.

I am really able to see demons and diseases unlike others who claim to see them in human

препаратов. Удивительно, но зачастую люди, страдающие более тяжелой формой недуга, избавляются от него быстрее и легче остальных. Возможно, такие индивидуальные особенности возникают в виду общего иммунного фона человека, а может быть, роль играет просто удача или, напротив, неудача.

Однажды в Веймар заехал парень по имени Камар. Его очень интересовали мой бизнес и возможность его покупки. Во время нашей беседы он не раз упоминал, что сам способен взаимодействовать с демонами и даже предсказывать будущее и рассказывать о прошлом. Очевидно, что он пытался поиздеваться надо мной и раскритиковать мои способности. Он выпытывал у меня дату рождения и имя моей матери, яко бы желая предсказать мне будущее. На что я предложил ему рассказать мою историю без всякой дополнительной информации. Он был обескуражен, объяснив, что никто не может проникнуть в разум человека, ничего не зная о нем. Я же рассказал ему, что не имея данных о человеке, даже его имени, а уж тем более имен его родственников и даты рождения, я могу избавлять его от демонов и недугов в считаные секунды. Выведывание прошлого и будущего человека я считаю потерей времени и сил, поэтому и заниматься этим не желаю.

Чтобы доказать свою правоту этому парню, я решил избавить его от боли в лодыжке, тревожившей его. Потребовалось всего четыре минуты, чтобы установить взаимодействие с мучавшей его болью и заставить ее покинуть недоверчивого молодого человека. Удивленный, он больше не решился спорить со мной, и только уходя, отметил, что никогда не встречал людей с такими способностями, как у меня, и ему не приходилось иметь дело с такими силами.

shape, but that means they are just under the influence of a demon's hypnotism when they are not seeing anything. They are seeing whatever their demons are showing them. As a result, it will be a big help to medical science when scientists start using magnetic fields or technology to snatch diseases and pains from a body. Those scientists may not be able to see the results of their efforts, but I will be able to see. I can help any scientist who wants to do research in this field. I can easily tell them if their machines can snatch diseases and pains from a body. I have a lot of information that can help medical scientists invent these machines. Plus, they can use different kind of patients in their experiments to find out the exact kind of magnetic fields and rays needed.

Demon doctors will use anything to save us from demons or their negativism like nails and screws, but always remember that those nails and screws are nothing. They are only powerful because demon doctors assign some of their demons to them.

Plain or handwritten papers, stones, threads, ropes—whenever these are used by a demon doctor, they work. But remember that those demon doctors assign demons to those things, which means demons will become slaves of those stones or threads or pieces of paper. Wherever those things go, demon will go and do their job or resolve the problems. But remember that no one can keep a demon positive for too long. The effects of those things will have side effects. Usually, demons are pretty much like us, so when they stay around us or we keep them around us, they possess us and take control of our minds. That's why these things may be effective in the beginning, but they may have bad side effects in the long run.

Demons are way powerful and intelligent as

У меня есть друг из Остина, господин Бубила, которого я периодически избавляю от проблем с пазухами носа, используя телефонную линию для связи. И каждый раз он удивляется, как мне это удается.

Однажды при посещении магазина ACE MART в Чимни Рок в Хьюстоне, штат Техас, я стал случайным свидетелем того, как помощник менеджера жалуется кассиру на нестерпимую боль в области шеи и плеча, которая не позволяет ей нормально поворачивать голову. Я предложил ей свою помощь, на что она скептически ответила удивлением, и все же спросила, каким образом я могу ей помочь. Вместо того чтобы разъяснять ей, как я это сделаю, я просто поинтересовался, в какой точке она чувствует боль. Даже с учетом того, что нас с ней разделяло расстояние и толпа около десяти человек, в основном покупателей и сотрудников магазина, мне удалось повлиять на очаг боли и изгнать недуг за считанные минуты. Трудно выразить, насколько удивлена, и все же благодарна осталась эта женщина.

Мне приходилось лечить как-то Дору, приехавшую по работе в Веймар на несколько дней. Она жаловалась одновременно на зубную и головную боли, ноющую боль в коленном суставе. Мне удавалось избавлять ее от боли всякий раз, когда она об этом просила.

В Веймене, штат Техас, я работал с девушкой по имени Кристал. Однажды, придя на работу, я наблюдал, как она сидит за кассой, в то время как несколько посетителей ожидают ее помощи. Ей пришлось рассказать мне, что она практически не может ходить, потому что суставы ее бедер жестко сцепила боль и не позволяет ей ступить даже шага. Спросив

compared to diseases and pains. Demons are not parasites. Demons are not positive energies, because demons can be used either way. But demons really like to do negative things and actions. We can use demons for good stuff, but not for long time. Demons can do positive actions and things, but just for few hours or days. Positive energies are our souls or spirits and angels, which only follow God's commands. Demons can be friend to any human or animal, and once demons become sincere friends with someone, they will follow that person's commands without asking any questions.

As I have explained, almost all demons stay in big groups or tribes, and usually, there are bosses within those tribes or groups. All demons in a group or tribe follow the commands of boss demon. Once that head demon becomes a friend to any human, that human can use that whole tribe of demons however he or she wants just by passing commands to the head demon. And the head demon will pass the same command to the rest of its group or tribe of demons. Once that human nears death, he or she can transfer that friendship with demons to another human, and the same group of demons will start following the commands of the new human. No human can compel or push demons to do his or her bidding. This is all about friendship and sincerity.

Different humans use groups of demons for different purposes. I already described a few, but let me describe a few more. A few demon doctors use demons for healing purposes. Demons are way more powerful than diseases and pains. When a human healer passes a command to his or her demons to cleanse someone's body of all diseases and pains, the demons will cleanse the body in seconds. But remember, demons cannot do positive things for a long time. Now I will explain how this process works and the pluses and minuses of

разрешения, я попытался ей помочь, и уже через несколько минут ей сделалось легче. С чувством благодарности она отправилась работать дальше.

В Коламбусе я работал с Рушаной, которая, страдая от боли в желудке, обратилась ко мне за помощью. Излечить ее от этого недуга было несложно, чего не скажешь о наступившем вслед гриппе. Его я могу излечить за день, но такое лечение будет весьма неэффективно без приема соответствующих лекарственных препаратов. К сожалению, на них у Рушаны была аллергия, поэтому болезнь завладела ей вновь. После того случая, я стараюсь не иметь дело с такими недугами, как грипп или простуда, потому что, несмотря на видимую безобидность, избавиться от них весьма не просто, особенно когда человек отказывается принимать соответствующие меры предосторожности. По правде, именно эти болезни представляются мне особенно сложными. Лечение гриппа из-за разнообразия его проявления, зачастую занимает очень длительный период времени и предполагает множественные взаимодействия с очагами болезни.

Девушку по имени Лорен мне пришлось избавлять от припухлости и боли в десне, после того, как ей удалили зуб. Для этого я несколько раз пытался связаться с источником ее боли и, в конце концов, успешно избавил ее от него.

Следующий случай связан с человеком, чье имя я называть не стану. Он страдал от патологической сухости губ, никак не покидавшей его. Я слышал, что причиной такого недуга могут быть внешние факторы, и все же решил взяться за это дело. Излечив друга от этой проблемы, я заработал себе такую же. Крайне сухими мои губы оставались на протяжении целых недель, пока мне не удалось убедить недуг покинуть меня. Существует

using demons to remove sickness, diseases, and pains from human bodies. Medical science may be able to invent machines that treat diseases and pains the way a healer treat them, but I will say that my procedure is better, because I do not use any demons to cleanse pains or diseases. My procedure involves pure electromagnetic rays and fields. And I will keep requesting and insisting medical and modern science invent machines to clean a human's body from all invisible insects, diseases, and pains by using rays and electromagnetic fields.

We could snatch or pull out all of these invisible insects or diseases by using a magnetized room or walls. Medical science needs to invent those machines that utilize powerful magnetic fields. Whenever a human walks between those walls or into that room, the electromagnetic field should be able to suck, snatch, or pull out all those sicknesses, diseases, and pains from that body. Once those invisible insects, diseases, pains come out of the human body, we could condense those diseases and pains and either store them or find a way to keep them away from the open atmosphere.

A healer can pass commands to demons to cleanse bodies, and the demon will listen to that human; however, you should remember that the healer can reverse the procedure and make those demons infect a body with bunch of different diseases and/or pains. And this is easier for demons to do. Plus, they like all kinds of negative activity. Healers may not be reliable, and they may not offer a permanent solutions, so medical science needs to *step in and find a permanent solution* for these diseases and pains. This is very easy for me. We already have all kinds of healing medications and surgeries. This is just the second step.

ряд недугов, вроде болезней суставов или мигрени, от которых избавиться было бы не так просто.

Течение простуды или гриппа у разных людей проходит по-разному. Однажды мне случилось избавлять от гриппа мою маму. С этой задачей я справился легко, но, тем не менее, процесс это занял некоторое время. Имея дело с простудными заболеваниями, мне приходится с каждой заразой связываться в отдельности, поэтому такое исцеление также может стать весьма долгосрочным.

Однажды, в целях эксперимента я взялся лечить друга, который страдал от постоянных кругов под глазами. Убрать их оказалось несложно, однако, по обыкновению, эта проблема передалась и мне. Я, честно говоря, был удивлен, что круги под глазами – это болезнь, которую можно вылечить. Всего один раз мне приходилось иметь дело с такой особенностью.

В своей практике я встречал болезнь, вызывающую множество язв во рту жертвы. С такой ситуацией в последствии мне приходилось сталкиваться не раз, вылечивая моих маму и сестру.

Случалось мне также лечить немного другой недуг, также связанный с ротовой полостью. Сразу два человека обратились ко мне с каким-то белым грибковым налетом во рту. Мне удалось избавить обоих, после чего я поинтересовался, откуда такой недуг мог появиться. Выяснилось, что у обеих жертв грибка от такого же недуга страдают собаки. Так я нашел причину заболевания.

Однажды человек пришел ко мне с жалобой на боль в обеих ногах. Обратившись к очагу боли, я смог без труда освободить от него ноги пострадавшего, однако, в отместку, навлек

Modern science only needs to research a few things: Scientist can find out kind of rays can insist that these diseases or pains leave particular bodies. Strong magnetic fields could work like gravity and suck demons out of our bodies and send them to a storage unit after these fields condense them. Patients can use healing medications and surgeries to become completely normal. Once that patient is released from that hospital, he or she will need to come back frequently and walk between those magnetic walls or rooms so that he or she can cleanse the body again. Houses and offices should have those rooms so that people can go in them by themselves and purify their bodies when needed.

Now how it happen when a healer passes a command to head/boss demon to do anything. Few times only really demons go to everyone and fulfill the command. Otherwise, demons use their communicating system by using magnetic fields all around the world and around us, and pass the message to those demons who are already around us. And because of those messages, demons around us follow the commands. Healers can also go against you. Demons can go against us. Instead of depending on healers or demons, we need to invent new machines to handle these problems. I am confident because I am the only one who is not using any demon to purify bodies from diseases and pains. This is done with my mind, and the rays come out from mind to control different diseases, pains, sicknesses, and demons. But I am a human, and I am not using demons, so I cannot do too much. I am learning how to use the gift God has given me. And this is the time when medical science needs to step in and control this invisible world of pains.

Sometimes healers pass some commands to stones, papers, or places. And their commands usually are for demons. They may say, "If someone touches this stone, then you need to help them." And these healer and demon doctors usually want to make money from their powers. Maybe that's why nobody has

эту боль на свои ноги. Честно говоря, боль в ногах я ощущал впервые, и мне даже показалось, что это был скорее жар, нежели привычное чувство. Потребовалось достаточно времени и сил, чтобы избавить себя от него, мне пришлось осознать, что жар этот имеет несколько источников, сгруппированных вместе. Этот опыт я считаю не самым приятным в своей жизни.

Удивительно, но определенные болезни склонны поражать только определенные участки тела. Вы вряд ли обнаружите недуг, доставивший массу болевых ощущений сначала ногам, а после, перекинулся на другого человека и принялся разрушать его желудок. По опыту, могу утверждать, что когда дело касается боли в ногах, то в ногах она и остается. Распространяться же она будет мгновенно, обнаружив новые уязвимые конечности.

Аналогично, болезни почек и сердца, перебирая спутников, заселятся именно в отведенный им орган. Для меня остается загадкой, почему болезни так плотно связаны с определенными органами.

Не раз мне приходилось избавлять людей от язв желудка. Поэтому я совершенно определенно утверждаю, что пренебрегать медицинскими средствами для заживления язв не стоит. В открытом состоянии язва всегда будет лакомым кусочком для новых болезней и недугов. В то время как сами язвы и раны все же являются участками самого организма хоть и поврежденными, недуги и боль приходят в организм извне. Поэтому так важно использовать все возможные заживляющие средства и методы, чтобы заставить язвы рубцеваться, а раны затягиваться. Тогда поврежденный организм будет подвержен влиянию новым болезням и недугам в меньшей степени. Невидимым вредителям не

ever guided medical science properly.

There will be no end to this book if I keep describing each and every person. We are lucky. We live in the modern age with so many effective medications, skilled surgeons, and medical machines, and these are all effective in the healing process. Until now, modern science has not believed in invisible world. Modern science has no concept of invisible insects that are responsible for making us sick in innumerable. Personally, I was never interested in medical science. That's why I graduated with a degree in electrical engineering and a bachelor's in law. Years ago, if someone had told me what I am telling you right now, I might have just laughed and moved on without even listening. Doctors often tell someone that they cannot help with migraines, back pain, or any arthritis pain after medications and surgical techniques have been exhausted. I cannot fix damages to the organs or bones of the body. We need medication and surgery for that. But whatever is beyond the limit of medical science, whatever doctors can't fix or see, I am capable of fixing it.

Pains are relatively easy for me, regardless of its source. I have difficulty dealing with infants because they cannot give me an update. I can have problems dealing with pain-free diseases or painless diseases like kidney failure, thyroid problem, liver diseases, or diabetes. I have no way of knowing if the disease is still there or not. Only solution for these kinds of diseases is to keep working on them nonstop. That is definitely possible for a few people, but because of time constraints, it is practically impossible to help many individuals.

But when an organ or a part of the body is not completely damaged and those people can get the proper medical care to fix the damages, I

пробраться в организм и, следовательно, не поглотить его ткани, если тот достаточно защищен. Такое правило справедливо и для почек, и печени, и кишечника.

Мне очень часто приходится иметь дело с больной печенью. Честно говоря, я не знаю людей, не страдающих проблемами с печенью или желудком. Часто, течение таких болезней проходит тихо, без видимых и ощутимых симптомов, пока не становится уже слишком поздно, и мы не узнаем о болезни по самым неприятным признакам.

Стоит учесть, что даже для тех, кто не жалуется на болезни печени, ближайшем рассмотрении прогноз часто становится неутешительным. Я упоминал не раз, что мой организм особенно чувствителен к присутствию демонов, болезней или недугов. За мой колоссальный опыт я сталкивался с многими формами болезни печени, желудка или кишечника, выявление которых я вынужден был проводить через свой собственный организм. В 99 процентах случаев я сталкивался со скрытой болезнью, поэтому совершенно точно могу утверждать, что человечеству необходимы медицинские препараты, призванные защитить эти органы. К сожалению, мы обнаруживаем проблему только тогда, когда чувствуем боль, а значит, возможно, уже слишком поздно надеяться на полное выздоровление.

Многие исследователи утверждают, что большинство людей подвержены риску сердечных приступов с летальным исходом. Поверьте, избавить человека от болезни сердца очень просто. По личным наблюдениям я установил, что частые болезни сердца связаны с проблемами закупорки вен. Однако должен признать, что единичная очистка вен и сердца не принесет плодов, если процедуру это не

am sure I can remove those diseases or insects responsible for those diseases. I am not a magician. I need to clearly understand the places of the damages or pains to help someone. HIV, any kind of cancer, or simple pains—they are all the same to me. Because once I cleanse someone of these demons or diseases, I will move all the negative energies away from their bodies but; if they will not take proper medication and surgery, negative energy will come back to them, after sometime

I can work hard to help anyone defeat diseases and cancers, if they are willing to use the proper medication to heal the damages afterward. My e-mail is aruba74@hotmail.com.

Anyone can send me his or her picture along with details about his or her problems. In case of any kind of pain, I don't need to contact anyone. I will just need an e-mail update to make sure his or her problem is resolved. Before I communicate to people's pains, I will give them an exact time so that they notice the difference. In case of visible cancers, I will need to know which kind of medications, ointments, creams, and syrups the people are employing to fight those cancers. After that, I can guide them with my help. In regard to depression, high blood pressure, anxiety attacks, and other similar issues, I can help only when someone is suffering from that problem at that specific time.

Several times when I was helping people fix their headache, I started receiving different kinds of diseases and pains from them. That's why I do not do any calculation anymore. I am always ready to deal with any problem that comes out of those people.

It is my strong believe that demons and

проводить с должной регулярностью.

У меня был прекрасный опыт взаимодействия с несколькими недугами и болезнями сердца. С некоторыми из них мне даже удалось наладить плодотворные взаимоотношения. Я позволял им посещать меня на несколько секунд. Однако ни один из недугов не осмелился проникнуть в мое сердце и всегда держался на безопасном расстоянии. Помнится, как недуг, с которым мне пришлось взаимодействовать, оказался таким мощным, что прикосновение его можно было сравнить с ударом тока в тысячу вольт. Сегодня мне уже не встречаются недуги этого порядка.

С мигренями и другими видами головной боли справиться несложно. Как-то же мне пришлось иметь дело с весьма необычной болезнью кожи. Избавление от такого недуга может занять чуть больше времени, и, к сожалению, такие болезни не проходят бесследно. Любая болезнь кожи обязательно оставит раны, что сделает ее особенно уязвимой для новых вторжений. Поэтому в такой ситуации медицинское вмешательство станет не только полезным, но и обязательным.

Однажды я дал кому-то обещание, что избавлю его от проблем с щитовидной железой. Позже я узнал, что все сложности с ней возникают также по причине пагубного влияния физического существа извне.
От нее избавить совсем несложно. Проблема состоит в дальнейшем поддержании целостности железы, так как будучи один раз поврежденной, она становится уязвимой для последующих заражений. К тому же, как и болезни почек и печени, проблемы щитовидной железы не сопровождаются болью. Поэтому, если пациент сам не выявит наличие проблем в этой области, мне, возможно, не удастся обнаружить их самому, следовательно, я и

132

diseases already know that they are not visible to us. They just watch us struggle and fight against pains or the damages caused by them. If medical scientists start to believe this theory, I am sure they will find cures for all the pains and diseases caused by these invisible demons or diseases. To prove my point and convince medical scientists about demons and their activities, I will demonstrate my skills and capabilities whenever they want.

The beings of the invisible world cannot go throw wall or glass doors. They need to have an entrance to come in or go out. I see this every day, especially when I ask them to leave my office and they leave through doors. But I strongly believe that they do not need much room to enter anywhere. If air can go somewhere, they can go there too. But they have the additional quality of penetrating and expanding themselves in our bodies.

Demons or diseases do not easily listen to anyone, not even me. Someone needs to have the ability to convince them not to do something. And if the demons do not listen, someone needs to be capable of putting some pressure on them or insisting that they listen to someone. I do that all the time. I am sure that some of them get upset with me because I am taking their toys or food away from them. I am sure a few of them work against me so that they can hurt me, but I do not know what to do about that.

One time, I treated a kid with blood cancer; however, that kid was only one year old, and his treatment was very difficult because the kid was in the last stage of the cancer in a foreign country. But I got the chance to learn a few things from that experience. The disease responsible of creating the blood cancer was sitting on the neck bone of the boy's body and in his mouth as well. And from there, that

не стану их лечить. Честно говоря, принцип течения таких тихих болезней для меня загадка.

Есть такая категория людей, с которыми я работаю постоянно. В основном это мои близкие, или же те, кого я изучаю в целях расширения моих знаний в этой области. Сейчас я могу избавлять людей от постоянного жжения в глазах и даже близорукости. Причем опыт в исцелении таких недугов мне удалось проводить на себе, впустив эти болезни на какой-то момент. Проблемы с фокусом и близорукость решить, как оказалось, несложно. Установить связь с очагом болезни просто, однако трудно предположить, не займет ли иной недуг прореху, образовавшуюся в результате исцеления.

Болезни, пребывающие в наших организмах постоянно, на самом деле, по-другому существовать не могут. Им обязательно нужен организм, в котором они могли бы поселиться, потому что в воздухе или воде они не выживают, а только путешествуют по ним. Здоровым организм можно считать только в том случае, если в нем полностью отсутствуют демоны, болезни, недуги и прочие паразиты. Частично или полностью больной организм, в котором все вышеперечисленные вредители заседают и властвуют, можно очистить благодаря силе и энергии убеждения.

С какими проблемами человеку придется столкнуться после того, как его организм вычищен? Главная сложность, возникающая перед чистым от природы или очищенным извне организмом, состоит в его уязвимости.

Медицина очень конкретно заявляет о наличии смежных или сопряженных

disease was creating and controlling the boy's whole body and spreading the blood cancer. I still do not feel confident that I am able to control a blood or bone cancer in some people, especially when it's in its last stages. The only problem I had when I was treating that kid was the bombardment of attacks. Every time I work on him, I pulled negative energies from his body. My actions reduced his fever. I fix his mouth and gum infections several times. I tried to fix his bleeding nose several times, but that kid only felt better for few hours before he was under attack again. I also experienced all of his pains and problems. I was in pain for few days, and that was very difficult. From that day on, I decided not to treat infants anymore, because they cannot tell me where they have problems. That was a very bad experience.

One time, someone asked me to work on their bone marrow. I tried several times. Every time I worked on them, I always felt something coming out of the bone marrow. After that, I tried to work on all the bones, but the only noticeable diseases came out from chest bones and bone marrow. Another time, I treated someone who was complaining about swallowing and breathing problems. I learned from that experience that a negative energy can block the tubes responsible for transferring food or liquid to the stomach. That was not difficult to treat.

The appendix is just an extra tube between the small and large intestines. Negative energy can go inside that tube and expand itself to damage the tube. Once this tube is damaged, surgery is necessary to clean up the mess and poisonous discharges.

To use medical language, we call this problem a "gastric problem." These negative energies go to any tube or another part of the body and expand themselves, and they can sometimes kill someone. This expanding quality can

болезнях и самостоятельных недугах. Я же полагаю, что болезнь, представленная множеством невидимых паразитов, не покинет орган сама, а если и удастся от нее избавиться, то за собой она оставит язву, весьма заманчивую для иных не менее опасных вредителей. Поэтому, я полагаю, здоровому организму не страшны ни сопряженные, ни самостоятельные болезни, в то время как поврежденный организм постоянно находится в зоне риска. Несмотря на то, что болезни предпочитают не срываться с насиженного места без причины, по неудачным обстоятельствам такое все же может произойти. Учитывая тот факт, что численность всех этих существ значительно превышает численность человека, а возраст достигает не менее нескольких сотен лет, опасность состоит еще и в том, что вскоре, возможно, мы все будем окружены целыми роями из миллионов демонов и недугов.

Поэтому так важно, чтобы современная медицина обратила свое внимание на теорию о существовании демонов и недугов и приложила максимум усилий для создания соответствующих защитных инструментов, препятствующих их проникновению в наше пространство.

Разные люди используют демонов и их способность к гипнозу с разными целями. Так, например, мастера магии, гипнотизируя аудиторию, представляют трюки с левитацией и разрезанием человека на части. Каким бы поразительным ни казался трюк фокусника, не забывайте, что это всего лишь гипноз, осуществляемый демоном.

Мне никогда особенно не верилось, что я обладаю какими-то необычными свойствами или способностями. И все же, опыт взаимодействия с миром демонов,

prove that all these demons and diseases are actually physical creatures but invisible to us.

Maybe my theories will challenge medical science, but I am ready to proof my point. I will do anything to prove my theories to medical scientists, so that they eventually start working to find ways to reduce the effects of negative energies on our health.

All the creatures in the invisible world use doors, as I have stated, they have physical bodies similar to air. A sick person should keep using medication to heal damage organs or other parts of the body, but in the case of internal wounds or ulcers, there may be no cure. The invisible insects of diseases number in the millions, and they are all free to go inside our bodies and keep eating and damaging our organs. If it is possible to somehow isolate these kinds of patients and keep them in an isolated chamber where it would be impossible for these invisible insects and diseases to return to that injured body or organ, then the only problem will be removing those invisible insects or diseases already inside the body.

If this idea to keep negative energy from away from us works sometime in the future, hospitals, houses, and maybe even cars can be built to utilize this technology. I am sure that once medical science considers my theory and scientists start their research, they will find a way to keep negative energy away from our bodies and how to get rid of these diseases when the body is infected.

I have never seen anything like a fairy, a ghost, a witch, or any demon in the shape of a human being. I always see them in their original shape, small flying objects in different shapes. Some are round. Some are like threads. Some are similar to stars, and several are other shapes. But they are all very small in

который мне удалось приобрести, заставляет меня настаивать на том, чтобы медицинское сообщество повернулось лицом к этой проблеме. Следует направить разработки на создание защитных механизмов для всего человечества. Я понимаю, что поверить в мою теорию непросто. Именно поэтому я всегда с охотой на практике демонстрирую свои способности любому исследователю, проявившему интерес к техникам взаимодействия с потусторонним миром.

Когда лекарь использует своего демона для того, чтобы очистить организм от других демонов и недугов, непременно появляется ряд побочных эффектов. Одним из таких эффектов является образовавшаяся пустота, в которой с легкостью поселяется демон, пусть даже и дружественный. Помните, завоевать расположение демона надолго невозможно. Это против их природы.

В ходе общения с лекарями и докторами, которые используют демонов в своих целях, я выяснил, что заслужить доверия демонов и познать их сущность не так просто. Зачастую, информация, которой такие люди владеют, попадает к ним из различных писаний и от наставников. Используя силы демонов в целях исцеления или применения магии, лекари их вовсе не страшатся. В моем случае, все проходило иначе. Мне не были даны ни вера, ни понимание, ни знания о демонах и невидимом мире недугов. Все тонкости и особенности этой загадочной природы мне приходилось познавать на собственном опыте, когда день за днем я сталкивался с новыми существами и решал новые загадки их бытия. Теперь же мой багаж знаний невообразимо велик, и все же зачастую мне не удается заставить людей поверить в мою теорию о потустороннем мире.

size, and they all fly in the air. If someone says that there are demons in the shape of humans or fairies or that these creatures are twenty feet tall, ugly, black things with long teeth, red eyes, and long arms, these are all fictions. If ever I see anything similar to those fictions, I will not take one second to disclose this information. There is no doubt that these flying demons are very powerful once they possess our bodies, but when they are just flying in air, they are as harmless as air.

The heart usually is affected by the blocking and expanding of negative energy. Expending negative energy can increase the size of heart. And because of this expanding quality, these diseases can block the blood vessels and interrupt blood circulation.

Kidneys are usually affected by two kinds of negative energies or diseases. One blocks, and the other expands. The first disease just blocks the major tubes in the kidneys to disrupt their functions. The second kind of kidney disease is the result of invisible insects that eat and directly damage the kidneys. Consequently, people get kidney infections and sometime kidney stones.

If a demon is living in the body of a lizard and you kill that lizard, that demon will immediately go inside your body. And because the demon's world was based on the experience of the lizard, it will show you dreams about lizards. This is not true for normal people because they usually have a few permanent demons for their whole lives, but in my case, and people close to me or some other people with whom I frequently work, I remove their demons frequently all the time. Whenever they go here and there, some new demons possess their bodies; these new demons can come from other family members, from the workplace, from trees, from insects, from animals, or from sick

Главное отличие моей техники от техник других лекарей состоит в том, что я не использую демонов, и, следовательно, сам остаюсь уязвим к их влиянию на мой организм, в то время как мои союзники, имея при себе дружественного демона, всегда остаются в безопасности. Я же использую силу разума и методы убеждения для того, чтобы избавлять людей от демонов, болезней и недугов. Своими силами я могу очистить и пространство и организм, однако, будучи уязвимым, мне приходится ограничивать себя в такой деятельности. Не имея достаточной защиты, практически каждого демона и каждый недуг мне приходится пропускать через себя, что иногда становится невыносимо.

Мне до сих пор неизвестно, как мне удается сохранять себя в достаточной безопасности, переживая столько взаимодействий с демонами. Возможно, новой ступенью в развитии этой мысли станет профессиональное изучение этой проблемы. Если медицине и удастся обнаружить способы извлечения пользы от использования магнитных полей или лазеров, останется нерешенным вопрос безопасности людей вне больничных стен.

И сегодня я постоянно нахожусь под влиянием различных болезней и недугов. Очевидно, что я не стану сидеть, сложа руки, наблюдая за тем, как от боли страдают окружающие и даже мои близкие. Поэтому я продолжаю практику, и порой мне все же случается перенимать эти страдания на свою сторону. Большинство таких ситуаций переносятся, к счастью, безболезненно. Однако иногда, мне приходится не сладко.

В отличие от многих, я действительно вижу демонов и болезни воочию. Иные, утверждающие, что демоны появляются

people. Now remember that a normal person can only figure out whose demon is in his or her body by analyzing the symptoms or one's dreams. This is a very simple way of judging the mentality and background of your demon.

I do not have any permanent demon these days, but once I go to sleep, they come to me and show me dreams according to their backgrounds and knowledge. Some show me lizards or other bad stuff in my dreams. In that case, I immediately get up and complain to them, "What the hell are you showing me? Please show me good dreams." But I do not know about their knowledge or what they think is good or bad. The best thing to do whenever your demon is showing you bad dreams is to immediately look toward your left shoulder and tell your demon that you do not like these dreams and then tell it exactly what do you want to see in your dreams. Trust me, most of the time, they will listen to you. Only you need to act very confident, so demons believe that you are aware about them and their actions.

Now I can explain two more parts of same theory about demons. According to modern science, our eyes and ears have some limitations. We cannot see or hear more or less than those particular limits. In the same way, I believe that demons, diseases, and pains are physical bodies like air or rays. We are not able to directly see demons and diseases or pain right now because nobody has ever tried to invent a machine to reveal them, but I am sure once medical science will invent it one day. I can only give scientists guidelines on how to do their experiments. I adamantly insist it is possible to see demons, diseases, and pains because I am capable of seeing them right now. Because I am able to see them, I am sure it is possible to invent artificial eyes or machines to see or watch these demons. Remember, even if you use artificial eyes or machines to see demons,

перед ними в человеческом обличии, должны понимать, что то, что им удается увидеть – это всего лишь проекция фантазий, рожденных в их разуме демонами. Поэтому, я полагаю, следует безотлагательно подключить медиков и ученых к разработке специализированных аппаратных устройств, способных распознавать и захватывать болезни и демонов. Для этой цели я готов поделиться всеми накопленными знаниями, если это поможет, а также содействовать в проведении экспериментов в выявлении лучей и материалов, эффективных в борьбе с демонами.

Не забывайте, что на самом деле, когда лекарь пытается избавить и защитить Вас от демона, вручая заветный гвоздь или другой артефакт, он всего лишь использует силу демона, которому поручает соответствующие задания.

Простая бумага, письмена, камни, веревки и амулеты используются лекарями и иногда даже оказываются весьма эффективными. Однако волшебные функции за эти предметы выполняют демоны, назначенные лекарем. Следовательно, демон всегда будет сопровождать предмет, которому подвластен. Учитывая, что природа демона весьма не положительна, рано или поздно они выпускают жажду власти над разумом наружу. Сопровождая нас, они непременно захотят завладеть нашим мыслительным процессом. Поэтому не стоит полностью доверяться веревочкам и камушкам, их эффективность может обернуться против Вас.

Демоны, в отличие от болезней и недугов, разумны и весьма сильны. Они не ведут себя как паразиты, но и положительного в них немного. Имея негативную природу, они получают невероятное удовольствие

diseases, or pains, you'll only be able to see them either when they are flying in the air or leaving a body and transferring to another. It will be very difficult to notice them when they are already inside a body. I can sense demons both inside and outside the body because I have been given a gift from God.

Let me summarize how someone can perform experiments to invent artificial eyes or machines to see demons, diseases, and pains. Always remember to perform these experiments in an open atmosphere where you have trees, grass, and all kind of insects and reptiles. You can target a few lizards, rats, cats, dogs, and birds. Targeting them does not mean killing them. It means you need to focus your machines on those animals. Always remember that demons will move from one body to another whenever they feel insecure. They always jump or transfer themselves to the most secure or most available body. For example, if you focus your machine eyes on a cat and a lizard (i.e., one weak and one strong animal), remember that whenever a cat tries to hunt a lizard, the demon in the lizard will jump into the cat's body. This is the time to observe the invisible image of demons. You need to trust me. Everybody is possessed by these demons. You can also ask a man to kill a spider or a lizard. He may not really need to kill the animal, but his action will definitely make the demons in the spider or lizard feel insecure. Within seconds, those demons will come out the body of the spider or lizard and jump into the body of that man. During this experiment, you can watch for the demons when they are transferring themselves from one body to another. Even if a man just scares an animal, its demons will do same thing. They will immediately leave the less secure body and probably go straight to that man's body because his will be the most secure one for demons at that time.

Next, we should try to invent a machine that

от совершения безумных поступков. И все же, несмотря на это, у нас есть возможность совершать, хоть и ненадолго, некоторые метаморфозы в их поведении и направлять их на положительную активность. Высокая концентрация позитивной энергии сосредоточена, как ни странно, внутри нас в форме нашего духа. Его поведением движет высшая сила. Не стоит, однако, отчаиваться, приручить демона можно, удерживая его на расстоянии. Если Вам это удастся, Ваш спутник станет выполнять любые пожелания еще до того, как Вы успели их придумать.

Ранее я уже упоминал, что между собой демоны собираются в группы или племена, где непременно окажется один самый могущественный, воли которой подчиняются остальные. Если человеку повезет установить взаимосвязь и наладить дружественный контакт с таким вожаком, целая стая демонов окажется в распоряжении такого счастливчика. Проверенные временем взаимоотношения между человеком и группой демонов могут передаваться из поколения в поколение. И все же, не стоит полагать, что человек может заставить демона совершить какой-то поступок ради него. Такие взаимоотношения строятся только на основе взаимопонимания и взаимоуважения.

Люди по-разному используют группы демонов, с которыми им удается наладить контакт. Некоторые я описал выше, однако расскажу Вам еще о нескольких случаях. Лекари используют демонов для того, чтобы в процессе исцеления влиять на других демонов и устранять болезни и недуги. С такой задачей демон справляется без труда, потому что сила, сосредоточенная в существе демона значительно превышает силу любого недуга. Вынужден напомнить, что к добрым делам демоны особенно не

utilizes lasers. The rays from that machine should be able to convince or insist the invisible insects, diseases, pains, and demons to leave a body or leave an infected or damage organ. That machine should be able to communicate with whatever pain from which the person is suffering. Now, you must be wondering how someone will be able to invent such kind of machine. To develop this technology, medical scientists need to watch and observe me, and to help mankind, I will demonstrate my capabilities as many times as needed.

They need to observe and watch how I communicate with pains without opening my mouth. Usually, I close my eyes when I'm helping someone. Medical scientists need to observe the kinds of rays coming from my mind when I am communicating with someone's pain. And then they need to observe that pain leaving the body and going somewhere else. With the proper artificial eyes or machines, they can find or discover which kind of rays are coming from my mind and going to those pains or demons and convincing them or insisting them to leave the body of that human. They can also observe when that demon or disease leaves that body to catch the image of them in these cameras or artificial eyes. Once they have these images and the figures for the intensity of the rays, I am sure they will be able to invent a machine whose rays will be able to convince or insist any pain, sickness, disease, or demon leave damage bodies and organs. I think we should first cleanse the body and damage organs from these pains and diseases. And once this is done, we can start prescribing healing medications and surgeries. To me, these should be secondary procedures, but we have all kinds of effective medications and surgeries. Hopefully, my theories and ideas will encourage some medical scientists to start researching this area. Maybe not immediately, but I am hopeful that it will happen soon.

расположены. Поэтому в процессе избавления от недугов с помощью демонов есть как положительные, так и отрицательные стороны. Научное сообщество, кстати, могло бы использовать те же принципы, что и традиционные лекари. Однако я настаиваю на том, что моя техника значительно безопаснее, потому что не предполагает активного участия демонов в избавлении от недугов и болезней. Я использую чистую энергию электромагнитного поля. Я продолжаю настаивать на том, чтобы современная медицина и наука серьезно отнеслись к разработке аппаратных устройств, способных избавлять человека от нашествия демонов, недугов и прочих существ.

С использованием мощных магнитных полей и приложением их силы, скажем, к стенам или специальным пространствам, мы могли бы воздействовать на существа, поселившиеся в организме и буквально доставать их оттуда. Так, например, проходя между намагниченными стенами из человека бы с помощью созданного поля, извлекались все паразитические организмы и демоны, которые после можно сконцентрировать в безопасном месте на недосягаемом расстоянии.

Следует учитывать, что любой лекарь, имея возможность использовать своего демона, чтобы очистить человека, с таким же успехом может обратить демона против него, заразив сотней болезней и недугов. Демонам это понравится даже больше. Поэтому в такой противоречивой ситуации должна вступить медицина, чтобы обезопасить человека от ненадежного лекаря. Наряду с современными успешными разработками в области фармацевтики и хирургии, мы получим еще одну альтернативу исцеления.

Most of the time, demons are not completely inside the body. Somehow, they surround the body. In this way, they are inside the body, but some parts are also above the skin. Whenever demons travel through the telephone lines, they are usually stuck in our ears, heads, and necks, especially our left ears. At that moment, demons have not completely penetrated our bodies. At that time, they sit on top of us and dig inside our minds by using the path of the left ear most of the time to learn more about us or use their hypnotizing powers. If a medical scientist observes a normal person who is on phone with a sick person who has a very short temper or someone who is an extremist in any field, I am sure that demons will travel via the phone lines and possess the other person. Medical science can use modern machines to detect the rays and signals. Once medical science is able to detect demons or diseases, I am sure they will be able to easily find the cures that normal people can use against them.

Always remember that demons and diseases/pains are not the same things. Demons are different. They do not hurt us, but they use us as toys. They control our minds, and most of the time, we do what they want us to do. Most of the time, we think whatever they want us to think. You may ask me, "What do demons get from this?" The simple answer is that this is their hobby and we are their toys. They have nothing else to do. They live their lives around or inside us; they get involved in our affairs and families, so they make decisions about what we need to do. They keep us angry and make us perform all kinds of negative acts. Practically, it is not possible to disrupt the demon's control. If someone like me takes the demon around you or inside you out, another will possess you within a few days or maybe a few hours. Demons can see that you are free of them and that no others are claiming ownership over you. Whatever demon is more powerful will come to you and will make room around and

Тем не менее, современной науке придется заняться такими вопросами, как техническая комплектация. Именно, следует обнаружить лучи, способные эффективно воздействовать на недуги и болезни, а также детально изучить роль электромагнитного поля и гравитации в борьбе с демонами. Так, возможно будут созданы специальные помещения и коридоры, проходя по которым жертвы демонов и недугов смогли бы вновь очистить свое уязвимое тело. В дальнейшем, такие очистительные установки можно было бы конструировать в каждом офисе и каждом доме.

Итак, каким же образом лекарю удается передавать сообщения демонам? Очень редко демоны сами перемещаются с такой целью, чаще они используют электромагнитные поля, по которым и передают закодированное сообщение от лекаря другому демону. И демон, и лекарь могут изъявить нежелание помочь и даже навредить нам, поэтому намного безопаснее использовать независимые машины для передачи информации в пространстве. Мне удается избегать использования демонов напрямую в моей практике, я единственный, кто смог использовать энергетические лучи для освобождения людей от недугов и демонов. Но, я всего лишь человек, и пока еще только учусь использовать свои возможности. Поэтому, я полагаю, на помощь мне должны прийти наука и медицина.

Нередко лекари прилагают часть энергии к какому-то предмету вроде камня, листка бумаги или даже места. Так, они предлагают демону выполнять задуманную команду, назначенную этому предмету. Такие махинации чаще всего сопровождаются их личным меркантильным интересом, а обращение к квалифицированной медицине,

inside you within a few seconds. And you will never know about these changes because all demons pretty much act the same way. Your dreams may be different, but that may be the extent of the change.

On the other hand, diseases or pains do not hypnotize us in order to control our minds. They do not get involved in our family or business affairs. Diseases and pains are pure parasites. They eat our bodies and organs. They do not care if they hurt or kill us.

Modern science could potentially detect the demons, diseases, pains, or sicknesses that plague us. Medical scientists can use anyone, but if I have to help, I will. My techniques are very simple. I can talk to any person who has any kind of pain so that medical scientist can use their equipment to observe my procedure. I can use my power to pull the pain out of that sick person, and that pain will travel to me through whatever medium we use to communicate. I can do this as many times as needed. If I receive any demons or pains through the telephone, I can easily take them out of my body so that I am ready again for the experiments. In this very simple way, medical scientist can observe what is coming out from the sick person and traveling through phone lines and going into my body. According to my theory, once medical science is able to detect those rays, they will be able to find cures for all kind of sicknesses and diseases by just removing the invisible bodies from someone.

As I explained, I am capable of pulling out any demon or pain from anyone's body, regardless of their location in the world, even if someone is in Italy and I am in the United States. However, I should know that person and should have seen that person in some way. Now if this person in Italy has headache I will remove that pain from that person without using any phone line or any other device for communication. Most of the time,

соответственно, остается в забытье.

Я бы никогда не закончил свою книгу, если бы решил описать все случаи, с которыми мне пришлось столкнуться за свою практику. К счастью, сегодня мы привыкли к использованию современных научно-технических разработок в медицине, совершенной хирургии и эффективного аппаратного устройства. До определенного момента наука и медицина оставались в неведении о существовании такого невидимого мира существ, несущих болезни и недуги в наш мир. Я сам особенно не интересовался вопросами исцеления и медициной в принципе, предпочел получить дипломы инженера и юриста. Если бы кто-то еще в то время рассказал мне, чем я буду заниматься сегодня, я бы, наверное, посмеялся и даже не дослушал до конца. В наши дни доктора до сих пор отказываются давать прогнозы в лечении мигрени, некоторых болезней спины и даже артрита. Когда средства медицины себя исчерпают, я предпочитаю не опускать руки. К сожалению, восстановить поврежденный орган мне не под силу, но избавить человека от причин заболевания, когда медицина отказалась, я полагаю, я смогу.

С недугами, вызывающими боль, справиться несложно. Некоторые проблемы могут возникнуть с лечением младенцев, потому что добиться ответа от них не так просто. Лечение болезней, протекающих без боли, например проблемы почек или печени, щитовидной железы или диабет, может также доставить некоторые хлопоты. Мне придется воздействовать на очаг болезни непрерывно, потому что иначе я не смогу убедиться в том, что полностью избавился от недуга. Поэтому, к сожалению, такие формы лечения доступны лишь немногим.

those pains come out of one body and find someone else close to that person, but I will try to bring that pain to me in the United States. With that pain, I will also try to pull out his demons as well. Usually, demons come straight to me. This should make for a very interesting observation. By observing both of us in these different areas, a scientist could easily detect the presence, motion, and traveling speed of these demons.

Now I am going to talk about another new theory, and I am ready help any medical scientist who wants to discover the cure for all these invisible pains and diseases. By chance, if medical scientists find out the rays of these diseases, pains, and/or demons, they will need to verify all of their conclusions by performing more experiments. However, I already know that these all travel through a field similar to an electromagnetic field. During travel, they act like rays, and that electromagnetic field provides them with medium to travel over great distances quickly. But there is no proof or evidence right now. That's why I am giving everyone these guidelines. For now, assume that medical scientists will be able to detect the rays and electromagnetic traveling system. Once medical science discovers all these details, the next challenge from them will be uncovering the ways to control these entities.

I can help with this as well. I am able to communicate with demons and pains, and I am capable of convincing demons and pains to do or not do something. If they do not listen to me, I am capable of insisting that they do something. Medical science just needs to observe me and find how I can interact with them. Once medical science understands this process, scientists will be able to invent machines with the same capabilities.

Once I see medical science start moving in

Если же обнаруживается, что повреждена лишь часть органа, а иммунная система до сих пор сопротивляется благодаря использованию соответствующих медицинских препаратов, я уверен, что в таком случае с болезнью мы справимся без труда. Я знаю, как избавить человека от вредителей, несущих болезнь, и все же, я не волшебник. Мне нужно совершенно точно понимать, где располагается очаг заболевания. При этом любой рак или ВИЧ, или даже обычная боль, лечатся по одному принципу. Стоит мне очистить человека от скопившейся негативной энергии на каком-то участке, и болезнь уходит. Однако, поврежденный организм, как я уже объяснял, остается уязвимым к новым нападениям. Поэтому защитить себя от новой волны отрицательной энергии должен сам человек, используя заживляющие и восстанавливающие медицинские препараты.

Если Вы готовы начать лечение таких сложных болезней, и при этом не пренебрегаете соответствующим медицинским способам лечения, Вы можете обратиться ко мне за помощью. Мой адрес aruba74@hotmail.com.

Любой может прислать мне свою фотографию с деталями заболевания, которое их беспокоит. Если это простой недуг, мне даже не нужно будет устанавливать личный контакт с человеком. Просто по мере избавления от недуга сообщите о Вашем состоянии в письме. Более того, я даже смогу определить точный период времени, который понадобится для избавления этой Вашей проблемы. В случае если мне придется иметь дело с более сложными заболеваниями, такими как опухоль, например, мне также необходимо знать, какими средствами, лекарствами, мазями и кремами Вам приходится лечиться на

this direction and assess their achievements, I will reveal more information so that they can perform more experiments and find out the answer of following question: Why do these angry and dangerous demons, diseases, and pains leave other bodies that they were damaging? How it is possible for one to keep them away from the body? What can I do to protect myself? I will reveal the answers to these questions when I see more research in this field.

Before I move forward, let me tell you a few things that will help you to understand the last topic of this book. There is no limit to the diseases or pains inside or around our bodies. Diseases and pains are parasites. They do not easily leave our bodies. They need mediums like our bodies all the time. Diseases and pains do not control our minds by hypnotism. They do not fight with each other. They share our wounds, injuries, and damages with each other.

On the other hand, demons are not parasites. They share the food in our house or around us. Several demons live in our houses, cars, and workplaces. Usually, they do not travel with us, or only one will usually travel with us. They do not stay inside our bodies all the time. They are in and out all the time. They usually live in the least used, darkest, quietest areas of houses. If they are not inside us, then they are either flying in air or flying around us. Usually, one demon is inside our body at one time. Remember two basic rules or habits of demons: (1) If they feel a little bit insecure inside specific bodies, they will jump to most secure bodies immediately, and (2) most of the time, demons are very attached to primary persons or animals. Consequently, even if one goes to a second body, it will try to use that second body to stay close to its primary body.

данном этапе.

Случалось, что человек обращался ко мне с простой головной болью. После же оказывалось, что мне придется иметь дело с целым букетом заболеваний. Поэтому я редко сейчас делаю прогнозы по поводу сроков исцеления, но все же стараюсь избавить человека от всех недугов, тревожащих его.

Я уверен, что демоны и недуги совершенно точно знают, что мы не способны их видеть, поэтому с ухмылкой наблюдают за тем, как мы пытаемся с ними бороться и исправить ущерб, нанесенный болезнями. С абсолютной точностью я утверждаю, что если медицина займется этим вопросом вплотную, ей удастся найти способы разрешения этой проблемы и эффективно вылечить любой недуг и избавиться от любого демона. Если наука выразит интерес к моим исследованиям, я в любой момент готов доказать свою правоту.

Демоны и недуги не способны проникать сквозь стены или двери. Также как и людям, для проникновения им необходимо пространство. Разница состоит только в том, что существа эти крошечные, и, передвигаясь по воздуху, они имеют доступ к почти любому отверстию, через которое способен проникнуть воздух. Кроме того, эти существа способны проникать и эффективно распространяться по нашим организмам.

Демоны с неохотой идут на компромисс и просто так слушать не будут даже меня. Для того чтобы заставить их выполнить необходимые действия, приходится использовать силу убеждения, а иногда даже просто силу. Так, только под определенным давлением мне иногда

Are demons part of the problems between men and women? A demon inside or around the body of a woman is able to sense danger long before the woman does. Around a man, there are three kinds of women. One kind of woman is not scared of some specific man at all, like a mother; grandmother; elder sister; old, bossy woman boss; or someone who is really not a good-looking woman. I hope you will be able to understand, regardless of whether you're a man or a woman, why we feel too much attraction for someone, even if they are not too much different in looks. Sometimes we have some ugly people around us. And even we have no attraction for them. Or we do not want to close to them. But suddenly, either dream or some time just thought, come to over mind, if we need to kiss or hug (or more) with that person? We all know, we all immediately reject that idea and almost in response almost every day say "what the hell, I am thinking?" So, this is not us. This is either our demons or that ugly person's demons. Regardless two of those people do not like each other, but maybe their demons like each other. That's why maybe they are trying to use two bodies. I am not saying that we do not have feelings or emotions, but behind all pushes and extreme conditions, demons are always involved. If you feel too much of anything, just try to control yourself. You just need a little bit of practice. You will observe that your extreme behaviors will slowly change in all matters concerning your life.

[[insert picture 001 here]]

Regardless if that man stays around those kinds of women for any amount of time, the demons from those kinds of women do not feel insecure about that man. Demons do not come out from the bodies of those women and do not jump on the bodies of these men. Those women are not scared of these men, so their demons feel more secure in the bodies of

удается эффективно воздействовать на них. Определенно, они не особенно довольны тем, что кто-то отбирает у них забаву, а в случае болезней даже питательную среду. Пока мне не удалось определить, что делать с их неистовым желанием отомстить мне за все содеянное.

Однажды я столкнулся со случаем рака крови последней стадии у годовалого малыша, который, к тому же, проживал в другой стране. Опыт, который мне удалось получить в ходе лечения этого ребенка, поистине, оказался неоценимым. Во-первых, я понял, что болезнь рака крови засела в самой кости шейного отдела позвоночника ребенка, а также в его ротовой полости. Именно из этих участков тела производился контроль над течением болезни и ее развитием в организме. До сих пор, я полагаю, мне под силу справиться не со всеми проявлениями рака крови или кости, особенно когда болезнь развилась до последней стадии. Сложность лечения возрастала с тем, как увеличивалась интенсивность воздействия активных компонентов болезни. А именно: каждый раз, когда мне удавалось избавить ребенка от внутренней негативной энергии, ей снова удавалось просачиваться благодаря постоянной лихорадке, мучившей ребенка. Я пытался избавить его от инфекций, атакующие челюстную полость, постоянных кровотечений из носа, переносил его страдания на свой организм. Надо признаться, боль была нестерпима. И все же, моих усилий было недостаточно и уже через несколько часов от улучшений не оставалось и следа. Так я решил для себя, что больше никогда не буду лечить младенцев. Слишком сложно справиться с болезнями тех, кто не может о них рассказать. Этот опыт стал одним из самых сложных в моей практике.

Как-то мне пришлось работать с недугом

those women.

Second case: when a scary woman is in a room and a strange man is in that room, if the overall atmosphere is scary and dangerous, regardless of how long a demon is inside or around the body of that girl or woman, as soon as those demons around/inside the woman will feel a little bit insecure, they will not from these. They will look for the most secure bodies around them. And in that situation, that man is strongest person. The demons from that woman will jump on the body of the man. If the situation calms down and nothing bad happens around them, some demons in that room will jump on the body of that woman in the room. Now that man has an extra demon around him or inside him from that woman. The demons from that woman cannot go back to that woman's body because new demons already possess that body now. Especially when new demon is more powerful.

Usually, demons are very involved with their own humans or animals. Always remember that demons came out from some other body. Even though they moved to new bodies, they still do not forget about the previous people or animals they possessed. In this case when a demon was originally in the body of a woman for long time but is now inside the body of a man, this demon will keep hypnotizing or pushing that man to think about the woman all the time. So, demon can keep that man close to that woman

Do not ever think the approach of a demon is ever positive. By nature, they are negative, and they like negative activities. That man may have been okay before this demon from the woman penetrated his body, but now that demon will continuously hypnotize and push that man to keep thinking about this woman. I am not saying that men are faultless or

костного мозга. По опыту я знаю, что от костного мозга всегда следует ожидать сюрпризов, сколько бы я с ним ни работал. Оказалось, что болезнь всегда корениться или в кости грудной клетки или в самом костном мозге. Аналогично, работая с проблемами дыхательной системы, всегда следует обращать внимание на проходные отверстия, например, гортань, призванные переправлять пищу и жидкости в желудок. С такими болезнями справиться не сложно.

Аппендикс, кстати, можно определить накопителем негативной энергии, расположенным на стыке между тонким и толстым кишечником. Этот орган может одномоментно воспалиться, что, очевидно, создаст необходимость срочного хирургического вмешательства, направленного на очистку организма от скопившихся выделений и потенциально опасных веществ.

Медицинским языком выражаясь, такие проблемы называют «проблемами ЖКТ». Такие сгустки негативной энергии могут образовываться и воспаляться на любом участке этой системы или любого другого участка организма, что иногда, может иметь весьма печальные последствия вплоть до летального исхода. Наличие признаков таких болезней лишний раз доказывает присутствие в нашей жизни множества невидимых зловредных организмов: демонов и недугов.

Я готов доказывать свою точку зрения медицинскому и научному сообществам, чтобы убедить их инициировать исследования в этой области и призвать к нахождению путей решения данной проблемы.

Невидимые существа, имея физическую

blameless, but that demon is very responsible of intensifying the situation between that man and woman.

In another case, imagine few women are in the room, regardless of whether there is one or ten—same thing, in the same room—and there is one man or there or five men. In this case, I am not talking about insecure feelings for any demon. But those men are continuously watching and thinking about at least one woman all the time. In this case, demons from the woman's body penetrate a particular man's body and insist they keep thinking about that particular woman. Even woman is sitting totally unaware of some particular man. But either demon from woman or demon from both decide to bring them together. In that case regardless ten women are sitting in that room but one particular man is just worried about only one particular woman at that time. If man is thinking about only one particular woman, demon is involved in this. But if man is thinking about all ten women, then demon from woman is not involve in this activity. When a particular man is thinking and observing all ten women then, demon of that particular man is involved in all this activity.

In this and the previous situations, I do not know what these demons get out of these trade-offs. But this is their hobby. They hypnotize us and push us to act in negative ways. I do not know what they get from all that, but their influence does create and spread more negativism. However, you can reverse this situation with discipline and practice.

Whenever we feel strongly pushed toward a man or a woman, when we feel too much love or too much hate toward someone, when we just want to eat something immediately, when we just have a desire to have sex as soon as

оболочку и передвигаясь по воздуху, как и мы, используют проходы для перемещения. Им не составит труда проникнуть в наш организм и добраться до нужных органов, чтобы начать их безжалостное поглощение, в случае, если мы не соблюдаем достаточные меры предосторожности. Поэтому я настаиваю на активном применении медицинских препаратов в лечении поврежденных тканей и органов. В такой ситуации положительный эффект принесла бы изоляция тех, кому приходится избавляться от болезней и недугов или реабилитироваться после перенесенных травм или болезней. Так появилась бы возможность не допустить проникновения новых микроорганизмов в ослабленное уязвимое тело больного.

Согласно моим предположениям, использование изоляционных технологий не только в медицинских учреждениях, но и в нашей обыденной жизни, способствовало бы укреплению защиты от потоков отрицательной энергии. Поэтому я так уверен в том, что медицина и наука способны разработать универсальную помощь при защите от негативных влияний извне и устранении их последствий в форме болезней, если такие все же останутся.

Честно говоря, мне никогда не попадались ни феи, ни приведения, ни уж точно ведьмы или демоны в человеческом обличие. Напротив, их натуральный размер далеко не велик, с насекомое, а формы весьма разнообразны. Попадаются звездчатые и круглые, в форме нитей или других фигур, и всем им характерно передвижение по воздуху. Я бы не доверял тем, кто изображает демонов в виде мерзких шестиметровых чудовищ с красными глазами и длинными клыками. На самом деле, демоны, пока не

possible, remember that demons 99 percent responsible for all of these impulses!

What are some cures for the problems caused by demons?

At that time, I refused to believe that there was something invisible around me. Honestly, I had no clue about demons at that time. I still thought that I had some problems. I was just experiencing demons then. There were no diseases or pains or sicknesses around me. I was sensing and feeling only a burning sensation at this point. Once I moved from a particular place or area, the pain or sickness usually subsided. Most of the time, those burning feelings moved with me wherever I stayed close. Life was horrible at that time. At that time, I experienced this burning in only a few places, but most of the time, I was relaxed, especially after I moved away from those places, such as my office, behind the counter at the store in Columbus, and my garage, where I used to exercise. I had no problems in other places. In my garage, I suffered from that burning sensation after twenty to twenty-five minutes. And once that burning started, there was no way to stay where I was. When I would come back inside the house, the burning would stop, and I was okay after that; however, after a while, the burning started moving with me from my garage. Once I made it to the restroom, I left okay. This was happening every day. By that time, I was extremely scared all the time, especially of going to a few places. I was always surprised whenever I went behind the counter at the store in Columbus and I was unable to stand there because of this burning, and my cashiers and customers were perfectly all right. I used to watch their faces to see if I could feel any kind of problem, but they seemed normal. Usually I was okay when I was working, but as soon as I got ready to leave the office, the burning would start again. And I literally ran from that office so many

внедряются в наше личное пространство и просто летают по воздуху, представляются весьма безобидными и внешне даже милыми существа. Истинная сущность их натуры обнажается, когда они попадают в Ваш организм.

Проблемы сердечной системы чаще всего возникают из-за пагубного влияния отрицательной энергии на вены и артерии. Иногда корнем недуга становится увеличение самой сердечной мышцы, что в свою очередь, приводит к нарушению циркуляции крови.

Нарушения работы почек часто происходят по двум причинам. Во-первых, один поток негативной энергии, вызванный болезнью, образует закупорку протоков, ведущих к и от почек, которая, соответственно, заканчивается блокировкой нормальной циркуляции жидкостей. Второй случай характеризуется прямым воздействием вредителя на орган и его поступательное уничтожение. В таких ситуациях почки воспаляются или в них образуются камни.

Если Вы убили ящерицу, то ее демон непременно окажется внутри Вашего организма, и Вам придется частично разделить ее мировоззрение с помощью сновидений, оставленных этой ящерицей. Не для всех это правило справедливо, потому что зачастую у каждого из нас уже есть парочка постоянных демонов, ответственных за сны и прочие видения. Однако мне приходится иногда иметь дело с изгнанием таких демонов, в основном, когда дело касается близких или людей, с которыми я постоянно работаю. То и дело они приносят мне новых демонов, которых могли подхватить на работе или просто, прогуливаясь по улице, например, под деревьями. Демонов, доставшихся нам

times that I started leaving office door unlocked. That fire burning was playing with me. I was scared of these invisible attacks from invisible creatures and they were scaring me. After a while, the same problem started occurring in my dressing room. Usually, nothing happened for a few minutes, but as soon as I started changing, the burning would make me run from the room.

One day, I was driving toward Hellettsville from Eagle Lake when I saw that I needed some gas. Just before Hellettsville on the right side on Highway 90A, there was a small CITGO gas station. I parked my car by the gas pump and went outside. As soon as I stepped outside my car, my whole body immediately started burning. I jumped back inside my car to save myself from the fire. I was okay once I got back inside the car. That was the first time I had experienced the burning problems outside of my house and business. I was really scared to get out of my car again. I don't remember how long I stayed parked there or how I got gas and left from that place. But in that moment, I decided to discuss my problem with someone, maybe even a doctor.

I started searching for religious and spiritual people who could help me. But I soon learned that even the people who claimed that they knew a lot about the demon world were just talk. I could not find a single person who could help me—nobody. My family was not aware of my problems. I knew someone who had a ranch at Oak Ridge, which was between Columbus and Weimar. I used to go there sometimes, but one time when I was there, I had an incident. Outside the building, the owners had few swing chairs in the open. I decided to sit down on one of them, but I had to jump from that chair as soon as I sat down. That chair was hot like an oven, and within seconds, the fire was inside my body. But once I moved away from that area, I was okay. After a few days, I went back to that ranch,

от насекомых или животных, можно распознать только по сновидениям. Анализируя сны, Вы сможете определить и распознать природу и историю своего демона.

Сейчас я не ощущаю постоянного присутствия демонов в моем личном пространстве, и, тем не менее, когда я сплю ко мне приходят сновидения с некоторой незнакомой мне информацией и образами извне. Иногда передо мной появляются ящерицы и прочие гады. Тогда я с недовольством просыпаюсь и требую, чтобы нежеланные посетители моего разума сменили тему на что-нибудь более приятное. Трудно, конечно, даже предположить, что более или менее приятное в их понимании. Поэтому самым верным методом воздействия на сон я считаю точное указание желаемого сюжета. Для этого достаточно просто повернуть голову к левому плечу и внятно проговорить, что Вы предпочитаете увидеть. Поверьте, чаще всего демоны прислушиваются и представляют Вам именно те сюжеты, которые Вы озвучиваете. Однако для этого Вам придется сообщать информацию демону уверенно, с четким осознанием его присутствия.

Теперь, я полагаю, пора разъяснить основные моменты оставшихся частей моей теории. Согласно положениям современной науки, возможности нашего восприятия ограничены определенными пределами. Поэтому, в виду того, что демоны и недуги представляют собой физические организмы, по природе схожие с физикой воздуха или лучей, большинство из нас не способно видеть этих существ невооруженным глазом. Поэтому я считаю первостепенной задачей науки и медицины разработку специализированных инструментов, способных выявлять присутствие

and I sat down on the same chair; however, I didn't have any problems that day. Until that time, I was not ready to accept that I had some mental sickness or illness. I was not yet aware of the invisible world of demons at that time, and I didn't even think about that pain at all.

After few days, when I was leaving my house, I had to deal with this firestorm in my yard. I almost ran from my entrance to my car. I ran almost forty steps. After that day, I ran toward my car every day. I felt the fire burning my body everywhere, and that burning left clear sores all over my body. Those were pure demons, and my life would become hell once they came close to me. But they were not giving me any kind of sicknesses. That's why I always say that demons and diseases are two different things. The only commonality between them is that they are both invisible to the naked eye. Another incident happened when I was going to a bakery inside Savoy Shopping Center in Houston. I had an attack of fire again when I was leaving that bakery, and I had to deal with that problem until I got back to my house in Columbus. That was a pretty bad experience. Nobody can imagine how scared I was at that time. Around then, my family decided to leave the country for a few months. Now I was alone in my house every night. I still was not ready to disclose my problems to anyone. I do not remember how many nights I just sat straight on one chair all night long without going in the different parts of the house. I didn't go close to any windows in my house. I just sat on one chair all night long and watched TV. In those days, I usually went to sleep around 9:00 a.m. in morning every day. I remember those nights when I was in my house all by myself, and at those times, I was the most terrified person in the whole world.

In those days, I used to have a friend with whom I discussed my problems, but that friend eventually left me. After that, I decided

демонов, недугов или болезней в той степени, в которой это доступно сегодня мне. Я готов предоставить любую помощь и содействие в разработке такого искусственного зрения. Я уверен, что такие механизмы позволят распознавать не только присутствие демонов и недугов, но и определить их точное местонахождение. Мы обнаружим безобидных существ, парящих в воздухе, или зловредных паразитов, проникающих в организм. Однако обнаружить тех, кому уже посчастливилось попасть внутрь человеческого тела и нанести ему достаточный ущерб будет не так просто. Мне такие способности даны свыше, а вот над созданием более совершенного механизма распознавания придется поломать голову.

Позвольте привести обобщенный пример того, как можно проверить действенность искусственного визуализатора демонов и недугов. Для проведения такого опыта следует выбрать открытое место на природе, с множеством деревьев, дикой фауны, в том числе рептилий и насекомых. Вы даже можете сфокусироваться на таких объектах, как кот, собака или птица. Не беспокойтесь, это вовсе не означает, что Вам придется причинять неудобства этим животным или даже убивать их. Просто направить испытуемый аппарат в их сторону. При этом не забудьте, что существа потустороннего мира всегда предпочитают более слабых жертв более сильным. Поэтому, сфокусировав механизм, например, на таких объектах, как кот и ящерица, будьте готовы к тому, что при проявлении агрессии демоны более слабой ящерицы непременно переместятся на сторону сильного кота. Такой момент перехода станет идеальным для наблюдения за демоном. Используя этот трюк, Вы можете попросить человека раздавить паука или ящерицу. Даже не совершая смертоубийства, но имея соответствующее намерение, человек

not to disclose everything to anyone. I suffered like that for several months, and the pain was getting worse and worse day by day. Wherever I went, I had to deal with that firestorm, and I had no choice about it. My body hurt all the time because of this burning sensation. During those days, I prayed to God and kept asking the following questions: "What is going on with me? How will I live my life like this?" Then, one night, I had a dream. Someone guided me in how to talk or communicate with those firestorms whenever they were hurting me. I needed to follow these instructions. That was the turning point in my life. I was shocked and surprised. I could communicate for the first time with these firestorms. As I said earlier, I was facing even more challenges each day, even. I am revealing only 1 to 5 percent of the incidents in this book.

Anyway, when I started communicating with them, they were more surprised than I was. Each day, I had to deal with different kinds of demons. Almost everyone was surprised. Some were convinced immediately, and some took a few days to convince. Until that point, I had been very unhappy because of these burning effects. Finally, I started complaining about how much I would get hurt when they came close to me. Most of them quit coming close to me after that, but then I didn't know if they were around me or not. Plus, when I had to deal with new demons, they still burned me. They did not listen to me until they became my friends, but during that period, that burning was killing me. I was complaining every day, and finally, the burning changed to a real touch. And from that day forward, I did not feel any burning. I could feel demons like a human touch on my body. I could sense them exactly like I could sense a human's touch. Every day, I learned new things from them. They were feeding me all kinds of information through hypnotism. But even though they were acting friendly or becoming friendlier after a few days, the

тотчас же станет жертвой множества напуганных демонов этого несчастного существа. Чувствуя опасность, демон покидает своего спутника, мгновенно выбирая себе более сильную жертву, находящуюся в прямой досягаемости.

Следующим этапом в исследовании невидимого мира загадочных существ станет создание таких лучевых машин, которые способны избавить человека или животное от демонов и недугов. Принцип работы аппаратного устройства, я полагаю, будет построен также на выявлении, а после и прямом воздействии на очаги проникновения этих существ. Возможность создания таких механизмов, я считаю, вполне реальна. Для этого стоит обратиться к моему опыту и провести ряд экспериментов и наблюдений за моими процедурами избавления от демонов. Я, в свою очередь, готов демонстрировать свои способности столько, сколько потребуется, если я буду уверен, что этот опыт пойдет на благо человечества.

Наблюдения за моими сеансами будут заключаться в определении с помощью специальных аппаратов энергетических потоков и лучей, которые использует мой разум для взаимодействия с недугами и демонами. В эти моменты я по обыкновению оставляю глаза закрытыми и не произношу ни слова и направляю поток энергии на убеждение или даже вынуждение неугодных существ покинуть организм человека. Ученые также смогут понаблюдать и, возможно, даже зафиксировать, как эти существа покидают организм. Как только исследователи соберут достаточно данных об интенсивности и характере энергетических потоков и лучей, которые я использую в своей практике, они смогут разработать аналог в механической оболочке, способный избавлять людей от

feeling that a thirty-foot-tall demon was around me kept me somewhat scared most of the time.

And then things changed one day. Suddenly, I was able to see them all around me. I was surprised to see them, but they were more surprised that I could see them than I was. With more and more time and experience, I learned that they did not look like the ones we see in pictures or movies. They are just very small, flying objects of different shapes with the power of hypnosis and the power to possess bodies. Once I started seeing them, life became very easy. I was no longer scared. I learned a lot about demons during this period. I still learn new things about them every day, and I am sure that I will keep learning new things from them all the time. But I chose to write this book so I could share my knowledge with everyone and normal people could know more about them. My communication skills also developed further every day. Then I learned how to convince these demons to leave bodies. Then I learned how to insist that they leave certain bodies if they were not listening to me. This all seemed very crazy, but it was happening. After demons, I started dealing with different kinds of pains, diseases, and sickness. I learned something new, and I did not think there would be an end to learning about invisible world

Remember that demons and diseases are different. Demons live around us or in our house or on trees, and they do not create pain, sickness, and disease. They hypnotize us to control us, use us in the way they desire, and show us dreams. Some demons live inside our bodies and create certain sicknesses within us like migraines, high and low blood pressure, anxiety attacks, bipolar disorders, and mental illnesses, among others.

But the third kind includes pure diseases, pains, and sicknesses. These are just like

демонов, недугов и прочих нежелательных посетителей человеческого разума и организма. Очевидно, что современная медицина сможет с большей точностью определять средства, необходимые для восстановления ущерба, нанесенного этими существами. Конечно, медицина сегодня весьма эффективна в устранении множества болезней и их последствий, однако, я полагаю, эти средства станут вторичными по отношению к новым разработкам. Я не надеюсь, конечно, что исследования в этой области начнутся уже завтра, и все же я надеюсь, что некоторые ученые заинтересуются этим вопросом и возьмутся за ее развитие и разработку необходимых аппаратных средств.

Зачастую, демоны не полностью проникают в наш организм, а лишь находятся вблизи или оседают на коже. Демоны, которым удается по телефонным проводам переместиться и вторгнуться в наше личное пространство, чаще всего остаются в ушных раковинах, на шее или голове жертвы. Далее, оказавшись не достаточно глубоко, им приходится прокладывать себе путь к глубинам нашего сознания по обыкновению через левое ухо. Так они постепенно познают нашу природу и историю, пробуют применять гипнотические силы. Я предлагаю исследователям использовать для эксперимента процессы, в которых демоны посредством телефонной линии перемещаются от страдающего каким-либо недугом собеседника к уязвимому по каким-то причинам партнеру на другом конце провода. Используя результаты этого эксперимента, наблюдатель сможет установить природу движения и методы проникновения существ, за которыми он охотимся. Так, соответственно, мы сможем с легкостью найти способы их остановить или минимизировать их пагубное влияние на человека.

invisible animals or poisonous reptiles or insects. They are the main creators of pains, sicknesses, and diseases inside our body. But up to certain limit, all demons and diseases listen to me most of the time. Controlling them is very easy if the bodies or organs are not damaged or if the person is taking the proper medication and the healing process has begun. It can still be easy if damages are more extensive, but new diseases may inhabit those damaged bodies after the previous ones leave.

However, I only have control over external negative energies, such as demons, diseases, pains, and sickness. Damages these leave inside the body or organs need either positive healing energies or medications or surgeries. If these measures are not taken, new negative energies will come to those bodies and will start living/eating and damaging their hosts even more. For a long time, I thought I could fix only headaches. So, I started doing experiments on different people. I had no confidence in what I was doing or what I was saying at all. All this was so crazy and unbelievable that even I had hard time believing that it was actually happening. My procedure was very simple. I asked people which kinds of pains they had. Then I closed my eyes and communicated with the pain. Most of the time, the pains listened to me and left those bodies. If they did not listen and stayed in those bodies, I would have to insist that they leave the bodies. The insisting process is usually short, but sometimes, it depends on the nature of the pain and sickness. As I said, I once thought I could fix only headaches. One time, a person asked me if I could help his mother with a continuous pain in her left arm, but I told him that I could only remove headaches. Once I removed a migraine pain from one employee in Columbus for the very first time. She had been in the hospital for four days because of migraine pain. She came back to work after several days. She was working, but she was

Стоит всегда учитывать разницу между поведением демонов и недугов. Демон, обычно, не наносит человеку прямого вреда, а лишь использует свою жертву в качестве забавы. Демон способен управлять действиями и мыслями человека. Как бы парадоксально это ни звучало, но находясь постоянно в нашем окружении, будучи в курсе всех событий и происшествий нашей жизни, взаимоотношений с близкими и родными, демонам сам Бог велел вмешаться и навести переполох. Зачастую за решениями, которые принимаем яко бы мы сами, стоят именно наши излюбленные спутники. Забавно, но, даже используя возможность избавиться от постоянного гнета демонов, Вы не защищены от новых вмешательств в Ваше пространство. Демоны чувствуют, когда перед ними оказывается человек, свободный от влияния сородичей, и не упустят шанса завладеть такой находкой. Каждый раз, когда в Вашем личном пространстве появляется более сильный демон, он за считаные секунды занимает выбранное место в Вашем организме, о чем Вы, кстати, можете даже не догадываться. Только по анализу своих снов, возможно, Вам удастся сделать вывод о том, что к Вам наведался новый непрошеный гость.

Болезни и недуги, в свою очередь, менее сентиментальны, в личные взаимоотношения они особенно не вмешиваются и семьей нашей не интересуются. В то же время, вред, наносимый этими существами, велик. Даже не используя гипноз и прочие техники внедрения, недуги и болезни, как истинные паразиты, поглощают наши органы и внутренности, не переживая о том, к каким болезненным последствиям, иногда со смертельным исходом, это ведет.

still sick. At around 4:00 p.m., the store maintenance person mentioned her sickness and told me that she had already taken six Advils in last three hours; however, her migraine pain was still getting worse. I asked him to ask her if she would let me attempt to help her with her migraine. I asked the maintenance person to stay with me. I went to cashier counter and closed my eyes and asked to the migraine pain to come out of her head. During this, the maintenance man kept laughing because it looked funny and crazy to him. When I asked her about her pain, she was surprised after few seconds. She just said, "It is weird, but most of the pain is gone. But there is still some left over." I communicated with the pain one more time, and she was okay after the second try. I was really happy that day, because that had been my first experiment with migraine pain and I had been successful. After a few months, she called me one more time because of some migraine pain, but by that time, I was able to communicate with her migraine pain over the telephone. Even then it was easy to remove her migraine pain when I was on the phone with her. Her case was very easy because she had been continuously taking medication for migraines. After that, I just started trying to fix pains or sicknesses wherever I encountered them.

Most things in the invisible world are parasites, and they need mediums to live. However, demons are not parasites. Demons live around us. Demons share our food in different ways, but demons are not parasites. Other than demons, the rest of the invisible world are invisible reptiles and mostly invisible insects, and they are all parasites. If these invisible parasites are vegetarian, they live around and inside the trees and eat parts of the trees. If invisible parasites are carnivorous, then they live inside animals or humans. Even demons, when they are outside bodies, are very small in size, but demons have the ability to expand themselves to

Современная наука имеет достаточный потенциал для того, чтобы приобрести способность распознавать невидимых существ. Я готов способствовать в развитии этой сферы и наглядно продемонстрировать, используя любое средство коммуникации, каким образом мне удается использовать энергетические потоки для выявления этих существ и влияния на их поведение. Нередко, в процессе избавления человека от недуга или демона, мне приходится на себе испытывать влияние их сил и возможностей. Такие опыты весьма просты, поэтому производить их я могу неоднократно. Тем не менее, результативность их неоценима. Ученые смогут засвидетельствовать перемещение демона в мой организм посредством любого приведенного источника, что поможет выявить множественные лучи и потоки энергии, которые используются существами для смены жертвы. Используя соответствующие знания, ученым удастся найти способ применить эти лучи при избавлении людей от болезней и недугов.

Как я отмечал ваше, мне не составит труда избавить человека от демона или недуга, даже если мне придется работать на неопределенном расстоянии от жертвы, например, если я буду в США, а он в Италии. Тем не менее, существует условие, соблюдение которого обязательно. Необходимо, чтобы я знал, как человек выглядит, а лучше, имел возможность пообщаться с ним. Тогда, учитывая, что испытуемый остается в Италии, посредством телефонных линий я связываюсь с его недугом, скажем, головной болью, и активно воздействую на него так, что он покидает организм человека. Зачастую недуг может поменять испытуемого на новую жертву, находящую поблизости. И все же я сделаю все возможное, чтобы недуг переместился в мой организм, так как избываться от него

spread out into any host body. Compared to demons, diseases and pains are much smaller. All diseases and pains need mediums or bodies to live and eat. They live on or inside our bodies, and they do not share our food. They eat our body parts and organs. We have studied parasites in trees and human bodies but only those that are visible. Like all other parasites, these invisible diseases and sicknesses do not care how much they hurt us, how much they damage us, and how much they make us sick, because they are cruel like other parasites. The only problem with invisible diseases and sicknesses is that they are not visible. That's why we are more susceptible to their damages.

Once I figured out that I was able to communicate with migraine pain, I decided to inform my older sister, who lived outside of the United States. I tried to explain to her what I was capable of doing. She listened to me very carefully and asked me, "How long have you been suffering from that problem?" I was pretty much ready for that.

Next, she mentioned that I had a daughter and that I should not disclose this problem to anyone else. She also wanted me to go to a doctor for checkup. After her speech, I tried to change the subject. I asked her if she had any pain in her body. First, she flatly refused to be a part of my experiment, but when I insisted, she mentioned that she had always had a pain in her right arm. I put her on hold and tried to communicate with her shoulder pain. After exactly two minutes, I asked her if she felt any difference. At first, she immediately said no, but just after that, she started saying that she felt weird, like the pain was moving from one place to another. Almost a minute later, she said that 60 percent of the pain was gone, but she still had some. I put her on hold again. This time, I communicated with her pain for almost one minute. When I talked to her then, she was extremely surprised and shocked. She said she had had that pain for several years and that she had been taking painkillers

впоследствии мне несложно. Наблюдая за этим процессом, ученые могут не только обнаружить особенности демонов и недугов, но также изучить природу и скорость их передвижения в пространстве.

Дальнейшие исследования в этой области предполагают изучение потоков энергии или лучей, используемых демонами, что соответственно ведет к новым опытам и экспериментам. Мне известны многие факты на этот счет, которыми я готов поделиться с каждым ученым, решившимся искать методы борьбы с демонами. Я уже выяснил, что в пространстве существа используют электромагнитное поле, по которому, благодаря лучевому характеру движения, они с легкостью преодолевают любые расстояния. К сожалению, у меня нет доказательств этого факта. Получение точных данных предполагает использование специализированных средств, способных распознать и анализировать свойства поля и лучей. Затем последует необходимость определения методов контроля этих явлений.

В решении этой задачи мое содействие также будет весьма ценно, потому что мне доступен контакт с этими существами, а также активное воздействие на их поведение. В случае если медицина и наука обратятся ко мне, я предоставляю им наглядный опыт того, как происходит этот процесс, изучение которого поможет разработать методы контроля невидимых существ, например посредством механизмов или аппаратных средств аналогичного действия.

В тот момент, когда медицина и наука получат первые плоды своего друга и результаты исследований приведут к

too. Then she started telling me about the different pains her kids suffered from. That day, I learned that I was able to communicate with shoulder pain as well.

That was just the beginning. At that time, I was not aware that all these invisible pains and sicknesses would come behind me. Before that, I was dealing with demons only, so I was not experiencing any pains or sicknesses because I was surrounded by demons. But dealing with pains and diseases was a different business. Diseases and pains need bodies or mediums. They are not going to keep flying in the air. They leave one body and jump into the next one immediately. At that time, I never had any problems because I did not have any pains and sicknesses the way I do right now. After a few days, I tried talking to my younger sister, but she was already aware of my problem because she had spoken to my older sister. She also lived outside of the United States. She mentioned to me that she had fallen on the floor a few years ago, and since then, her hip bone had hurt. She had visited several doctors, and she had used different medications; however, her hip bone still hurt her. Finally, she said that the doctor had told her that her condition would fluctuate. Sometimes the pain would reduce, but the pain would always be there. I put her on hold and started trying to communicate with the pain in her hipbone. I took a few minutes, and after that, her pain was fixed. She called again after one week when she had the pain again in the same spot. On the second time, I fixed her pain again, but this time, I asked her to use some healing creams and ointments to fix the damages or symptoms that pain had created in her body.

There is no way that an external insect, visible or invisible, can go inside our bodies or bones and damage nothing. They damage a lot, but our positive healing systems work on our damages all the time, unless the speed or

реальным достижениям, я смогу поделиться более глубокими познаниями в этой сфере. Так, мы сможет ответить на вопросы: «Почему агрессивные и вредоносные недуги и болезни решают покинуть организм, который успешно поглощали какое-то время? Как избегать столкновений с демонами в повседневной жизни? Как обезопасить себя от их воздействия?» Ответы на эти и другие вопросы я раскрою, когда обнаружу действительное продвижение исследований в этой сфере.

Прежде чем двигаться дальше, позвольте напомнить Вам некоторые моменты, которые помогут Вам понять следующий раздел моей книги. Итак, не стоит забывать, что болезни и недуги, в отличие от демонов, гипнозом не увлекаются, предпочитают вести паразитический образ жизни, используя наши организмы в качестве своего питания, а между собой сосуществуют мирно. При этом, в открытом пространстве, без таких жертв, как мы, им не выжить.

Демонам не свойственен паразитизм, они предпочитают питаться тем же, чем питаемы мы. Если они проживают в доме или офисе, им, скорее всего, понравится самое неиспользуемое тихое и темное место, из которого они особенно не высовываются. Напротив, наши организмы они иногда покидают, когда мы решаем куда-то уйти или уехать. Существует два признака, характерных поведению демонов. Во-первых, они предпочитают мгновенно покидать организм, чувствуя опасность, исходящую по отношению к нему извне. Во-вторых, если демон решает поменять свою жертву, он все же надолго сохранит энергетическую связь с предыдущей жертвой, будь то человек или животное. Поэтому ему придется сделать все

amount of damage is too great.

After a few days, I tried my mother. She was already aware of my activities, and she was unhappy about them. She started warning me and said, "Even your father had some mental disorder before he died. So you'd better be careful and do not get involved in these kinds of problems." Anyway, I listened to her advice, and then I asked her if she had any pains or sicknesses.

She mentioned that she would hear some whistling noises in her left ear all the time. She had gone to several doctors and had taken different kinds of medications, but that noise was still always there. And since she had developed that problem, her hearing ability had been decreasing continuously in her left ear.

That was my first time working on an ear. Within two minutes, she was okay, but she was still complaining about some abnormal sounds. Anyway, after a small struggle, the whistling noise disappeared, but her hearing was still not perfect. Then I talked to her every third or fourth day and asked her about her improvement. She said that the whistling noise would keep coming back every week. So, I suggested that she call me whenever she had problem. Plus, I asked her to use some eardrops to fix the damages in her ear. Nowadays, she is okay. She does not hear the whistling noise anymore. She stays in contact with me more frequently these days. Whenever she feels any kind of sickness or pain, she asks me to take care of it. And I am happy to help. At least she believes me these days. Every morning when I wake up, I always think that all of these strange occurrences were just the result of a dream or a nightmare, but there was no dream. Everything was real and true. My mind was getting more trained with each day.

возможное, чтобы держаться рядом объекта, с которым у него такая связь установлена.

Являются ли демоны корнем проблем взаимоотношений мужчины и женщины? В действительности, демоны, выбирающие женщину, ощущают опасность извне намного раньше, чем сама женщина. С мужчинами все сложнее. Мужчину окружает три типа женщин. Во-первых, женщины, которых он не рассматривает в качестве объекта влечения, например мама или бабушка, сестра или начальница, в конце концов, просто непривлекательная дама. При этом я надеюсь, Вы понимаете, природа человека такова, что независимо от того, мужчина это или женщина, при общем физиологическом сходстве, мы все же склонны выбирать себе партнеров. Случается, что в нашем окружении присутствуют люди, особенно не привлекающих внимания, иногда даже отвращающие от себя. Однако, вдруг, после очередного безумного сновидения, Вам хочется обнять или даже поцеловать этого человека безо всякой причины. Одергиваясь, Вы думаете: «Что за чертовщина, о чем я вообще думаю?!». В такой ситуации, будьте уверены, Вы руководствуетесь идеями, аккуратно подложенными Вам собственным демоном или демоном нового объекта обожания. Может быть, Вам этот человек и не кажется привлекательным, Вашему демону он по душе, или наоборот. Или еще чего больше, между собой сошлись Ваши демоны. В целом, любое проявление безумств или внезапных чувств такого рода всегда указывает на демона. Поэтому, чувствуя напряжение внутреннего эмоционального состояния, постарайтесь успокоиться и осознать происходящее. С практикой, Вам удастся расставлять все на свои места.

I am very happy, because I am not using any medium to communicate and influence a pain, sickness, disease, or demon. If there is a medium, I am not aware of it. To help someone fix some pain, I do not need to go to them, and they do not need to come to me. No phone call needed either. I can reach anyone anywhere. But my system is very complicated. Who wants to leave their houses or their food? I only need to talk to someone on the phone. Then I can save my time and help them quickly. I just need an update so I can move on. I am very thankful to God, because he gave me these powers. I do not need to ask any spirit or demons to help me. My mind flies everywhere and tries to help others just by communication with demons, sicknesses, and diseases inside those people.

Whenever I have time and I find someone who deserves help, I work on him or her without notifying the person. Without knowing their medical history, I can still try to move some invisible problems away from them. But always remember that these invisible parasites number in the millions and that their size is extremely small. Moreover, they are very powerful, and they live for hundreds of years. And I am not a magician, God gifted me with some powers to convince them to leave people, but behind them, millions are already in line, waiting. Anyway, what I am trying to say is this: If someone has migraine or arthritis pains and even if he or she is going to doctors and taking medications, I can be of help because I can convince migraines or arthritis pains to leave the body. After that, it is the individual's responsibility to fix his or her damages or symptoms by using medications. I will try to describe a few incidents concerning problems I tried to fix. The sequence will be random, and I will not write about two people with the same problems.

This incident concerns a short temperament.

[[рисунок 001]]

Сохраняя дистанцию или, наоборот, находясь в доступной близости с женщинами первой категории, мужчине ее демоны не страшны. По обыкновению, эта женщина вряд ли испугается сына или брата, поэтому и демон не решит поменять ее на мужчину. Ему просто-напросто достаточно комфортно в таком положении в ее защищенном организме.

Ко второй категории женщин отнесем тех, которые находятся в нестабильном эмоциональном состоянии или напуганы чем-то, при том, что рядом находится не менее уязвимый мужчина. Очевидно, что в такой напряженной обстановке, демон задумает быстрее покинуть нестабильную обстановку женского организма, и как по заказу, осядет на поверхности находящегося поблизости мужчины. По счастливой случайности, если освобожденная жертва недолго останется в одиночестве, потому что все находящиеся вокруг демоны тотчас же ринуться покорять ее личное пространство. Так, мужчина остался с демоном, доставшимся от ослабленного организма женщины. Демону этому, обратной дороги уже нет, так как женский организм недолго оставался свободен, и возможно, им завладел более сильный демон.

Итак, демоны всегда сохраняют энергетическую связь с предшествующими жертвами, и, следовательно, будут стремиться приблизиться к ним. В нашем случае, демон, изначально занимавший женский организм, перенесет привязанность к ней своему новому спутнику – мужчине.

Donisha was working in Columbus at this time. Two things were very noticeable about her. She was extremely short-tempered and irritated all the time. The second thing was that she was extraordinarily good in keeping, maintaining, and organizing the store. One day during her work hours when I was standing in front of her, I asked her if she wanted me to take this temperament out of her body. She was having a hard time understanding what I was talking about. Anyway, even though I never communicated or convinced anyone to come out of her body, a demon suddenly came out of her and penetrated my body. I immediately mentioned this to her. She hadn't realized anything. After she heard me talking in air, she started telling me that she had been feeling a lot of pressure on her chest during sleep. And during that pressure, yelling or getting up often proved impossible for her. That day, her demon came out of her. During the next several days, she mentioned that she felt normal. Her short temper was gone. In the next few days, she asked me to fix a few more problems like a cramp in her stomach, some arthritic pain, and a sinus problem. One by one, I communicated with her problems, and one by one, they came out of her. The whole time, she kept saying, "This is all crazy." She worked there for a while after that, and she never complained about these problems. She was not acting like a short-tempered person for a while. After some time, she moved to another town and took another job.

Another time, a woman name was Edna in Columbus found out about me and asked me if I could help her reduce or remove a pain starting from her right kidney and going all the way to her right knee joint. That was the very first time I dealt with that kind of pain. And she was crying at that time because of the pain. I communicated with those pains in three steps, and thanks to God, all of them listened to me. She was okay after five minutes. She called me one more time after

Не стоит, тем не менее, путать демона с ангелом. Сущность демона всегда негативна, поэтому ждать от него добрых намерений не приходится. Часто, мужчина без постороннего демона мог жить полной жизнью, пока не появилось это инородное тело и не перевернуло его отношение к кому-то с ног на голову. Конечно, мужчина не безгрешен, и не только гипноз со стороны демона рождает в нем безумства и неугасающее влечение. И все же, демон уж очень старается, чтобы усилить эти чувства.

В следующем случае, в одном пространстве сталкивается не одна женщина и один мужчина, а десяток женщин и несколько представителей сильного пола. По обыкновению, каждый из мужчин будет наблюдать хотя бы за одной из присутствующих женщин, в то время как она может об этом даже не подозревать. Демону этой женщины такое внимание может оказаться по душе, и он начнет воздействие на этого мужчину, чтобы мысль его не прекращалась. Если один или несколько демонов решат образовать связь между своими спутниками, то их остановить будет весьма сложно. Тогда сколько бы женщин не окружало этого мужчину, мысли его будут двигаться только в одном направлении. Итак, когда мужчина, находясь в окружении множества женщин, выбирает только одну и полностью концентрирует свое внимание на ней, можно предположить задействованы оба демона – и от мужчины, и от женщины. Напротив, в случае, если внимание мужчины оказывается рассеянным среди множества объектов вокруг, это значит, что его демон в одиночку организовывает свою активность.

Анализируя две последние ситуации, мне

one week to help with the same kind of pain. I was at home at that time. This time, I communicated with her pain over the phone. Again, I was able to convince the pain to leave her body. After several months, she came to my business in Weimar, and this time, her complaint was different. She told me that she had quit drinking alcohol several weeks ago, but since then, she was suffering continuously from bad headaches. Again, I communicated with that pain in her head, and thanks to God, that communication was successful. She was feeling better after a few minutes.

I have also learned that normal people do not feel any pain if they are having problems in their kidneys or livers or blood vessels until the diseases have damaged those organs significantly. My body is more sensitive compared to a normal person's, so whenever I receive any pains or diseases or demons, I am able to feel them immediately. Similarly, if you saw a mosquito or a spider or a fire ant or any other insect sitting on any part of your body, what would be your immediate reaction? You would definitely kill it or at least shoo it away. The point is that even though the spider was not biting you, you jump immediately and either kill that spider or throw it away from your body. If a harmless lizard or a cockroach is sitting on any part of your body, can you just leave it there and go to sleep with peace of mind? Do you know why you act like this? Because you are able to see those insects or at least you can feel them or sense them on your skin. The basic difference between me and a normal person is that you can sense or see a spider anywhere on your body but I can sense and feel these invisible insects/diseases when they come close to me or penetrate my body. I do not feel comfortable at all when these invisible insects come close to my body or go inside my body. Normal people are mostly only worried about visible insects and animals.

сложно предположить, с какой целью демоны проявляют такую активность, но я определенно могу утверждать, чем они руководствуются. Природа демонов основана на отрицательной энергии, а такого рода деятельность их забавляет и насыщает. Уверен, что процессы, которые они инициируют, также несут отрицательный заряд. Только благодаря самодисциплине и выдержке человек способен если не избавиться, то хотя бы ослабить такое влияние.

За всеми безумствами и неистовыми страстями к мужчине или женщине, неспособностью устоять перед едой или безудержными желаниями и сексуальными влечениями в подавляющем большинстве случаев стоят наши демоны.

Несколько полезных советов, как избавиться от влияния демона.

Какое-то время назад, я отказывался верить в существование потустороннего мира. Я не имел даже никакого понятия о демонах и иже с ними. Мне казалось, что у меня возникли проблемы со здоровьем, хотя на самом деле именно они давали о себе знать. В тот момент я постоянно чувствовал жар, хотя ни болезни, ни недуги не одолевали меня в тот момент. Этот жар преследовал меня, казалось, вся жизнь превратилась в ад. И все же, жар уходил, когда я перемещался, например, из моего гаража, где я тренировался, или с рабочего места – кассы магазина в Коламбусе. Так, например, жар одолевал меня уже после 20-25 минут пребывания в гараже. Поэтому мне приходилось покидать любое место, где начинался этот ужас. Когда я возвращался домой, мое тело успокаивалось. К несчастью, наступил момент, когда просто смена места

Demons are the ones that can possess our whole bodies, but they do not eat our organs or bodies. That's why they do not cause so much pain. Invisible insects and diseases are relatively smaller and can penetrate and cover a small area. They are damaging parasites. These diseases eat body parts and organs. Because of their small size and self-repairing system within the body, we may not feel any pains in the kidneys, liver, heart, and/or other parts of the body until the damages are too extensive and these diseases create infections.

Mr. Arthur used to work with a company in EL-Campo. He worked on my air-conditioning system sometimes. One time when I asked him to fix an air-conditioning system at Mr. B's store, he showed up there, but he was limping because of some serious damages in his knee joint. When I asked him about his limping, he told that he had had some joint problems in his knee for several weeks and that he was going to have surgery in few days. I do not need to ask anyone to remove any kind of pain, but I always like permission from people. It helps me learn about their situation as well. Anyway, I asked him if he wanted me to fix his knee pain. At that time, he was not even able to keep his feet on ground because of the pain. He was not putting any pressure at all on his leg. Almost all people usually think that I am playing with them. He was thinking the same thing. First, he asked me, "How will you do it?" In answer, I just told him that I needed to see the place where he had pain. Guess what he did. He took his pants off in one second. Now he was standing in front of me in his underwear only. This was all happening at Mr. B's store in Columbus. Anyway, it took me few minutes to control my laughter. I strongly felt he was a very good person, and I have always believed that God always helps good people. Maybe I was a medium to help him, but I still communicated with his knee pains. It took less than a minute before he was okay and the pain was gone. But because he had had the

перестала меня спасать. Я замети , как жар преследует меня из гаража, и только достигнув гостиной в доме мне удается от него избавиться. Честно признаться, я был чертовски напуган в то время, страшился посещать некоторые места. Ужасало то, что каждый раз, оказываясь на рабочем месте в магазине, мне не удавалось даже устоять на ногах. Я наблюдал за лицами окружающих, кассиров и посетителей, но не замечал за ними таких же страданий и мучений. Поразительно, но когда я забывался и приступал к работе, жар отступал, и возвращался вновь, как только мне пора было собираться домой. Иногда мне приходилось буквально бежать со всех ног подальше от работы, из-за чего я не раз даже забывал закрывать дверь офиса на замок. Я был страшно напуган, в то время как невидимые существа просто забавлялись с моим телом, заставляя его гореть огнем. Через какое-то время ужас нарастал, и я уже не мог спокойно переодеваться в гардеробной, потому что буквально через несколько минут этот огонь выбрасывал меня из этой комнаты.

Однажды, направляясь в Хеллеттсвилль от озера Игл, я обнаружил, что мне нужно заправиться. Я направился по трассе 90А, по правой стороне которой, не доезжая города, я нашел небольшую заправку GITGO. Припарковавшись, я вышел из машины, однако ни ступив и шага, впрыгнул обратно, чтобы уберечься от злополучного жара, который и здесь меня настиг. Так, я впервые ощутил этот огонь вдалеке от дома или работы. Честно говоря, я даже не помню, сколько мне пришлось просидеть в машине, спасаясь от жара, как мне удалось потом заправиться и уехать оттуда. Ужас мой был ни с чем несравним, и именно тогда мне в голову пришла мысль обсудить эту проблему с кем-нибудь, возможно даже с доктором.

pain for several weeks, he was extremely scared to put his feet on the ground. It took a few more minutes before he finally felt confident enough to start putting pressure on his feet. After one week, I meet with him at the same place. I asked him about his knee, and he said he was okay. During the time when I was talking to him, a disease came out from his body. That disease was in my body for just thirty seconds. That disease, however, was so powerful that I had no feelings at all from my right kidney all the way to a little below my knee for at least thirty seconds to one minute. I even tried to touch that part of my body, but I had no feelings and no sensation there. Anyway, that disease of paralysis just came out of his body and visited my body. After I became normal again, I tried to ask him if he had any other kinds of similar problems. He said that he didn't. In all likelihood, when I removed his knee pain, I removed that paralysis disease from his body as well. That paralysis disease never visited me again after that.

I once had the option to become a doctor, but I was extremely cowardly. I am scared of lizards and all other kinds of reptiles. It is very hard for me to watch a horror movie. I can watch a little bit, if there are no scary characters in the movie, but there is no way someone can convince me to watch a horror movie easily. In the same way, I cannot watch any kind of surgery or operation, so obviously, it is not easy for me to watch doctors or nurses when they are cleaning, washing, and bandaging someone's injury or wound. I used to be extremely scared of trees at night as well. I am always surprised by the fact that I was chosen to study the mysterious world of demons and diseases. For a long time in the beginning, when I was only able to feel or sense them, I was incredibly. I had always imagined them as terrifying creatures. And I am such a normal person in the modern world. Plus, I had never worked with demon doctors. Until few years ago, I had no

Я занялся поисками гуру или духовного наставника, который мог бы мне все объяснить. Вскоре я понял, что большинство названных лекарей, яко бы познавших мир демонов, оказались шарлатанами. Никто не мог мне помочь, семью я решил не посвящать в свои проблемы. Однажды, посетив по обыкновению ранчо моего знакомого в Оук Ридже, что между Веймаром и Коламбусом, со мной произошел случай. Хозяин ранчо поставил на крыльце пару кресел-качалок. Задумав отдохнуть, я попытался устроиться в одном из них, как вдруг, мне пришлось отскочить от кресла, как от раскаленной печки. Снова мое тело разгорелось огнем и мне пришлось покинуть это место. Однако, на следующий день, снова попытав счастье с креслом, я на удивление не испытал никаких неприятных ощущений. К тому времени, надо сказать, я был не готов принять тот факт, что у меня возникли проблемы с психологическим равновесием. Я даже и представить не мог, что существует мир невидимых вредоносных существ, и о недугах и болезнях и речи быть не могло.

Уже через несколько дней внутренний пожар настиг меня на собственной лужайке, и до машины мне пришлось пробежать порядка ста метров. С тех пор, я каждый день до машины бегал, а не шел. Я чувствовал, как этот огонь оставляет ощутимые язвы внутри организма. Очевидно, виной всему были демоны. Приближаясь, они превращали мою жизнь в ад, при том, что я оставался абсолютно здоров. Поэтому я и полагаю, что болезни, недуги и демоны, имея много общего, например, все же разные существа. Однажды в Торговом центре Savoy в Хьюстоне, мне пришлось из-за этой заразы покинуть булочную. Неприятный случай получился, потому что жар не проходил вплоть до момента возвращения в

knowledge of demons or the invisible world. Suddenly, I was chosen for this job. I am always surprised by this change in my life. I am still surprised about it.

Regardless of humans or demons, both are intelligent. It is really difficult to convince both of them about my capabilities. But God helped me with that. Now in the case of demons, it is very easy to convince them that I can see them. I just point my finger toward them and move my finger with their movements. I can also tell them when they clearly touch my body. I can easily tell them how much of my body is under their control or how much of my body they have penetrated. In the case of humans, convincing them is easy too. Other than helping with injuries or major accidents, I can remove their pains from their bodies. Sometime this takes seconds, sometimes minutes, and sometimes longer, but eventually, the pains listen to me. In this way, I can easily prove myself and my abilities.

Even when I am communicating with demons and diseases, I am still the same coward and scared person. As a result, I sometimes have problems when I am dealing with extremely sick people. I have tried to fix this problem, but I have not been too successful. It is easy for doctors to deal with patients because they just write prescriptions and then they're done. But my case is different. I have to keep that person in my mind. To communicate with someone's sicknesses and diseases, I first need to bring that person completely into my mind. Then I can control and negotiate with demons and diseases around him or her. This is not always an easy task.

Hopefully, no one will get upset about this next thing I can tell you. I am just a man. This is another problem with me. Sometimes I have to work on someone more frequently

Коламбус. Как раз в то время, моя семья уехала на пару месяцев за город. Никто толком не знал, что именно со мной происходит и как я, на самом деле, был напуган. Оставшись один в пустом доме, без поддержки друзей и семьи, я ночь за ночью проводил, сидя в кресле, не смея двинуться, чтобы даже закрыть окна. Ночи одиночества, проведенные перед телевизором до самого утра, оставили в моей памяти неизгладимый отпечаток из страха и ужаса.

В то время я дружил с человеком, с которым, мне казалось, я могу обсуждать любые проблемы. Однако он не поддержал меня, после чего я решил, что не буду больше жаловаться никому и никогда. На протяжении нескольких месяцев лихорадка преследовала и мучила меня болью, где бы я ни оказался. Я молился и спрашивал Всевышнего: «Что же происходит со мной? Смогу ли я так дальше жить?» Однажды мне приснился сон, в котором кто-то объяснил мне, как справляться с этой лихорадкой и направлять ее в нужное русло. Этот момент я считаю поворотным в своей жизни. Шокирован и страшно удивлен, я смог впервые связаться и погасить этот огонь внутри себя. С каждым днем проблемы нарастали, в книге рассказываю самую толику того, что мне пришлось пережить.

Забавно, но демоны были удивлены такой активностью со стороны человека не меньше моего. Даже, возможно, и больше. Мне приходилось взаимодействовать с разными демонами, и каждый из них удивлялся больше предыдущего. В конце концов, я не выдержал и заявил, что жар и пламя, вспыхивающее во мне каждый раз, как они приближаются, просто невыносимы. На удивление, некоторые перестали приближаться ко мне, хотя тогда, я не мог с ними взаимодействовать.

when he or she is not in front of me. I have to bring people into my mind to communicate with their demons and diseases or pains. Sometimes this is very hard.

I always think that I can help only those I have seen already, or I may be able to help if I have seen their photos or pictures. But there was an incident in Columbus when my daughter went to a Scrap School store. She called me from there and asked me if I would be able to help the lady who worked there. I told her that I might not be able to because I had never seen that lady, and I thought it would be difficult to help someone I had never seen. My daughter eventually called me back after few minutes and told me that that lady was sixty-five years old and she had arthritis pain all over her shoulders, arms, backbone, and legs. That lady was taking pills continuously every day. She had changed almost six doctors in last few months, but her pain was not reducing. After my daughter told me all those details, she insisted that I tried to help that lady. She mentioned that the lady was crying because of the pain. I still was not willing to do anything without at least seeing her picture, but my daughter was insisting so much that I decided to try without seeing pictures of her. My daughter put her on phone. That lady was a little confused. That's why she started asking me different questions, but instead of answering her, I asked her about the exact location of her pain. First, she said that shoulder area hurt. I communicated with the pain, and thanks to God, her pain listened to me immediately. Next, I communicated with the other pains in her body, and again thanks to God, all of her pains listened to me. Within four minutes, that lady was free of pain. After that, she said, "I am impressed." Anyway, I told her to give a photo of herself to my daughter, so the next time, I could feel more confident about fixing the problem if she needed me again.

Новички же, продолжали палить мое тело и отказывались прислушиваться к моим жалобам, пока мне не удавалось наладить с ними дружественные отношения. Жар в некоторые моменты оставался невыносимым, пока, наконец, не превратился в ощущение настоящего прикосновения. С того момента я был избавлен от этого ужаса, и погрузился в настоящие ощущения. С помощью гипноза демоны помогали мне познавать реальность и насыщали мой разум различной информацией. И, несмотря на то, что мы стали ладить, постоянное ощущение того, что за моей спиной стоит чудовище огромных размеров меня все же смущало.

Вскоре снова все изменилось, и я уже мог увидеть их воочию. Не знаю, кого это удивило больше, их или меня. С опытом я начал осознавать, что демоны вовсе не похожи на образы, представленные нам на картинках или в кино. Мнимые чудовища оказались крошечными существами разнообразных форм, способными летать по воздуху. Эти малыши, тем не менее, способны к гипнозу и обладают неистовой силой. Когда у меня появилась способность их видеть, надо признаться, мне стало намного легче. Каждый день я познавал их. Уверен, что и в настоящем и в будущем этот процесс не прекратится, а опыт будет только расти. Поэтому я решил написать книгу о том, что я уже знаю, чтобы поделиться с людьми этой тайной. С каждым днем мне удается развивать способности взаимодействовать с ними и влиять на их поведение. Сначала, мне пришлось научиться просить демонов покинуть свою жертву, после я смог настоять и даже приказать им это сделать. Звучит неправдоподобно, но это так. Следующими объектами моего интереса стали недуги и болезни. Я многое узнал и об этих существах. Полагаю, что образовательный и познавательный процесс в таком ракурсе конца и края не имеет.

Most of the time, I do not need anyone to be in front of me to help. I do not even need anyone to talk on the phone to help them. My mind can fly anywhere to anyone and try to help them. But if I have never seen someone, then it will be difficult to help him or her from a remote area.

I have a long list of these incidents, but I am mentioning these few to verify my abilities.

Mr. Alton did carpenter work. He had a backbone injury several years ago when he fell from a ladder. I had seen him suffering from that back pain and going to different doctors for sixty days. He was losing weight every day. He was wearing a support belt for his backbone all the time. But he strongly believed that that the medication was the only solution for his pain. One day during work, he mentioned to me that he had a problem standing these days because his back pain had spread to his hips. Finally, I asked him if he wanted me to take his pain away I told him that once I fixed his pain, we could keep using the medications to correct the damage. Anyway, the process took two minutes, and then his back pain was gone.

Another time, the same person had a different problem. The tube between his ear and throat had an infection with some inflammation. Doctors tried antibiotics first. When those didn't work, the doctors suggested surgery. When he came to me, he was in really bad condition, and he was suffering from excruciating pain. Anyway, I communicated with his inflammation, and in two steps, his pain was gone. The process took maybe three minutes. But before he left me, I made him promise to complete his course of antibiotics. He was fine without any surgery.

I strongly feel that if medical science starts believing my assertions that all these diseases

Главное, не путайте демонов с болезнями. Демоны окружают нас повсюду, живут на деревьях и в наших домах. Они не способны доставить нам ощущение физической боли. Но с помощью гипноза, им повластен наш разум и наши сны, которыми они распоряжаются, как им заблагорассудится. Демон все же может вызвать у человека мигрень ,перепадки давления, приступы паники, даже циркулярный психоз или иную форму психологического расстройства.

Болезни, недуги и расстройства имеют иную природу. Как невидимые твари или ядовитые рептилии и гады они способны отравить организм любого. Признаться честно, мне не сложно контролировать таких существ, потому что зачастую они прислушиваются к моему мнению. Однако для успеха такой операции необходимы специализированные медицинские средства заживления поврежденных органов и тканей. Такие меры обязательны лишь потому, что поврежденный организм остается уязвим для новых вредителей и зараз, которые не упустят возможности поживиться.

Так или иначе, мои способности распространяются на укрощение только внешней отрицательной энергии, а именно: демонов, болезней и недугов. Соответственно , внутренние повреждения, вызванные болезнями, гниздившимися глубоко в организме, требуют другого подхода. Необходимо приложить не только силы квалифицированной медицины, чтобы избавиться от последствий болезней, но и внушительную долю внутренней положительной энергии. Без применения достаточных мер организм обязательно станет жертвой новых вредителей и

and sicknesses are physical, that communication with them will become possible for everyone. Sometimes I forget that not everyone can communicate with these demons, diseases, and pains like I can. But I am ready to demonstrate this ability in front of anyone to prove to medical scientists that any pain or disease is fixable without medication. My responsibility is just to prove this point to them. After that, I am sure that all scientists will work in this alternative direction within medical science. The simple formula for curing a pain or sickness rests on the principle of like and dislike. This is common sense. Every living creature likes at least one thing and dislikes others. Consequently, medical science only needs to find out what demons, pains, and/or diseases do not like.

I have uncountable demons, diseases, and pains around me all the time, but they are not affecting me that badly. Medical scientists may want to investigate how and why I am able to keep them away from my body most of the time. I am sure that Newton's fourth (THIRD) law is true in my case. Everything around us is about give and take. To take something, we should be ready to give something. And I mostly agree with this because just taking something from someone or giving something to someone all the time is like one-way traffic. And one- way traffic or movement in only one direction totally goes against the universal system.

In my case, demons, diseases, and pains are getting something out of me. I am definitely a surprise to all of them, mostly because they believe that they are completely invisible and that no one can sense them, but I can. And I am doing so all the time. Secondly, I am able to communicate with them, so I can convince them to leave someone's body. Sometimes I am even capable of arguing with them or insisting that they leave a person. I am sure that they get extremely upset with me when I

лечение будет бесполезно. Когда-то мне казалось, что я способен избавлять людей только от головных болей. Я решил, что стоит попробовать развить эту способность и стал эксперементировать. Мне самому казалось безумным то, что я делаю. И все же, простое взаимодействие с очагом боли, о котором люди мне рассказывали сами, помогало мне влиять на той или иной недуг и избавлять человека от его присутствия. Случалось, что недуг не поддавался влиянию, и тогда мне приходилось прикладывать силу для извлечения его из организма. По обыкновению, процесс излечения не занимает много времени, существует прямая зависимость между природой недуга и силами и временем, небходимыми для избавления от него. Однажды, когда мне еще казалось, что я избавляю людей только от головной болезни, меня попросили избавить мать от постоянной ноющей боли в левой руке. У меня на тот момент было всего один опыт исцеления. Сотрудница магазина жаловалась на чудовищную мигрень, из-за которой ей даже пришлось четыре дня провести в больнице. Примерно в 16.00, сотрудник техподдержки магазина подошел и сказал, что девушке пришлось выпить уже шесть таблеток сильнодействующего обезболивающего средства, чтобы утихомирить мигрень, но даже это ей не помогло. Я предлоижл свою помощь. Под недоверительный смех сотрудника магазина, мне удалось связаться с очагом боли девушки, и уже через несколько секунд она удивленно отметила, что боль почти полностью исчезла. Чтобы избавиться от недуга доконца, я снова связался с очагом боли и освободил ее от проблемы с мигренью. Трудно описать мой восторг, потому что это был мой первый случай такого успешного лечения. Через несколько месяцев девушка звонила мне с той же проблемой, к тому времени мне удалось вылечить ее, используя уже телефонную

insist that they not do something, and I am sure I am facing many problems and obstacles as a result of their reactions.

But it is really hard for me to just sit back and not help someone if I feel that I can indeed help, especially when someone asks for help. As I have said several times, demons are master of hypnotism. No one—not human or animal—can perform at this powerful level of hypnotism.

We humans—actually, I should say *normal* humans—think and act almost in a same way. Exactly like this, most demons' actions and reactions are the same, regardless of kind or race.

There are two major things I have always noticed about demons: they protect their victims, and they work together in groups. *Victim* here is meant to reference any "body," but I will talk about only humans here because I deal with humans only and I am only capable of dealing with humans. But how do demons protect their human victims? They will block my mind and sight so that my mind will not be able to trace that person. I will not be able to recognize or store that person in my memory. If that person is already in my memory, I will not be able to find that person in my memory. I will keep looking for the person in the air or in my memory, but the demons will block me by hypnosis. This has often happened to me, but usually, I am able to break their spells of hypnotism in a few days or less. But this indeed happened years ago. I don't seem to have this problem these days. But this is definitely their first step in protecting their human victims. The second thing that demons do to protect a victim is misguide me by hypnotizing me, especially if I am trying to pull someone from my memory. If I am trying to reach XYZ, they will send my mind to ABC. And usually, ABC is always that person I never liked. By hypnotizing me,

связь. Этот случай я считаю достаточно простым, потому что девушка периодически принимала необходимые лекарственные препараты от мигрени. С того самомго момента я стал пробовать лечить любой недуг, с которым мне приходилось сталкиваться.

Большинство существ невидимого мира, с которыми нам приходится встречаться, паразиты и демоны. Паразитам необходимы вспомогательные организмы, которые позволяют им вижить, питая их. Демоны более независимы и не питаются организмами, в которых живут. Паразитирующие существа, похожие на гадов или насекомых, иногда придерживаются вегетарианской диеты, и тогда проживают на деревьях. Однако это редкий случай, большинство таких недугов и болезней поселяются в организмах животных и людей. Демоны представляют собой крошечных существ, которые, тем не менее, при некоторых обстоятельствах способны разрастаться в организмах своих жертв. Болезни и недуги намного меньше даже демонов, однако вреда органам и внутренним системам они приносят немало. Они безжалостны по отношению к организму, в котором находят прибежище. Их природа не предполагает особенной сентиментальности, поэтому, питаясь органами их не заботит боль и страдания, наносимые их хозяину. Нам удалось изучить в некотором смысле паразитов, обитающих на деревьях, во многом, благодаря тому, что их можно разгледеть невооруженным глазом. Что же касается остальных вредителей, сложность и состоит как раз в том, что их распознать оказывается намного сложнее, чем раны и язвы, которые они за собой оставляют.

После того, как мне удалось силой своего разума избавить человека от мигрени, я

demons will keep changing the picture of the actual person I'm trying to help and bring an undesired person to disrupt my concentration.

Once scientists pay attention to my theories, I am sure they will be able to invent machines that reduce the influence of demons, diseases, and pains in our bodies, but until then, I suggest everyone use a few tricks to reduce the problems caused by demons. However, these can only be used to fight against demons. These will not work on diseases or pains. These tricks include the following:

1)   Demons like *red* meat only. My understanding is that demons like *beef*. If you have more beef and eat more beef, that could mean you are inviting more and more demons into your house and into your body.

2) Rub at leave five small lemons or limes on different parts of your body, especially around you head, ears, eyes, neck, and chest for two minutes. Then move your hand around your body seven times. Make sure you undergo this process when you are driving. Avoid residential areas. Choose major roads. After you move your hand around your body seven times, do not waste time anymore. Keep driving. Open a window and throw all the lemons or limes toward any green tree. There is a 60 percent chance the demons around your body will leave to follow those lemons or limes. If you feel pressure, repeat this process every day or every other day or at least once a week. You can also cut a lemon or lime in half, rub those pieces on your left arm and shoulder, and then throw them out of your car toward a green tree. Do not stop your car during this process.

3) Demons do not leave human bodies easily, especially if they have been living around those bodies for a long time. To exorcise them, take at least fifteen sticks that are full of green mint leaves. Put them in a metal bowl with water. Boil the water and mint leaves for

решил оповестить об этом мою сестру, которая проживает за пределами США. Забавно, но выслушав меня ,она спрсила: «Как долго ты страдаешь от этой проблемы?» Если честно, я был готов к такому ответу. Далее она стала уверять меня в том, что я должен обратиться к врачу. Напомнила, что я воспитываю дочь, поэтому о такие вещи небезопасно раскрывать публично. Я попытался сменить тему для разговора, и все же спросил, не мучает ли ее какой-нибудь недуг и не страдает ли она от боли. Сестра наотрез отказалась участвовать в моих эксперементах, но, благодаря моим долгим уговорам, все же созналась, что давно живет с постоянной болью в правой руке. Я незамедлительно установил контакт с очагом ее боли в плече, и через две минуты спросил, чувствует ли она какие-то изменения. Она резко ответила ,что все по-прежнему, и все же засомневалась, ощутив некоторые изменения. Она обрадовалась, когда большая часть боли отступила. Я попробовал довести дело до конца. С восторгом и некоторым удивлением она заметила, что боль как будто переместилась куда-то, все после того, как она несколько лет тщетно лечила ее и постоянно принимала болеутоляющие средства. Она сразу же рассказала мне о всех недугах, терзавших ее детей. Этот опыт доказал лишний раз, что боль в руке я тоже могу излечить.

Между тем, это было только начало. В то время я еще не знал, что такое болезни и недуги, мне приходилось пока взаимодействвовать только с демонами. Натура болезней и недугов оказалась отлична от той, к которой я привык в ходе общения с демонами. Эти существа зависили от своих жертв, не отпускали их до того момента, пока им не удавалось мгновенно поменять один организм на другой. В воздухе им летать не удавалось. Мне лично на тот момент они страданий

at least thirty minutes. Drink that mint water every three days. This mint water will reduce the negativity of those demons around you so that they do not create problems in your family or business affairs. They may even become a little positive and supportive because of the mint water.

4) As I have described before, you can use plain water in a spray bottle. You can spray each and every corner of your house frequently. Try to cover everywhere from the ceiling to floor. Do this frequently. Water does not kill demons, but they do not like water. Water keeps them uncomfortable. If you do this frequently, demons will not stay around you or in your house for a long time. Do the same thing in your cars as well. You will need to spray water routinely because once one group of demons leaves, your house will be vacant for another group of demons to occupy. If you keep spraying water, they will keep leaving your house.

5) You can also frequently use insect killer, but make sure you spray it in the air toward the ceiling. Do not leave any corner unattended. Spray everywhere frequently, and you will be surprised with the results.

Thank you all for your interest in my theory, and good luck to everyone.

особенных не приносили, так как организм мой был свободен от этих нечистей. Через несколько дней после того, как я поговорил со старшей сестрой, мне позвонила младшая. Она также живет за пределами США, и о моих новых возможностях узнала от старшей сестры. Она рассказала, что несколько лет назад ей не повезло упасть и повредить бедренную кость. От боли избавиться ей так и не удалось, а врачи так и не смогли назначить правильное лечение для такого случая. В конце концов, один из докторов, к которому они обратилась, объяснил ей, что болезнь будет проходить волнообразно, боль будет исчезать и вновь появляться. Но все же окончательно избавиться от неприятных ощущений в бедре уже не удастся. Тогда я попытался установить контакт с очагом боли. Мне понадобилось всего несколько минут, и боль исчезла. Через неделю сестра позвонила мне снова. Оказалось, что боль не исчезла полностью. В этот раз, после проведения аналогичной процедуры, я попросил ее использовать заживляющие кремы и мази, для того, чтобы полностью избавиться от последствий травмы.

Уже через несколько дней я решил попробовать помочь моей матери. Я бы не сказал, что она была обрадована, узнав о происходящем. Даже наоборот, с долей скептицизма она предупредила меня об опасности, нависшей над моим психическим здоровьем, и напомнила, что у отец перед смертью также страдал от психического расстройства. Выслушав, я спросил, не тревожит ли ее какой-нибудь недуг.

Она упомянула о постоянном звоне в левом ухе, который к тому же пагубно влияет на ее способности слышать. Доктора прописывали ей специальные лекарства, однако они не помогли ей

избавиться от назойливого звука.

Впервые мне пришлось иметь дело с недугом слуха. Я справился за несколько минут, но маме все равно слышался какой-то посторонний звук. Пришлось немного поработать и, в конце концов, мне все же удалось справиться с этим настойчивым звоном в ушах. Слух восстановить удалось не сразу. Каждые три-четыре дня я разговаривал с мамой и постоянно интересовался об улучшениях после процедуры. Звон возвращался каждую неделю, но мне всегда удавалось с ним справиться, пусть на время. Я предложил маме использовать ушные капли, использование которых восстанавливает нормальную работу уха, которые ей действительно помогли. Сейчас мама звонит мне каждый раз, когда у нее возникают проблемы со здоровьем или ее тревожит какой-нибудь недуг. Я счастлив, что могу избавить ее от любой боли. А еще от того, что она, наконец, мне верит. Каждый раз, когда я просыпаюсь утром, мне кажется, что все странности, произошедшие со мной за это время всего лишь бредовые сны и выдумки. Но это не сон, и с каждым днем я понимаю это более явственно, потому что становлюсь более проницательным и опытным в этом вопросе.

Я несказанно рад, что мне не приходится прибегать к помощи посредников при осуществлении взаимодействия с болезнями, недугами или демонами. Даже если и существует такой медиум, то мне нет необходимости обращаться за помощью к нему. Все недуги и болезни я исправляю самостоятельно, иногда используя такие средства связи, как телефон. Достаточно без каких-либо посредников связаться с человеком посредством телефонной линии, чтобы выявить очаг заболевания и избавить от него. В ответ мне необходимо только

узнать, насколько эффективной оказалась моя помощь, чтобы я мог спокойно развиваться дальше. Мой разум имеет доступ к любому уголку планеты, за что я благодарен Высшим силам.

При каждом удобном случае я стараюсь помочь достойному человеку, страдающему от влияния каких-либо заболеваний или недугов. Редко мне приходится интересоваться историей болезни, я сам выявляю проблемы, над которыми работаю. И все же, болезней и недугов несчетное количество, их жизненный цикл может достигать сотен лет, а размер столь мал, что невооруженным глазом их заметить невозможно. Я не волшебник, свои способности убеждения и исцеления я получил свыше. Я могу избавить человека от одной болезни, в то время как множество голодных и жаждущих уже стоит в очереди, чтобы накинуться на уязвимый никем и ничем пока незанятый организм. Я убежден, что могу помочь тем, кто постоянно страдает от мигреней или артрита, в то время как врачи перед такими болезнями опускают руки. Однако я настаиваю, чтобы человек, которому мне удалось помочь, обязательно принимал соответствующие лекарственные препараты, призванные избавить его от последствий болезни. Я приведу несколько выборочных примеров о том, с какими случаями мне приходилось встречаться. Отмечу, что случаи могут повторяться или во многом совпадать.

Первый случай связан с необычайной несдержанностью характера Дониши, которая работала тогда в Коламбусе. С одной стороны, все замечали ее постоянную раздражительность и несдержанность. В то же время так, как удавалось организовывать работу и поддерживать порядок в магазине, не

удавалось никому. Однажды, находясь прямо перед девушкой, я поинтересовался, не хочет ли она, чтобы я избавил ее от постоянной нервозности. Она не сразу поняла, что я имею в виду, но, не дождавшись ответа, я ощутил, как ее демон пытается внедриться в мое личное пространство. Когда я рассказал, что именно произошло, Дониша особенно не поняла, о чем я. На следующий день, однако, поведала, что ночью ей пришлось испытать невероятное давление на область грудной клетки, сон ее был весьма не спокоен и она не раз просыпалась от собственного крика. Так от нее уходил демон. И действительно, уже через несколько дней она чувствовала себя отлично и приступы истерики или проявлений несдержанности она больше не испытывала. Она также попросила меня исправить спазмы в желудке, развивающийся артроз и проблемы с пазухами носа. Мне удалось избавить ее от всех недугов, в то время как она без устали твердила: «Это все сумасшествие какое-то!» Пока она оставалась работать с нами, за ней больше не наблюдались проявления резкости характера или раздражительность. Другие проблемы, похоже, ее тоже больше не беспокоили. Через несколько лет она переехала.

Следующий случай связан с женщиной по имени Эдна, которая, узнав о моих способностях, обратилась ко мне с просьбой избавить ее от нестерпимой боли, начинающейся в ее правой почке и проходящей по всему телу вплоть до правого колена. Боль терзала ее так, что она не могла сдержаться от слез. С такой ситуацией я встречался впервые, однако мне удалось, слава Богу, справиться с этой задачей. Через неделю она позвонила мне с аналогичной жалобой, и в этот раз мне посчастливилось окончательно избавить женщину от такого сложного недуга. В следующий раз мы встретились, когда она

приехала ко мне в Веймар, чтобы снова попросить помощи, но уже по поводу болей в голове, преследующих ее после того, как она несколько недель назад бросила пить. Мне удалось взаимодействовать с очагом боли, избавив ее и от этого недуга всего за несколько минут.

С опытом я узнал, что по обыкновению болезни почек, печени и сердечно-сосудистой системы не доставляют человеку особенной боли, пока болезнь достаточно серьезно не повредит эти органы. Мой организм намного более чувствителен к таким изменениям, поэтому я ощущаю присутствие любого постороннего существа тотчас же, как он вторгается в мое пространство. Так же, как Вы, обнаружив на себе насекомое вроде красного муравья или паука, немедленно раздавите или смахнете его в сторону. Что, если безобидная ящерица или таракан присядет Вам на руку? Пойдете ли Вы спокойно спать, оставив маленького гостя на своей коже? Мы чувствуем или видим этих насекомых и рептилий, поэтому отмахиваемся от них, когда они находятся вблизи. Также поступаю и я, обнаружив болезнь или недуг, я чувствую дискомфорт от их присутствия в моем личном пространстве и пытаюсь немедленно избавиться от таких невидимых вредителей. Большинство людей, тем временем, борются только с видимыми существами.

Демон не способен завладеть всем нашим телом, и органы наши ему придутся не по вкусу, поэтому и болезненных ощущений от него не так много. Микроскопические болезни и прочие паразиты, незаметно внедряются в наши беззащитные тела, шаг за шагом уничтожая наши ткани и разрушая целостность систем организма. К счастью, нас спасает способность тканей

и органов к самовосстановлению. Однако, столь неразличимые, благодаря малому размеру, вредители продолжают поражать органы и клетки сердца, почек и печени до того самого момента, пока разрушения не становятся достаточно значительными для возникновения боли и развития инфекции.

В Эль-Кампо работал как-то мастер, по имени Артур, который нередко наведывался к нам, чтобы почистить систему кондиционирования. Однажды я попросил его посмотреть очистительную систему воздуха в магазине господина Б., когда заметил, что мастер слегка прихрамывает. Он рассказал, что ожидает через несколько дней проведение операции на коленном суставе, мучающем его уже на протяжении нескольких недель. Я предпочитаю спрашивать у людей, согласны ли они на мою помощь в избавлении от недугов, это помогает мне также немного больше узнать о характере проблемы. В тот момент, надо сказать, Артур не мог даже ступить ногой, приложение любого давления на сустав приносило ему адскую боль. По обыкновению, он отнесся к моему предложению с привычным скептицизмом и даже поинтересовался, как я это сделаю. В ответ я лишь посоветовал показать мне место на ноге, где именно он ощущает боль. Представьте мое удивление, когда он вмиг стянул штаны и уже стоял передо мной в одном белье посреди магазина господина Б. в центре Коламбуса. Несколько минут мне пришлось потратить на то, чтобы сдержаться от смеха, наблюдая за происходящим, и менее минуты, чтобы связаться с очагом боли в его колене и утихомирить ее. Уверен, что Артур хороший человек, а хорошим людям всегда помогают высшие силы. Тогда он был еще слегка напуган и не сразу ступил на землю, так как в памяти еще оставалось чувство боли, преследовавшей его столько времени. Наконец, привыкнув к изменениям, он решился встать на

страдающую ногу. Уже через несколько дней, встретив его в том же месте, я поинтересовался, как он себя чувствует. Он признался, что боль прошла, а за время разговора мне удалось переманить на себя источник другого недуга. Почти минут меня терзала сильнейшая боль от правой почки до самого колена. Терзала так, что у меня на это время отнялась почти вся правая сторона тела. С временным параличом справиться удалось, и я снова почувствовал себя привычно. Мне пришлось спросить, не мучал ли его недуг, связанный с такими признаками. Однако он ответил отрицательно. Я полагаю, что вместе с болезнью колена, его организм избавился и от скрытого паралича.

Когда-то у меня была возможность стать врачом. Однако, моя боязнь рептилий и прочих гадов, особенная боязнь фильмов ужасов, помешали решиться на такой шаг. Если честно, вряд ли найдется человек, которому удастся заставить меня посмотреть страшный фильм, если, конечно, в нем не окажется парочка милых и безобидных персонажей. Процедуры, связанные с хирургической деятельностью, и даже простая обработка ран вселяют в меня ужас. Поразительно, что именно мне выпал шанс изучать загадочных существ потустороннего мира, ведь когда-то я даже страшился высоких деревьев в ночи. Поэтому, только обнаружив способности видеть и ощущать присутствие этих существ, я находился в состоянии постоянного ужаса. Я же считал себя обычным человеком, представителем современного мира, особенно не верил в духовных наставников и лекарей. И до сих пор, если честно, меня удивляет тот факт, что именно я вдруг был выбран для познания этого странного мира невидимых существ, в то время как познания мои на этот счет были весьма скудны.

Непросто убедить в том, что я обладаю особенными способностями людей и демонов, которым свойственны рассудительность и скептицизм. С демонами, спасибо высшим силам, мне разобраться удалось. Я убеждаю этих существ, что способен наблюдать за их передвижением, механически повторяя траекторию полета демонов в воздухе прямо у них перед носом. Мне нетрудно также указать в какой момент они меня касаются и насколько им удалось завладеть моим разумом и контролировать моим телом. Несложным заданием оказалось и переубеждение человека. Достаточно просто избавить его от какого-либо недуга или попросить боль его оставить. Иногда на эти процедуры уходит всего несколько минут, иногда больше, и все же, недуг не может не послушать меня. Так, в конце концов, мне и удается доказывать, что я обладаю удивительными способностями.

И все же, моя пугливость и склонность к подозрительности не покидают меня даже при работе с демонами и другими потусторонними силами. Именно поэтому я до сих пор с ужасом берусь лечить очень больных людей. Докторам, как оказалось, проще, им достаточно прописать необходимые лекарства и назначить лечение, в то время как мне приходится погружать разум человека в мое собственное сознание, чтобы связаться с его недугами и демонами. Только так мне удается найти с ними компромисс и в какой-то мере влиять на их поведение. Честно признаться, задача эта не из легких.

К тому же, иногда срабатывает простой человеческий фактор. Я всего лишь человек, с кем-то мне приходится работать больше, с кем-то я могу связываться только по телефону, и каждый раз я позволяю разуму другого человека

погружаться в глубины моего собственного. Нередко, этот процесс становится невыносимо трудным.

Мне всегда казалось, что я способен вылечить только тех, кого мне приходилось встречать или видеть хотя бы на фотографии. Однажды моя дочь, позвонила мне из магазина школьных принадлежностей Scrap, с просьбой помочь женщине, которая там работает. Пришлось разочаровать ее, потому что мне не приходилось раньше встречать эту женщину. Уже через несколько минут после нашего первого разговора дочь позвонила мне еще раз с тем, чтобы рассказать, что женщине этой 65 лет, страдает она от тяжелой формы артрита всех конечностей и спины и зависит от лекарств, которые принимает каждый день. Также я узнал, что она поменяла уже шесть разных врачей в надежде найти спасение от терзающего недуга. Дочь упомянула, что женщина буквально плачет от боли, и настояла, чтобы я что-то предпринял. Не надеясь особенно на то, что мне удастся без внешних данных спасти женщину от поразившего все тело артрита, я попытался все же приложить усилия и попросил дать ей трубку. Слегка смущенная, она стала задавать мне невнятные вопросы, на что я попросил ее указать точное расположение и характер боли. Она описала ощущения в плече, и к счастью, мне немедленно удалось избавить ее от этих болей. На удивление и с остальными недугами мне удалось расправиться довольно быстро. Она была поражена моими способностями, и все же я попросил ее отдать свою фотографию моей дочери, чтобы в следующий раз, когда ее будет мучить какой-то недуг, мне удалось с большей уверенностью справиться со всеми ее проблемами.

Даже после этого случая, я остаюсь уверен,

что намного эффективнее я могу справиться с болезнью или недугом, когда у меня есть хотя бы фотография жертвы зловредных существ. Причем, прямой контакт с человеком вовсе не обязателен, мой разум достаточно проворен и может путешествовать по всему миру без труда.

Случаев в моей практике несчетное множество, однако описать я могу лишь несколько, чтобы доказать наличие моих способностей.

Плотнику господину Альтону не повезло упасть с лестницы и серьезно повредить позвоночник. С тех пор прошло вот уже 60 дней, а ему все приходилось менять докторов, которым не удавалось избавить его от страшной боли в спине. Он постоянно носил специальный защитный пояс, чтобы держать спину и с каждым днем терял в весе и все же верил в чудеса медицины и продолжал принимать выписанные лекарства. Однажды, он пожаловался мне, что боль из спины добралась до его бедер. Не выдержав, я на свой страх и риск предложил ему свою помощь, убедив, что даже после этого ему необходимо будет следовать всем предписаниям врача. Он согласился, и уже через несколько минут мне удалось избавить от боли.

С тем же самым человеком мне пришлось встретиться еще раз, когда ему грозила серьезная операция внутреннего уха. У него обнаружилась инфекция на пути от уха к горлу, вызвавшая сильное воспаление. Он пытался избавиться от этого недуга принятием антибиотиков, однако стало очевидно, что операции ему не избежать. Тогда он обратился к моей помощи. С проблемой мне удалось справиться на удивление быстро, всего за несколько минут. И все же я взял с него

обещание закончить курс лечения антибиотиками, чтобы устранить все последствия заболевания, и хирургического вмешательства удалось избежать.

Я совершенно точно уверен, что если медицинское и научное сообщества доверятся результатам моих исследований в области изучения демонов и недугов, взаимодействие с ними станет доступным каждому. Иногда я сам забываю, что не всем достались такие способности, как мне. И все же я готов экспериментально доказать, что у нас есть возможность избавляться от болезней и недугов без применения классической медицины, наглядно демонстрируя этот процесс. Я беру на себя ответственность доказать этот факт, дальнейшие же исследования, я полагаю, должны проводить квалифицированные специалисты. В свою очередь, я могу задать направление исследований, представив простое понимание того, что все живые существа, так или иначе, зависят от своих предпочтений. Так, используя это незамысловатое правило, ученым остается выяснить, чего именно страшатся демоны, и что привлекает их внимание.

Каждый день мне приходится находиться в окружении бесчисленного множества демонов, недугов и прочих существ, которые, тем не менее, не пытаются в основном проникнуть в мое личное пространство. Такая особенность, я уверен, непременно заинтересует ученых. Я полагаю, что в данном случае срабатывает закон Ньютона о парном взаимодействии. Все силы в природе уравновешены. Черпая из окружающего мира что-то одно, другое придется отдать взамен. Поэтому, только опустошая, или, наоборот, обогащая что-то или кого-то,

формируется односторонне движение энергии, что противоречит классическим законам строения Вселенной.

В моем случае, невидимые для всех существа, какими они себя считают, определенно получают многое от моего присутствия. Их удивляют мои способности не только распознавать их в пространстве, но и взаимодействовать и даже влиять на их поведение. Иногда я могу даже вступить с ними в некоторого рода дебаты или просто настоятельным силовым методом выгнать из тела человека. Уверен, что все проблемы, с которыми мне после приходится сталкиваться – их рук дело. Очевидно, что они остаются весьма не довольны, когда их заставляют покинуть уютное место обитания.

И все же я не могу позволить себе просто сидеть сложа руки, зная, что кому-то требуется моя помощь. Я не раз уже повторял, что демоны мастера гипноза. Ни человек, ни животное не способны добиться того мастерства, которого достигли демоны.

Поведение большинства людей вполне предсказуемо. Демоны, надо сказать, в этом особенно от нас не отличаются, независимо от того, какого он размера или вида.

За время моих наблюдений, я точно установил две закономерности. Во-первых, демоны стремятся защитить свои жертвы, и во-вторых, предпочитают сосуществовать группами. Под жертвами, я, как и раньше, имею в виду организмы, но в данной ситуации, хочу опустить животных, рептилий и прочую фауну, остановившись только на человеке. Мне приходится иметь дело именно с

человеком, поэтому в таком контексте я могу рассуждать и делать выводы вполне уверенно. «Каким образом демонам это удается?» - спросите Вы. Чтобы защитить жертву от моего целительного воздействия, демоны способны заблокировать работу разума и ослабить зрение, заморозить доступ к памяти, чтобы я не смог восстановить образ человека или, наоборот, сохранить его там. Не раз со мной случалось такое. Демон устанавливал преграду между мной и хранилищем моей памяти, чтобы остановить процесс воспоминания. К счастью, я способен с легкостью избавляться от барьеров, которые демоны так усердно для меня строят. Сегодня мне уже не приходится сталкиваться с такого рода проблемами. Еще одним искусным методом пользуются эти хитрые существа. Они способны декодировать сообщения, которые я посылаю мозгу, и меняют их на собственные. Я, например, пытаюсь достать из памяти данные под кодом XYZ, а они направляют мою мысль в сторону ABC. Забавно, но ABC чаще всего воспоминание или человек, которые мне никогда особенно не нравились. Так, вместо того, чтобы получить перед глазами образ одного человека, передо мной вдруг возникает совершенно иной, к тому же и не очень желанный персонаж. Так они дезориентируют потоки моего сознания.

Надеюсь, современная медицина и наука обратят внимание на мои идеи и приложат усилия и направят их на создание технической базы для распознавания демонов и прочих и воздействия на них. А пока, нам остается только использовать простые меры безопасности и некоторые уловки, способствующие если не избавлению от этих существ, то хотя бы частичному влиянию на их поведение. Отмечу, что справедливы эти правила только для демонов, с болезнями и

недугами не справится простыми трюками.

1) Я полагаю, что демоны в основном хищники и предпочитают красное мясо, например, *говядину.* Поэтому потребление говядины и возрастание аппетита к этому продукту может означать привлечение *большего* числа демонов в Ваше пространство.

2) Попробуйте проводить минуты две по разным участкам тела лимонами или лаймами, особенно захватывая область головы и груди. Потом помашите руками вокруг туловища и всего тела семь раз и мгновенно выбрасывайте фрукты в сторону какого-нибудь дерева. Если Вы за рулем, не дожидаясь, уезжайте, не мешкайте по пути. Старайтесь выбирать главные дороги и проспекты. Проделывая эту процедуру, находясь при этом за рулем своего автомобиля или дома, Вы на 60 процентов избавите себя от непрошеных гостей. Демоны улетят вместе с фруктами. Если же Вы находитесь в процессе езды, используйте всего половинку лимона или лайма, втирая сок в левую руку. Не забудьте, фрукт нужно тотчас же выбросить подальше от машины и направления, в котором Вы движетесь.

3) Демоны с неохотой покидают спутников, с которыми прожили долгое время. Чтобы освободиться от такого демона или хотя бы ослабить его влияние, проварите в воде как минимум пятнадцать веточек мяты. Достаточно получаса, чтобы у Вас получилась мятная вода, принятие которой гарантирует некоторое снижение интенсивности негативного

воздействия демона, а может быть, даже проявления благих намерений с его стороны. Такой отвар убережет Вас и Вашу семью от безумств и беспочвенных огорчений.

4) Как и раньше, я рекомендую использовать простую воду для опрыскивания Вашего жилья. Каждый день обрабатывайте дом или квартиру, и даже машину, не упуская ни угла. Истребить демонов водой невозможно, а вот припугнуть слегка вполне реально. Демоны не любят воду, ее присутствие нарушает их комфорт, поэтому, при регулярном использовании простой воды для опрыскивания, Вы сможете сделать ваш дом для них непривлекательным. И помните, такая процедура должна проводиться регулярно, потому что за дверью всегда толпится целая орава демонов, желающих угнездиться в помещении Вашего чистого дома.

5) Попробуйте также использовать спрей против насекомых, периодически распыляя его на поверхностях стен под потолком. Вы удивитесь результату!

Благодарю за проявленный интерес к моей теории и желаю всем удачи!